大象学术译丛

大象学术译丛

主　编

陈　恒

孔子之后

——中国古代哲学研究

［美］金鹏程（Paul R. Goldin）／著
陈家宁／译

中原出版传媒集团
中原传媒股份公司
大象出版社
·郑州·

图书在版编目(CIP)数据

孔子之后 : 中国古代哲学研究 / (美) 金鹏程
(Paul R. Goldin) 著; 陈家宁译.— 郑州 : 大象出版
社, 2019. 12
(大象学术译丛)
ISBN 978-7-5711-0407-8

Ⅰ. ①孔… Ⅱ. ①金… ②陈… Ⅲ. ①古代哲学-研
究-中国 Ⅳ. ①B215

中国版本图书馆 CIP 数据核字(2019)第 263993 号

豫著许可备字-2018-A-0080

KONGZI ZHI HOU

孔子之后

——中国古代哲学研究

金鹏程(Paul R. Goldin) **著**

陈家宁 译

出 版 人 王刘纯
责任编辑 徐淯琪
责任校对 马 宁 李婧慧
书籍设计 王晶晶

出版发行 大象出版社(郑州市郑东新区祥盛街 27 号 邮政编码 450016)
发行科 0371-63863551 总编室 0371-65597936
网 址 www.daxiang.cn
印 刷 洛阳和众印刷有限公司
经 销 各地新华书店经销
开 本 720 mm×1020 mm 1/16
印 张 14.25
字 数 235 千字
版 次 2019 年 12 月第 1 版 2019 年 12 月第 1 次印刷
定 价 56.00 元

若发现印、装质量问题,影响阅读,请与承印厂联系调换。
印厂地址 洛阳市高新区丰华路三号
邮政编码 471003 电话 0379-64606268

纪念马儿道(Gilbert L. Mattos,1939—2002)先生

鱼贯终何益,龙门在苦登。
有成当作雨,无用耻为鹏。
激浪诚难溯,雄心亦自凭。
风云潜会合,鬐鬣忽腾凌。
泥滓辞河浊,烟霄见海澄。
回瞻顺流辈,谁敢望同升。

——元稹《赋得鱼登龙门》

大象学术译丛弁言

20 世纪 80 年代以后，西方学术界对学术史、科学史、考古史、宗教史、性别史、哲学史、艺术史、人类学、语言学、民俗学等学科的研究特别繁荣；研究的方法、手段、内容也发生了极大的变化，这一切对我们相关学科都有着重大的借鉴意义。但囿于种种原因，国内人文社会科学各科的发展并不平衡，也缺少全面且系统的学术出版，不同学科的读者出于深化各自专业研究的需要，对各类人文社会科学知识的渴求也越来越迫切，需求量也越来越大。近年来，我们与国外学术界的交往日渐增强，能够翻译各类专业书籍的译者队伍也日益扩大。为此，我们组织翻译出版一套"大象学术译丛"，进一步繁荣我们的学术事业：一来可以为人文社会科学研究者提供具体的研究途径；二来为各门人文社会科学的未来发展打下坚实的基础；三来也满足不同学科读者的实际阅读需要。

"大象学术译丛"以整理西学经典著作为主，但并不忽略西方学术界的最新研究成果，目的是为中国学术界奉献一套国内一流人文社会科学译丛。我们既定的编辑出版方针是"定评的著作，合适的译者"，以期得到时间的检验。在此，我们恳请各位专家学者，为中国学术研究长远发展和学术进步计，能抽出宝贵的时间鼎力襄助；同时，我们也希望本译丛的刊行，能为推动我国学术研究和学术薪火的绵延传承略尽微薄之力。

编者

中文版序言

非常感谢我的朋友陈家宁将《孔子之后——中国古代哲学研究》(*After Confucius*: *Studies in Early Chinese Philosophy*)译成中文。鉴于我绝大部分的学术成果都是用英文发表的,而本书中文版的出版给了我一个非常宝贵的机会将之介绍给中国读者,因此我很期待他们将对我关于中国哲学与文化的观点做出的回应。我能想象家宁教授绞尽脑汁地将拙作佶屈聱牙的句子译成中文时的情景,他必定为此付出了很多辛苦。

本书是收录我二十多岁时撰写的一系列论文的集子。其中有几篇最初发表时很仓促,因为我当时为了获得宾夕法尼亚大学的终身教职需要积累成果。发表以后,我又重读,颇感后怕,深知它们都需要修补完善——正如我所担心的那样。2005 年,承蒙夏威夷大学出版社厚爱,将诸文修订稿结集出版,因夏含夷(Edward L. Shaughnessy)先生有《孔子之前:中国经典诞生的研究》(*Before Confucius*: *Studies in the Creation of the Chinese Classics*),为表敬意,我名鄙集曰"孔子之后"。1997 年,我幸得夏先生赐教,受到鼓励,研究出土文献,当时正值毕业之初,我对此很少涉猎。毫无疑问,我后来由此而受益匪浅。我以"孔子之后"纪念马几道先生——一位我挚爱的忘年交,也是中国典籍的同好。

对于本书中的大部分内容,我仍然深信不疑,但如果有机会,我也必然会对其中的一些章节有不同的表达。比如,《韩非的自私说》已被扩写成了《道之指南:韩非的哲学》(*Dao Companion to the Philosophy of Han Fei*,2012)一书的导论(《韩非与〈韩非子〉》),该文的基本论点与之相似,但是论证得更充分。另外，达士通人在审读《郭店楚简视角下的荀子》时，还需海涵，该文作于1999年，当时这批文献问世不久，学界对其尚未充分理解——尽管如此，我现在仍坚信该文中的大部分观点。

最后，我要再次对多年来给予我帮助提携的诸多朋友、同事致以谢意。感谢夏威夷大学出版社最近将《孔子之后——中国古代哲学研究》制成了开放获取的电子书，感谢大象出版社出版拙作中文版，感谢家宁为此所做的一切。

金鹏程

2018年3月10日

于美国宾夕法尼亚州亚德利

英文版致谢

在本书著述过程中，笔者所应感激者众多，在此首先感谢父母及内子埃迪欧玛(Edilma)。而犬子安德鲁·塞缪尔(Andrew Samuel)的出生恰逢其时，他躺在我膝上，见证并庆祝了本书最后的修改。

本书取名“孔子之后”，意欲与夏含夷先生所著《孔子之前》相呼应，感谢夏先生当初鼓励我涉足出土文献研究。我希望以此方式告诉他当年他的赐教对于本书影响之深。

本书修改亦得益于以下诸位同道时贤的指正：白一平(William H. Baxter)、毕鹗(Wolfgang Behr)、白牧之(E. Bruce Brooks)、柯因(Alvin P. Cohen)、陈宁、柯鹤立(Constance A. Cook)、顾史考(Scott Cook)、齐思敏(Mark Csikszentmihalyi)、夏德安(Donald Harper)、郝乐为(Kenneth W. Holloway)、柯马丁(Martin Kern)、祁泰履(Terry F. Kleeman)、柯睿(Paul W. Kroll)、顾有信(Joachim Kurtz)、黎惠伦(Whalen Lai)、梅维恒(Victor H. Mair)、马绛(John S. Major)、普鸣(Michael Puett)、桂思卓(Sarah A. Queen)、罗慕士(Moss Roberts)、史嘉柏(David Schaberg)、席文(Nathan Sivin)、邢文、徐少华和叶山(Robin D. S. Yates)等先生。还要特别感谢万百安(Bryan W. Van Norden)先生，他通读原稿后给予了诸多中肯的评价，并为本书第八章命名。

我要感谢埃里克·亨利(Eric Henry)给我参考他尚未出版的《左传》中所引《诗》之索引。感谢军士长尤金·巴顿(Eugene B. Patton Ⅲ)，并感谢国防语言学院外语中心和蒙特雷(Monterey)要塞所提供给我的有关语言教学的信息。最后，十分感谢帕特里夏·克罗斯比(Patricia Crosby)和夏威夷大学出版社的工作人员,他们始终耐心地包容我作为作者所提出的种种特殊要求。

谨以此书纪念马几道先生,他是我所见过的对汉字了解最多的西方人。记得第一次见面那天,我们就成了朋友,很快又成了研究伙伴。承蒙马几道先生将其一流的图书馆提供给我使用,本书原稿的最后部分才得以撰写完成——这是一位学者所能收到的最好的礼物。

本书大部分章节最初曾作为会议论文或讲座分享过,我想感谢当时的听众对我提出的中肯的问题和批评。另外,有些章节的初版原在别处发表过,包括:

《中国哲学的深度描写》("Toward a Thick Description of Chinese Philosophy"),部分内容曾发表于《美国东方学会学报》(*Journal of the American Oriental Society*)2000 年第 120 期,第 77—81 页,2002 年第 122 期,第 83—85 页。

《郭店楚简视角下的荀子》("Xunzi in the Light of the Guodian Manuscripts"),载《古代中国》(*Early China*)2000 年第 25 期,第 113—146 页。

《韩非的自私说》("Han Fei's Doctrine of Self-Interest"),载《亚洲哲学》(*Asian Philosophy*)2001 期第 11 期,第 151—159 页。

《天朝丞相李斯》("Li Si, Chancellor of the Universe"),载《古代中国的人文传统》(*The Human Tradition in Premodern China*),2002 年,第 15—25 页。

《〈战国策〉的修辞与计谋》("Rhetoric and Machination in *Stratagems of the Warring States*"),载《汉学柏拉图文库》(*Sino-Platonic Papers*)41,1993 年,第 1—27 页。[原文标题为《阴谋诡计:〈战国策〉与古典修辞》("Miching Mallecho: The *Zhanguo ce* and Classical Rhetoric")]

《〈淮南子〉政治哲学的潜在融合》("Insidious Syncretism in the Political Philosophy of *Huainanzi*"),载《亚洲哲学》1999 年第 9 期,第 165—191 页。

《言者不知》("Those Who Don't Know Speak"),载《亚洲哲学》2002 年第 12 期,第 183—195 页。

译　例

1.原书注释采用尾注,分章统一附于全书之后。为适应中文读者的阅读习惯,本译著一律改为当页下脚注。

2.原书征引古籍文段时,兼列中文和作者的英文翻译。本译著只保留中文,并在个别处根据中文句读习惯,对其标点酌情调整;不录其英文翻译(“言者不知:不通中文者所译之《老子》”部分除外,因为其讨论的就是翻译问题),但对于作者所加的注释则予以保留(一般是作者强调的对有争议字句含义的取舍讨论),并在脚注中说明作者的观点。

3.根据中国大陆读者的习惯,本译著使用简体汉字,对于原书中所引用的古籍,也转写成简体字。但个别若使用简体字则可能会引起歧义者,或者需要用繁体字形来说明文句含义者除外。如:“《淮南子》政治哲学的潜在融合”部分引《吕氏春秋》讨论“韩昭釐侯视所以祠庙之牲”,用“嚮”和“饗”,而非“向”和“飨”,以体现两字可通假的依据(声符相同)。

4.对于一些经典古籍,原作者根据西方读者的习惯,用序号表示其篇目;本译著则根据中文读者的习惯,补出篇名。如“*Mencius* 2B”,译作“《孟子·公孙丑下》”。

5.对于原书中提及的西文文献,除译出中文信息外,多在首次出现处仍保留原文信息,以方便读者查找、参考原文。

6.译著中涉及的中国人(包括古人、现代人)和海外的华人、华裔,均使用其通行的中文名字,若其西文名非汉语拼音,则在首次出现处括注其西文名,如陈金梁(Alan K. L. Chan)。对于拥有中文名字的西方汉学家,亦使用其中文名，并在首次出现处括注其西文名，如安乐哲（Roger T. Ames）。对于日本汉学家，则使用其名字的中国汉字写法，不再括注其西文读音（日语罗马字），如浅野裕一。

7.根据译者的理解，本书正文、脚注中酌加“译者按”，以方便读者了解相关信息。

8.对于原书中的个别打印错误，译者径改，不烦标注。如“参考书目”所列《二十二子》的编者，原书作“王继培”，应作“汪继培”。

目　录

绪论：中国哲学的深度描写 001

在《施塔姆勒批判》(*Critique of Stammler*)一书中，马克斯·韦伯(Max Weber，1864—1920)描述了这样的场景：

> 假设有两个本来毫无"社会关系"的人(比如两个来自不同种族的土著人，或者一个欧洲人与一个最黑暗非洲的土著人)遇见并"交换"了两样东西。我们倾向于认为：仅仅是描述在这次交换中所观察到的表象(如身体动作，或者说了些什么，那么就以为这说话声构成了行为的本体或实质)，则一定不可能理解这次交换的本质。实际情况是：事实本质是由双方赋予在可观察的行为上的内涵组成的，而这"内涵""支配"了他们未来行为的进程。没有这个"内涵"，我们就会说：这样的交流超出了实际的可能性和思维想象力。[1]

现在看来，韦伯的用词虽然已过时(我们已不再说"种族"和"最黑暗非洲"之类)，却并不妨碍我们认识到他的观点对于历史学和人类学的重要价值。一个观察者(即一个人类学家或历史学家)想要描述一次"交换"就不会满足于仅仅联系事件所能被观察到的现象，因为那样就忽略了韦伯称之为"事实本质"的潜在逻辑。从交换者自身的角度来说，他们交换的重要性不在于"身体动作"，而在于他们赋予这场交换的"内涵"。为了完成交换，他们就必须依赖对方的配合。简言之：重要的在于解释"本质"，而不仅是"身体动 002

[1] 马克斯·韦伯著，奥克斯(Oakes)译：《施塔姆勒批判》，第109页。原文见马克斯·韦伯：《科学理论论文集》(*Gesammelte Aufsätze zur Wissenschaftslehre*)，第331页后。亦参见《社会学基本概念》(*Basic Concepts in Sociology*)，特别是第34—35页以及《理解社会学的一些范畴》("Über einige Kategorien der verstehenden Soziologie")，载《科学理论论文集》(*Gesammelte Aufsätze zur Wissenschaftslehre*)，第427—474页。

作”。这种方法通常被称为韦伯“理解社会学”理论。

这里的“理解”(Verstehen)就类似于吉尔伯特·赖尔(Gilbert Ryle)所描述的“深度描写”:

> 两个小男孩迅速地眨动右眼眼皮。第一个小男孩只是下意识地抽动;而另一个小男孩是在对其同伴使眼色。在最低层或最浅度的描述中,这两种眨眼可能是完全一样的。把这两张脸上的动作用电影放映出来,可能也区分不出哪种眨眼是使眼色,哪种眨眼只是抽动。但抽动和使眼色之间仍存在巨大的、不能被图像反映出来的不同。使眼色是在不使旁人意识到的情况下,有意识地给某人传递一种信号,也就是传递一条双方都已明确了解的信息。[1]

抽动不是眨眼,但一个旁观者要想认识到二者的不同,唯一的方法就是研究那刻意使眼色的“共识代码”。人类学家们已经把握住了人类学学科的深度描写的概念,这并不值得惊奇。而他们的范例对文化史研究同样有用,因为民族学家观察族人的“交换”与历史学家竭力弄清史料中支离破碎的证据的情形是类似的。在文化史中,深度描写包含了“筛选出意义的结构……并决定其社会基础和含义”,这并不亚于文化人类学。[2]

在本书中,笔者试图呈现在中国古典哲学的深度描写上所做的零星尝试。这种方法与激发了理论哲学框架中对大部分主题讨论的思考间接相关,而这些思考,即当今中国哲学发展的可行性及其与西方哲学的异同。中国哲学是

---

[1] 吉尔伯特·赖尔:《论文集》(*Collected Papers*)(第2卷),1971年,第480页。

[2] 克利福德·格尔茨(Clifford Geertz):《文化阐释》(*The Interpretation of Cultures*),纽约:基本书籍出版社,1973年,第9页。格尔茨在深度描写上最著名的研究案例是《深层游戏:巴厘岛斗鸡札记》(“Deep Play:Notes on the Balinese Cockfight”),载《文化阐释》,纽约:基本书籍出版社,1973年,第412—453页;亦参见克利福德·格尔茨:《地方知识:阐释人类学详论》(*Local Knowledge:Further Essays in Interpretive Anthropology*),纽约:基本书籍出版社,1983年,第55—70页及其最近的《自然光:哲学主题的人类学思考》(*Available Light:Anthropological Reflections on Philosophical Topics*),牛津:普林斯顿大学出版社,2000年,第133—140页。关于深度描写对历史学和人类学的价值,阿莱塔·比尔赛克(Aletta Biersack)有中肯的讨论,见《地方性知识、地方史:纪尔兹与超越纪尔兹》(*Local Knowledge, Local History:Geertz and Beyond*),伯克利:加利福尼亚大学出版社,1989年,第77页后;亦参见阿兰·通斯(Alan Tongs):《格尔茨社会人类学的哲学基础》(“The Philosophical Basis of Geertz's Social Anthropology”),载《东方人类学家》(*Eastern Anthropologist*)1993年第46期,特别是第3页后。

否算得上真正的哲学?一些学者曾认真地讨论过这个问题[1],实其答案完全取决于各人对哲学定义的范畴。如果哲学被理解为柏拉图以后(西方)世界所创造的一个不可分割的整体[2],那么中国古典哲学绝非“哲学”。但它必然得有个身份,那么对判定中国思想家如何认识他们自己的事业而言,深度描写就是最佳的基本方法。本书讨论的问题不是“中国哲学可否算作哲学”,而是中国哲学何以体现“中国”二字。

哪些人是中国古代哲学家?他们的受众是谁?他们在讨论些什么?他们对更早的思想家及同时代哲学家作何回应?他们用怎样的修辞手法来有效传达他们的想法?为什么当权者想听取他们的看法?他们又声称能向前者回报什么?若想要从更广泛的意义上理解中国思想家兴起的时代背景,这些问题十分关键。一些学者已经开始从社会层面来尝试解决这些疑问了[3],但是在思想层面上,当前的研究所做的描述都太过浅薄了。已有很多普罗克汝斯式

---

〔1〕 李景林:《西方话语霸权下中国哲学学科合法性之反思》,载《学习与探索》2003年第2期,第20—26页;戴卡琳(Carine Defoort):《存在“中国哲学”吗?一场含蓄辩论之争》(“Is There Such a Thing as Chinese Philosophy? Arguments of an Implicit Debate”),载《东西方哲学》(*Philosophy East and West*)2001年第51期,第393—413页;万百安(Van Norden):《西方哲学应该从中国哲学中吸取什么?》(*What Should Western Philosophy Learn from Chinese Philosophy*),载“争鸣”(Critics and Their Critics)3,1996年;杜瑞乐(Joël Thoraval):《中国哲学是“中国”化的哲学:中国有哲学吗?》(“De la philosophie en Chine à la ‘Chine’ dans la philosophie:Existe-t-il une philosophie chinoise?”),载《思想》(*Esprit*)1994年第201期,第5—38页;谭维理(Laurence G. Thompson):《何谓道家?(致歉顾立雅先生)》[“What Is Taoism?(With Apologies to H. G. Creel)”],载《道藏》(*Taoist Resources*)1993年第4期,第19页;罗素·哈顿(Russell Hatton):《中国哲学还是中国“哲学”?语言学分析与中国哲学传统再论》(“Chinese Philosophy or Chinese ‘Philosophy’? Linguistic Analysis and the Chinese Philosophical Tradition, Again”),载《中国哲学学报》(*Journal of Chinese Philosophy*)1987年第14期,第445—473页;郝大维(David L. Hall)、安乐哲(Roger T. Ames):《思考孔子》(*Thinking through Confucius*),载“纽约州立大学出版社系统哲学丛书”(SUNY Series in Systematic Philosophy),1987年,第325页。亦参见何中华等人的论著。

〔2〕 在怀特海(Whitehead)的著名构想中[《过程与现实:宇宙学文集》(*Process and Reality:An Essay in Cosmology*),第63页]:“欧洲哲学传统最稳定的一般特征是由对柏拉图的一系列注解组成的……因此从某种意义上说,通过陈述我自己的信念,即这些讲座中的思维训练是柏拉图式的,我所做的只不过是表达出希望它能归入欧洲传统中。”

〔3〕 罗界(Geoffrey E. R. Lloyd)、席文(Nathan Sivin):《道和词:早期中国与古希腊的科学和医药》(*The Way and the Word:Science and Medicine in Early China and Greece*),纽黑文、伦敦:耶鲁大学出版社,2002年,第16—81页(具有对赞助机构持续的研究);陆威仪(Mark Edward Lewis):《早期中国的书写与权威》(*Writing and Authority in Early China*),1999年,第73—83页及其《战国政治史》(“Warring States: Political History”),载《剑桥中国古代史:先秦卷》(*The Cambridge History of Ancient China: From the Origins of Civilization to 211 B. C.*),剑桥:剑桥大学出版社,1999年,第641—645页。

斯式的(Procrustean)提问,比如,墨家的伦理学是属于“道义论”还是“结果论”?[1] 其答案只对那些打算通过无视中国古人所认为的墨家哲学的重要方面——从而铲除墨家的哲学家们有意义。[2] 墨家的目的不是为伦理哲学创建一套正规的分类法,而是想与儒家伦理学分庭抗礼。在他们看来,儒家伦理学是极富偏见的,因为它人为地根据人与人之间的亲疏程度来规定人的责任。墨家不想生活在这样一个人们对待兄弟要远远好于对待邻里的世界里。如果非要把“道义论”或是“结果论”这样时代错置的术语强加于中国思想,唯一能让人满意的对墨家的评价就是说它兼属两类;行为只在其结果能产生物质利益的前提下才是正确的,而“能产生物质利益的行为是正确的”是因为这是天定的。无论对墨家的支持者还是反对者而言,这都会是对墨家思想内涵更深

[1] 克里斯托夫·杜达(Kristopher Duda):《再论墨子的道德基础》(“Reconsidering Mo Tzu on the Foundations of Morality”),载《亚洲哲学》2001年第11期,第23—31页;大卫·索尔思(David E. Soles):《墨子与道德基础》(“Mo Tzu and the Foundations of Morality”),载《中国哲学学报》1999年第26期,第37—48页;迪克(Dirck Vorenkamp):《墨子思想中的功利主义新论》(“Another Look at Utilitarianism in Mo-Tzu's Thought”),载《中国哲学学报》1992年第19期,第423—443页;丹尼斯·阿汉(Dennis M. Ahern):《墨子是功利主义者吗?》(“Is Mo Tzu a Utilitarian?”),载《中国哲学学报》1976年第3期,第185—193页;周幼伟(Augustinus A. Tseu):《墨子的道德哲学》(*The Moral Philosophy of Mo-tze*),台北:辅仁大学,1965年,第130页后(周氏认为墨子是个“有神论者”——指“一神论者”——因而不是一个实用主义者)。同样,倪德卫(David S. Nivison)在《儒学之道:中国哲学研究》(*The Ways of Confucianism: Investigations in Chinese Philosophy*)中,反复关注一个问题,即中国哲学家是否为后果论者(consequentialist)或道义论者(deontologist)提供了论证,如:第106—108、210及274页。

[2] 吴森(Joseph S. Wu)的《西方哲学及其追寻中国智慧》(*Western Philosophy and the Search for Chinese Wisdom*,第1、7页)称之为“‘错置的汉堡’式的谬误”(the fallacy of “the misplaced hamburger”):就如同美国顾客在中餐馆里点汉堡,一些读者在读中国哲学时,徒劳地在中国文献中寻找某些西方哲学所熟悉的问题,如因果联系及分析与综合的区别。“如果我们要写一篇‘孔子的三段论’或是‘老子的因果论’这样的研究论文,这就像是在中餐馆里点汉堡。”

吴氏的方法与昆廷·斯金纳(Quentin Skinner)宣称的方法论不同[《政治视界》(*Visions of Politics*)第1卷,剑桥:剑桥大学出版社,第86页]:“那么,我们在研究文献时所需要面对的问题是他们的作者——在他们写给心里设想的特定受众时——可能实际上已经打算好通过表达他们设想的言论来进行交流了。”区别在于:斯金纳有意地承担了揣摩作者意图的任务,这是一个被约翰·基恩(John Keane)所批判的意图谬误,见《历史哲学散论》(*More Theses on the Philosophy of History*)第205页后。我希望能避开这些文章中可怕的意向论(intentionalism),其方法就是提及文本在自身的文化中所具有的(通常是多层面的)意义,而不是提及作者所谓的“言外之意”(illocutionary force)——这是用斯金纳从奥斯丁(J. L. Austin)那里借用而来的说法。关于意向论,亦见维姆萨特(Wimsatt)、比尔兹利(Beardsley)的经典文章《意图谬误》(*The Intentional Fallacy*),以及斯金纳最近的回应,载《政治视界》第1卷,剑桥:剑桥大学出版社,第90—102页。

刻的理解。

在讨论我所谈的中国哲学深度描写的实例——这涉及中国哲学作品中的名字与谐音的意义——之前，我首先要声明：仅仅是出于技术方面的原因，这些必要的探究也是非常困难的。因此，本书所呈现的仅是一个释例性研究的集子，而不是系统的综合论述。[1] 汉语从未被认为是一门容易学习的语言（它与阿拉伯语、日语、韩语并称为美国人最难学的四种语言）[2]，而用以表达中国古代哲学的成语比现代白话更难理解。随着20世纪70年代以来中国 004
一系列惊人的考古发现，研究就更困难了。最直接影响中国古代思想研究的出土文物是简牍、帛书等材料上的写本。这类写本的出土数量有数十批，呈现出前所未有的解读难题。释读这些文本的基础工作（对于竹简，还涉及编联、缀合等问题）是极其艰巨的，因为其上的书写字体比现代中国的标准字体要古老得多，因而很难被准确理解。要读通这些材料需要一系列专业功底（包括古文字学和语言学，这些都不是美国汉学研究领域的传统强项），导致这项研究在当前的大好形势下却发展缓慢，而且若没有当前全球学者的合作，甚至都难以有所进展。[3]

但如果一项研究变得更具挑战性，那么它也相应地更值得去研究。古代写本的考古发现已给这个研究领域带来了深刻的改变。首先，近出大量考古

---

〔1〕 一些深度描写的批评者认为：对特定的情况和现象的分析本就是很合适的，而不该对整个文化或社会进行综合描述，见罗纳德·G. 沃尔特斯（Ronald G. Walters）：《时间之兆：克利福德·格尔兹与历史学家》（"Signs of the Times：Clifford Geertz and Historians"），载《社会研究》（*Social Research*）1980年第47期，第551页。

〔2〕 这里所谓的四种语言，是美国国防语言学院外语中心和蒙特雷要塞所教的语言中，被定为最难的四种［据笔者私下与参谋军士长尤金·巴顿（Eugene B. Patton Ⅲ）交谈获知］。亦参见爱丽丝·奥马吉奥·哈德利（Alice Ormaggio Hadley）：《在语境中教语言》（*Teaching Language in Context*），2001年，第26页。诚然，蒙特雷未教授的某些语言可能会更难。

〔3〕 夏含夷（Edward L. Shaughnessy）有一部很实用的概论，即《中国古史的新材料：出土文献导论》（*New Sources of Early Chinese History：An Introduction to the Reading of Inscriptions and Manuscripts*）。译者按：该书中译本《中国古文字学导论》于2013年由中西书局出版。

亦可见纪安诺（Enno Giele）的综述。钱存训（Tsuen-hsuin Tsien）在《中国书籍、纸墨及印刷史论文集》（第15—36页）中讨论了到20世纪80年代中期以前该领域的概观；司马儒（Maurizio Scarpari）的《改写中国古代的历史和文化：从最近的考古发现来看宗教信仰、思维方式和社会》（*Riscrivere la storia e la cultura della Cina antica：Credenze religiose, correnti di pensiero e società alla luce delle recenti scoperte archeologiche*），要更新一些。

发现表明,在战国和汉代,简帛写本的传播范围比我们想象的要广得多。约三十年前[1],当马王堆汉墓的出土文献第一次公之于世时,全世界都为之震惊,因为这样的发现是前所未有的。[2] 尽管马王堆仍当之无愧为考古史上最伟大的古文献墓藏之一,但我们今天已有了更丰富的背景环境来看待这些非凡的发现。显然,当时的诸侯,甚至是那些人脉很广的民众,都可以积累庞大丰富的藏书库。

再者,现在写本的价值得到了进一步关注。写本文献无疑是稀少而珍贵的——比如,在墓葬中它们比青铜器少见,但却是古代精英阶层普遍收藏的物品。这一点非常有启发性。关于文本的性质和作用,以往的观点受到了诸如《汉书》等史书中关于经典传播论述的影响。[3] 传统上认为,文本是神圣的启示,被从夫子那里秘密地传播给弟子,并且通过学派严格地传承。[4] 但是,考古记录与这种模式并不相符。出土文献显示了多元思想来源的影响,而且更重要的是,藏书种类不拘一格,也就是说,墓中出土的大部分文献涵盖了来自多家学派的材料,其中很多所推崇的观点与其他代表性学派的观点各不相融。

我们认为下述这种观点可能更合适:到战国时期,中国已经出现了全国性的文学文化,当时的最高阶层通过收集各类文本来参与这种文化。思想体系
005 和地域对塑造藏书家的习惯所起的作用则似乎微不足道。[5] 在马王堆发现的《易经》与医书放在一起;在睡虎地出土的日书与法律文书并置;在郭店,儒家著作与《道德经》(《老子》)同出。同样,儒家文献不仅在齐地被发现——

---

[1] 译者按:指 20 世纪 70 年代。本文初版于 2005 年。

[2] 马王堆出土的文献以《马王堆汉墓帛书》为名系列出版。译者按:湖南省博物馆、复旦大学出土文献与古文字研究中心合编有《长沙马王堆汉墓简帛集成》(全 7 卷,裘锡圭主编),已于 2014 年出版。

[3] 尤其参见《儒林传》;典型例子见〔汉〕班固著,〔唐〕颜师古注:《汉书卷八十八》,北京:中华书局,1962 年,第 3597 页。

[4] 葛兰言(Marcel Granet):《中国人的思想》(*La pensée chinoise*),巴黎:书籍复兴出版社(La Renaissance du Livre),1934 年,第 345 页;亦见席文:《传统中医的文献与经验》(“Text and Experience in Classical Chinese Medicine”),载《知识与学术医药传统》(*Knowledge and the Scholarly Medical Traditions*),剑桥:剑桥大学出版社,1995 年,尤其是第 187 页。

[5] 参阅王博:《简帛思想文献论集》,台北:台湾古籍出版有限公司,2001 年,尤其是第 188 页。

这在意料之中，而且还出土于从未被看作儒家阵营的楚国墓藏。[1] 就此而言，中国古代的思想世界，相比于我们这些谨慎的旁观者所认识到的，要更接近我们自己的世界。我们虽然还不能完全清楚这些写本是通过怎样的途径被抄写和获得的，但已经必须把战国时期的中国看作一个巨大的哲学市场，无论传统的还是新兴的，各种主题、风格多样的书籍在这里都唾手可得。

举一个更具体的例子：秦国在早年间被普遍斥为戎夷之地，至战国后期则发展壮大成了一代霸主。几个世纪以来，人们都通常用"严酷的统治"来解释秦国兴起的原因。商鞅（约前 390—前 338）一直为人所称赞，因为他通过奖励耕战，以及以军事指挥结构来重新将民众分区，使秦国转型为一部战争机器。[2] 在严刑苛法下，可以想见秦国如何将百姓变得更加勤劳、顺从。但这些律法的细节无从得知。

当 1975 年在睡虎地秦墓中发掘出一大批律令和法律文书时，我们对秦国的想法彻底转变了。[3] 这些可追溯到公元前 3 世纪中叶的文书是中国迄今

---

[1] 刘信芳（《简帛五行解诂》，第 403 页）推测这些文献中的一部分可能是从其他地区传到楚国的。正如爱德华·弗里德曼（Edward Friedman）[《南方身份的象征：抗衡"大一统"》（*Symbols of Southern Identity: Rivaling Unitary Nationalism*），第 35 页后]所称：在中国大陆"楚文化"已经成了一个研究热点，一部分原因就在于它给中国新兴、富饶而强大的南方提供了一份值得引以为傲的遗产。

[2] 马若斐（Geoffrey MacCormack）：《传统中国法律精神》（*The Spirit of Traditional Chinese Law*），雅典和伦敦：佐治亚大学出版社，1996 年，第 3 页；赖德烈（Kenneth Scott Latourette）：《中国人的历史与文化》（*The Chinese: Their History and Culture*）（第 1 卷），纽约：麦克米伦出版社，1934 年，第 53、81 页；罗士恒（Arthur Rosthorn）：《中国史》（*Geschichte Chinas*），斯图加特和哥达：弗里德里希·安德里亚斯·珀斯（Friedrich Andreas Perthes），1923 年，第 36 页；更保守的是戴闻达（J. J. L. Duyvendak），如《商君书：中国法家经典》（*The Book of Lord Shang: A Classic of the Chinese School of Law*），1928 年，第 39 页。杨宽提出了一个典型的马克思主义观点，见《商鞅变法》（*Shang Yang's Reforms*），尤其是第 88—89 页。亦见浅野裕一：《黄老道家的起源与发展》，东京：创文社，1992 年，第 264—270 页；卜德（Derk Bodde）：《秦国与秦帝国》（"The State and Empire of Ch'in"），载《剑桥中国史（第 1 卷）·秦汉帝国》（*The Cambridge History of China*, vol.1: *The Ch'in and Han Empires*），剑桥：剑桥大学出版社，1986 年，第 34—38 页；栗劲：《秦律通论》，济南：山东人民出版社，1985 年，第 22—42 页。学术上对商君的关注可能是因为有一部据说是记录了商君学说的书（《商君书》，其真伪存疑），另外，还因为中国古代史籍常将社会进步归功于英雄人物。

[3] 资料发表于《睡虎地秦墓竹简》。最全面的英文研究是何四维（Hulsewé）和叶山（Robin D. S. Yates）的著作。在睡虎地附近的龙岗又发现了另一处秦律墓藏，资料发表为《龙岗秦简》。最近（2002 年夏），在湖南省里耶发现了一组秦代的行政公文简，见李学勤：《初读里耶秦简》，载《文物》2003 年第 1 期，第 73—81 页。译者按：湖南省文物考古研究所编有《里耶秦简》，文物出版社出版，目前已出版两册分别出版于 2012 年、2017 年。

为止发现的最古老的律法文献。新发现的秦国律法很难阅读,因为使用了大量不带注解的专业术语,并且时常提到其他我们只能猜测其内容的法令。然而,这些律法已经足够清晰地打破秦国的传统形象。尽管对于一个现代读者来说,这些律法看起来很严厉,但在那个时代还算不上十分严酷,也绝不是随便规定的。

另外,睡虎地出土的律法在犯罪意图、审判程序、被告人权利等方面的观念,以及我们如今所说的一般习惯法和成文法之间的区别等方面,都显示出了相当成熟的意识。被告人或他们的家人如果不认同第一次审讯的结果,甚至
006 可以申诉。在我们看来,秦国律法中最使人感到陌生的方面也许是他们支持严酷的肢体惩罚、连坐制度,以及父亲有权赐死不孝之子。

但即使以现代眼光来看,在我们更开明的审判传统条件下,秦国律法的基本公正性也是无可否认的。如果某个男人或女人要被处罚,这不会是某个不公正的官员一时兴起。秦国的每一个臣民都以清晰、既定的法规被对待——这正是每一条可行的法令必须实现的审判环境。[1] 总之,如果通过这些律法,我们得以推测秦国是如何快速崛起的,那么我们必须承认这些法令的显著特点不是严酷,而是公正。[2]

当然,有些传统学者能够通过之前已有的材料得到相似的结论[3],但在睡虎地秦墓发掘以前,关于秦国律法机构的论述都未可定论。在中国境内的持续发掘,以及这些发掘所出土的超乎想象的文物,都促使我们对中国古代思想世界进行一次比前人所能进行的更有深度的描写。

中国哲学的深度描写是什么样的？最先需要关注的是我们现在看起来有

---

〔1〕 参见H. L. A.哈特(H. L. A. Hart):《法的概念》(*The Concept of Law*),载“克拉兰敦法学系列”(Clarendon Law Series),1961年,第132页。

〔2〕 栗劲(《秦律通论》,第112页)认为秦律本质上是不公正的(因为根据违法者社会阶层的不同,惩罚也不同),但是,在其限度之内,它们被公正地实施了。这个结论与华兹生(Burton Watson)更传统的观点截然不同,见其《史记:秦代》(*Records of the Grand Historian: Qin Dynasty*,第xiv页):“秦律之出名……在于其对高低贵贱者一视同仁,不论其社会等级。”亦参见何四维:《秦法遗文:湖北云梦所见战国末秦法与律令译注》(*Remnants of Ch' in Law: An Annotated Translation of the Ch' in Legal and Administrative Rules of the 3rd Century B.C. Discovered in Yün-meng Prefecture, Hu-pei Province, in 1975*),1985年,第7页。

〔3〕 见《史记会注考证卷六》(第64页)所录顾炎武(1621—1681)注,讨论见于金鹏程:《中国古代性文化》(*The Culture of Sex in Ancient China*),檀香山:夏威夷大学出版社,2002年,第164页注25。

些陌生甚至让人惊奇的文化现象。[1] 比如中国人的称谓。中国古代思想很少讨论或分析这么一个事实，即对很多中国古人的称谓显示了他们所指的那个人的独特特征。[2] 我们通常不认为“笛卡儿”或“霍布斯”的名字阐释了笛卡儿或霍布斯其人本身。但是这样的中文名字比比皆是。有两个众所周知的例子能明显地说明这一点，比如文(王)、武(王)，是周代的两位开国君主。[3] 前者因其道德和理政上的成就，后者则因其军事才能和威严的容貌，而广受赞誉。过去认为“文”和“武”是他们的谥名，但新近的证据表明这两位君主在有生之年就有了这两个名号。[4] 值得注意的是，无论是周文王还是周武王，他们的名号似乎都和他们本身有关。从这方面来说，“文”和“武”不是特例，它

〔1〕 这是罗伯特·达恩顿(Robert Darnton)的核心观点之一[《屠猫记·法国文化史钩沉》(*The Great Cat Massacre and Other Episodes in French Cultural History*)，第4、77页]，在此格尔茨的方法被自觉地应用于史籍编纂。

〔2〕 周法高对数以百计的中国古代名字详加汇释。亦见艾乐桐(Viviane Alleton)：《中国人及其对名字的热情》(*Les Chinois et la passion des noms*)，1993年；鲍吾刚(Wolfgang Bauer)：《中国人的命名——名、字、小名的构造规则与主要内涵》(*Der chinesische Personenname: Die Bildungsgesetze und hauptsächlichsten Bedeutungsinhalte von Ming, Tzu und Hsiao-Ming*)，载“亚洲研究”(Asiatische Forschungen)4，威斯巴登：奥托·哈索维茨(Wiesbaden: Otto Harrassowitz)，1959年。

〔3〕 顾立雅(Herrlee G. Creel)：《中国治国术的起源》(*The Origins of Statecraft in China*)，芝加哥、伦敦：芝加哥大学出版社，1970年，第67页。亦见史嘉柏(David Schaberg)：《模式化的历史：中国古代史学的模式和思想》(*A Patterned Past: Form and Thought in Early Chinese Historiography*)，载“哈佛东亚专著”(Harvard East Asian Monographs)205，2001年，第63页。

〔4〕 参见汪受宽：《谥法研究》，载《中国传统文化研究丛书》，上海：上海古籍出版社，1995年，第7页；杨希枚：《先秦文化史论集》，北京：中国社会科学出版社，1995年，第274—281页；反对意见见彭裕商：《谥法探源》，载《中国史研究》1999年第1期，尤其是第4页后。文王和武王的私名分别是“昌”和“发”。

谥法在中国起源于何时尚不清楚。参见顾立雅：《中国治国术的起源》，芝加哥、伦敦：芝加哥大学出版社，1970年，第68页注55；汪受宽：《谥法研究》，载《中国传统文化研究丛书》，上海：上海古籍出版社，1995年，第1—16页；另见童书业：《春秋左传研究》，上海：上海人民出版社，1980年，第382—386页。多数学者认为商王的天干名(亦称作庙号)是其死后定的(谥号)，如吉德炜(David N. Keightley)：《祖先的景观：晚商中国的时间、空间和社会》[*The Ancestral Landscape: Time, Space, and Community in Late Shang China (ca. 1200-1045 B.C.)*]，伯克利：东亚研究所，2000年，第33页后。相反，已故的张光直先生在《商王庙号新考》中作了详尽的论证，把通常被认为是谥号的天干名分成两类，并将二者分别与其所推定的商王室之两支联系起来。若依此说，则商王必定至少有谥号的概念。亦见张光直所著的《天干：殷商史的关键》(*T' ien kan: A Key to the History of the Shang*)、《中国古代文明：人类学视角》(*Early Chinese Civilization: Anthropological Perspectives*，第72—114页)，以及《关于商王庙号新考一文的补充意见》，载《中央研究院民族学研究所集刊19》，第53—69页。最近，倪德卫[《夏商周断代的关键：今本〈竹书纪年〉》(*The Key to the Chronology of the Three Dynasties: The "Modern Text" Bamboo Annals*)，第13页]提出商王的天干名表示他是在一旬之中的哪一天登基的。

们属于诸多有特定内涵的中国古代名号之列。再举数例如下。[1]

《墨子·明鬼下》记一事:

> 昔者宋文君鲍之时,有臣曰祝观辜固尝从事于厉[2],祩子[3]杖揖出,与言曰:"观辜!是何珪璧之不满度量?酒醴粢盛不净洁也?牺牲之不全肥?春秋冬夏选失时?岂女为之与?意鲍为之与?"观辜曰:"鲍幼弱,在荷襁之中,鲍何与识焉?官臣观辜特为之。"祩子举揖而槁之,殪之坛上。当是时,宋人从者莫不见,远者莫不闻,著在宋之《春秋》。诸侯传而语之曰:"诸不敬慎祭祀者,鬼神之诛,至若此其憯速也。"以若书之说观之,鬼神之有,岂可疑哉?[4]

观辜这个名字的字面意思就是"仪式过错"。在另一处文献的异文中,该"祝"的名字是"夜古",则并没有明显的内涵。[5] 以上证据揭示了一则流行的古代传闻:一位粗心的神职人员("祝")被厉神所附身的人打死。至少在这个故事的一个版本中,这位冒失的神职人员以"观辜"之名流传了下来,在有

---

〔1〕 下述讨论只考虑在成年时期所得之名,因为根据婴儿和孩童的长相来取昵称是很常见的。参见鲍吾刚:《中国人的命名——名、字、小名的构造规则与主要内涵》,载"亚洲研究"4,威斯巴登:奥托·哈索维茨,1959 年,第 311—313 页。如,鲁桓公(公元前 711—前 694 年在位)之子"同",即未来的鲁庄公(公元前 693—前 662 年在位),有人猜想他得此名是因为他可能是个私生子,长得如"同"另一个男人,见《春秋穀梁传注疏·卷三》,载《十三经注疏》,北京:中华书局,1980 年,第 2375 页(桓公六年,即公元前 706 年)。亦见金鹏程:《中国古代性文化》,檀香山:夏威夷大学出版社,2002 年,第 141 页注 99。鲁庄公的身世引起了《春秋左传注》中关于命名的广泛讨论,见第 1 卷,第 115 页;亦见李学勤:《当代学者自选文库:李学勤卷》,合肥:安徽教育出版社,1998 年,第 674 页后;埃姆里希(Thomas Emmrich):《中国古代的禁忌与回避:诸多反驳》(*Tabu und Meidung im antiken China:Aspekte des Verpönten*), 1992 年,第 15 页;格拉夫林(Dennis Grafflin):《中国中古南方姓名学:琅琊、太原王姓人的取名模式》("The Onomastics of Medieval South China:Patterned Naming in the Lang-yeh and T'ai-yüan Wang"),载《美国东方学会学报》(*Journal of the American Oriental Society*)1983 年第 103 期,第 383—398 页,第 284 页;萧遥天:《中国人名的研究》,马来西亚槟城:教育出版公司,1970 年,第 26—30 页;鲍吾刚:《中国人的命名——名、字、小名的构造规则与主要内涵》,载"亚洲研究"4,威斯巴登:奥托·哈索维茨,1959 年,第 255 页。

〔2〕 从卢文弨(1717—1796)注。译者按:原注作"厉,公厉、泰厉之属也",即鬼也。

〔3〕 从孙诒让(1848—1908)注。译者按:原注作"祩子,即祝史也"。

〔4〕 吴毓江:《墨子校注卷八·明鬼下第三十一》,北京:中华书局,1993 年,第 358 页。

参较梅贻宝译:《墨子的伦理及政治论著》(*The Ethical and Political Works of Motse*),1929 年,第 163 页。亦见马伯乐(Henri Maspero):《苏秦传奇》("Le Roman de Sou Ts'in"),载《亚洲研究》(*Études Asiatiques*)1925 年第 2 期,第 116 页。

〔5〕 黄晖:《论衡校释卷第二十五》,北京:中华书局,1990 年,第 1051 页后。

些人看来是名至实归的。即使这个故事不完全是虚构的，我们也很难相信“观辜”这个名字是他的本名。我们必视其为绰号。[1]

在公元前4世纪，有一个著名的辩士叫淳于髡。[2] 之所以谈到这个人是因为他是中国早期最有名的赘婿（入赘的女婿）之一，也就是一个因为贫穷而被迫住到妻子家里的丈夫。[3] 人们通常称呼他淳于髡[4]，但是这里的“髡” 008

---

〔1〕 附带论及，有人提出“墨子”本身也不是一个真正的名号，而只是表示“黥墨的先生”，意指墨翟及其弟子皆是徒隶。参见冯友兰著，卜德译：《中国哲学史》(*A History of Chinese Philosophy*)第1卷，普林斯顿：普林斯顿大学出版社，1952年，第79页；钱穆：《墨子》，载《万有文库》，1930年，第1页。相反，徐希燕（《墨子姓名里籍年代考》，第67页）指出没有当时的记载能证实这种说法。因此，“墨”很可能是一个真实的姓氏。亦见周策纵：《墨家起源新论》（“A New Theory on the Origins of Mohism”），载《文林：中国人文研究》(*Wen-lin：Studies in the Chinese Humanities*)第2卷，麦迪逊：威斯康星大学出版社，1968—1989年，第126页；以及顾颉刚、童书业：《墨子姓氏之辨》，载《国立北平研究院史学集刊》1936年第2期，第151—178页。在20世纪早期，一些学者猜想墨子可能是个外国人，但该说法也没有具体的证据。参见张杰文：《20世纪20年代墨子国际论战述评》，载《东岳论丛》2001年第6期，第100—102页。

〔2〕 《史记·滑稽列传》，北京：中华书局，1959年，第3197—3199页。多处典籍提到此人之名（最著名的是《孟子·离娄上》第17节），称他是一个知名的哲学家或雄辩家，这些所指的是不是同一个人已无从知晓。见佐藤将之：《儒家对秩序的追求：荀子政治思想的起源与形成》(*The Confucian Quest for Order：The Origin and Formation of the Political Thought of Xun Zi*)，载“莱顿汉学”（Sinica Leidensia）58，2003年，第78页；金鹏程：《中国古代性文化》，檀香山：夏威夷大学出版社，2002年，第174页注94。

〔3〕 贾谊（前201—前169）对该词的解释见〔汉〕班固著，〔唐〕颜师古注：《汉书卷四十八》，北京：中华书局，1962年，第2244页。参见韩献博（Bret Hinsch）：《汉代遗嘱中的妇女、亲属关系与财产》（“Women, Kinship, and Property as Seen in a Han Dynasty Will”），载《通报》1998年第84期，第5页后；盛义：《中国婚俗文化》，载《域内外民俗学丛刊》，上海：上海文艺出版社，1994年，第254页后；卫德明（Hellmut Wilhelm）：《滑稽笔记》（“Notes on Chou Fiction”），载《变化与永恒：中国历史与文化》(*Transition and Permanence：Chinese History and Culture*)，1972年，第265页注25；瞿同祖：《汉代社会结构》(*Han Social Structure*)，载“汉代中国”（Han Dynasty China）1，西雅图、伦敦：华盛顿大学出版社，1972年，第252页注8；陈顾远：《中国婚姻史》，上海：商务印书馆，1937年，第70页；仁井田升：《中国法制史研究》（第2卷），东京：东京大学出版社，第483页后。

该术语的最早记载之一见于公元前252年的一条魏国法令（见《睡虎地秦墓竹简·为吏之道》，北京：文物出版社，1990年，第175页），在何四维的《秦法遗文：湖北云梦所见战国末秦法与律令译注》中译作“debt slaves”（债奴）。

〔4〕 淳于这个姓取自古时州国都城之名；见杨伯峻：《春秋左传注卷一》，北京：中华书局，1981年，第108页（桓公五年，即公元前707年）。亦参见王利器：《风俗通义校注·佚文·姓氏》，台北：明文书局，1988年，第509页应劭注。参见朱洪斌：《中华五百姓氏源流》，武汉：武汉大学出版社，1999年，第481页。因此淳于髡的意思可能只是“从淳于来的被剃发之人”。葛兰言的《中国古代的舞蹈和传说》(*Danses et légendes de la Chine ancienne*，第17页注1)全然误解了这个名字，把它读作“Shun Yukun”（姓淳，名于髡）。

恐怕应理解成一个绰号:被剃发的(像是奴隶)。[1] 就像观辜,“髡”也很可能不是出生时取的名字。

《论语·子路》第18节曰:

> 叶公语孔子曰:“吾党有直躬者,其父攘羊,而子证之。”孔子曰:“吾党之直者异于是。父为子隐,子为父隐,直在其中矣。”[2]

很多注释者通常认为“直”是称号,“躬”是真正的名字。然而,“躬”的意思是“亲自”,并不经常用作人名。把整个短语当作一个名字——“躬(自)直(正)”——调换了这两个语素的位置。那么叶公说的其实就是:“在我们村,有个自身正直的人……”——这是一个含蓄的批评,和孔子的回答是一致的。然而根据对这段的通常解读,孔子被认为是反对叶公观点的——尊重一个揭露自己父亲的人。

这种绰号的起源在《吕氏春秋》中有所记载:

> 襄子谒于代君而请觞之,马郡尽,先令舞者置兵其羽中数百人,先具大金斗。代君至,酒酣,反斗而击之,一成,脑涂地。舞者操兵以斗,尽杀其从者。因以代君之车迎其妻,其妻遥闻之状,磨笄以自刺。故赵氏至今有磨笄[3]之山与“反斗”之号。[4]

009 我们由此可知赵氏最终兼并了代国之地。据我所知,“反斗”并没有在任何其他文献中作为赵氏家族的一个恶号记载过。但是“直躬”“观辜”的例子

---

〔1〕 盛义:《中国婚俗文化》,载《域内外民俗学丛刊》,上海:上海文艺出版社,1994年,第258页;康达维(David R. Knechtges):《诗谜:〈荀子·赋篇〉》(“Riddles as Poetry: The ‘Fu-Chapter’ of the Hsün-tzu”),载《文林》(*Win-lin*)2,1989年,第22页注98;康达维:《中国早期(汉代及以前)文学中的机智、幽默与讽刺》[“Wit, Humor, and Satire in Early Chinese Literature (to A.D. 220)”],载《华裔学志》(*Monumenta Serica*)第29期,第83页。关于“髡”作为古代一种刑罚,见徐富昌:《睡虎地秦简研究》,第266—271页;刘海年:《秦律刑罚考析》,载《云梦秦简研究》,北京:中华书局,1981年,第192页。

〔2〕 程树德著,程俊英、蒋见元点校:《论语集释卷二十七》,北京:中华书局,1990年,第922—924页。下文的详细内容,见陈奇猷:《吕氏春秋校释卷十一·当务》,上海:学林出版社,1984年,第596页;陈奇猷:《韩非子新校注卷十九·五蠹第四十九》,上海:上海古籍出版社,2000年,第1104页。下文“郭店楚简视角下的《荀子》”有关于本段的深入讨论。

〔3〕 译者按:“簪也。”

〔4〕 陈奇猷:《吕氏春秋校释卷十四·长攻》,上海:学林出版社,1984年,第792页。同一篇讨论了一个人名叫“敦洽雠糜”,陈奇猷指出这同样是一个有意义的绰号:“敦厚和合,与人无仇。”见陈奇猷:《吕氏春秋校释卷十四·遇合》,上海:学林出版社,1984年,第816页和第824页注40。

说明这种绰号并不罕见。可想而知,批评者用“反斗”指其不义之所得。

著名军事家孙膑的名字其实也是一个绰号。

> 孙膑尝与庞涓俱学兵法,庞涓既事魏,得为惠王将军,而自以为能不及孙膑,乃阴使召孙膑。膑至,庞涓恐其贤于己,疾之,则以法刑断其两足而黥之,欲隐勿见。[1]

因为“膑”的含义是“断足”,所以“孙膑”这个名字恰好“表示被截双腿的孙氏人”(或者可以幽默地说成“膝盖孙”)。在一篇很有启发性的文章中,彼得森(Jens Østergård Petersen)进一步主张连“孙”这个姓氏也应该读为“逊”,意为“逃遁”,因此“孙膑”就是“一个逃跑的无腿之人”。在之前雅罗斯拉夫·普实克(Jaroslav Průšek)所论的基础上[2],彼得森认为孙膑的著名祖先孙武的名字,即公认的《孙子兵法》作者,同样是“虚构的并且有内涵的”。[3]

彼得森还列举了其他一些早期中国有内涵的人名,在此我们就不赘述了。他发现,在其他一些无可挑剔的例子中,一个伪君子叫作“谲”(意为“骗”),一个专横的家臣叫作“颠颉”(意为“鲁莽”)。[4] 另一个明显不合乎简单解释的例子是晋文公重耳(约前635—前627)[5],重耳这个名字明显指的是一些独特的生理特征。晋文公也同样因他的骈胁而知名,但还不清楚“重耳”如何指他独特的肋骨。[6] 010

---

〔1〕《史记卷六十五·孙子吴起列传》,北京:中华书局,1959年,第2162页。

〔2〕雅罗斯拉夫·普实克:《中国历史与文学:研究论集》(*Chinese History and Literature: Collection of Studies*),1970年,第66页。

〔3〕《名字中有什么?论孙武的渊源》(“What's in a Name? On the Sources Concerning Sun Wu”),载《亚洲专刊》(*Asia Major*)1992年第5期,第29页。亦参见许倬云(Hsu Cho-yun):《先秦社会史论》(*Ancient China in Transition: An Analysis of Social Mobility, 722-222 B.C.*),1965年,“孙跛子”。巧的是,最近发掘出土了孙膑的著作;见《孙膑兵法》,北京:文物出版社,1975年。译本见拉尔夫·索耶(Ralph D. Sawyer)译:《孙膑兵法》(*Sun Pin: Military Methods of the Art of War*),纽约:巴诺书店,1998年;刘殿爵(D. C. Lau)、安乐哲译:《孙膑兵法》(*Sun Pin: The Art of Warfare*),载“中国古代经典”(Classics of Ancient China),1996年。

〔4〕彼得森:《名字中有什么?论“孙武”的渊源》,载《亚洲专刊》1992年第5期,第28页。

〔5〕译者按:原文如此。依据《辞海》第六版,晋文公重耳在位时间为公元前636—前628年,生卒年为公元前697或公元前671—前628年。

〔6〕“骈胁”,见杨伯峻:《春秋左传注卷一》,北京:中华书局,1981年,第407页(釐公二十三年,即公元前637年)。彼得森在私下的信函讨论中指出:重耳两个著名的异母兄弟的名字也有深意:愚勇的“夷吾”(Destroy Me,意为毁我)和亡魂“申生”(Born Again,意为再生)。后者也可释为:生于申。见埃姆里希:《中国古代的禁忌与回避:诸多反驳》,1992年,第19页。

这些例子证明在早期中国用称号来指人是很平常的，这些称号不是本名，而应被理解成有意义的绰号。还有一些例子可以毫无疑问地归同于前例。[1] 认识到这个问题对于评价早期中国古代文本深有影响。比如，一旦我们认识到那个粗心的神职人员的名字（观辜）意味着“仪式过错”，我们就会倾向于将整个故事更多地当作像是《庄子》里有趣的寓言［如其中的寓言人物“哀骀它”（Nag the Hump，唠叨罗锅）和“士成绮”（Fancypants Scholar，花哨学者）］[2]，而非当作历史的“实录”。这些名字甚至会出现在所谓的“史书”中，使我们更

〔1〕 尤其参见金鹏程讨论的嫪毐（Lustful Misdeed，意为淫行）的例子（《中国古代性文化》，第 82 页后）。人们可能会怀疑韩非（Han the Refuter）这个名字，因为韩非是中国哲学史上最善辩的作者之一。就像“孙武”一样，韩非之名可能如普实克所说的太过典型（trop typique）（古代“非”这个名字或被读为“飞”。见周法高：《周秦名字解诂汇释》，1958 年，第 26 页；鲍吾刚：《中国人的命名——名、字、小名的构造规则与主要内涵》，载“亚洲研究”4，威斯巴登：奥托・哈索维茨，1959 年，第 313 页注 1。韩非本人把著名的悖论“白马非马”归于一个名叫兒说的人，该名通常读作“ni yue”，但也可能读作“ni shui”，意思是姓兒的“说客”（甚至也可能是“wa shui”，呪说，咿呀作语的说客）。原文见陈奇猷：《韩非子新校注卷十一・外诸说左上第三十二》，上海：上海古籍出版社，1978 年，第 674 页。

有时候轲（孟子的私名）或该被理解成“坎坷” 的简称，用以指孟子之穷困，见周法高：《周秦名字解诂汇释》，台北：中华丛书委员会，1958 年，第 203 页。对于孔子私名（丘）的解释众多，见段玉裁（1735—1815）注，《说文解字段注附六书音韵表卷八上》，载《四部备要》，上海：中华书局，第 31 页 a（“屔”字条下），转引自周法高：《周秦名字解诂汇释》，台北：中华丛书委员会，1958 年，第 218 页。亦参见詹启华（Lionel M. Jensen）：《古籍所载孔子的起源：历史的比喻》（“The Genesis of Kongzi in Ancient Narrative：The Figurative as Historical”），载《圣坛之上：文化、社会、政治及孔子崇拜的形成》（*On Sacred Grounds：Culture，Society，Politics，and the Formation of the Cult of Confucius*），2002 年，第 196 页；埃姆里希：《中国古代的禁忌与回避：诸多反驳》，1992 年，第 16 页注 75；萧遥天：《中国人名的研究》，马来西亚槟城：教育出版公司，1970 年，第 27 页；葛兰言：《中国古代的舞蹈和传说》，载“东方文库”（Orientales），巴黎：法兰西大学出版社，1994 年，第 432 页。

翟浩（1736—1788）把“接舆”（见《论语・微子》第 5 节）这个名字释为“Receiving the Chariot”（接受车，即孔子之车），但其他注者不赞同。见程树德著，程俊英、蒋见元点校：《论语集释卷三十六》，北京：中华书局，1990 年，第 1261 页后注释。另有一种可能：在后文中，据说楚昭王的使者去征召接舆，其车马在接舆门前留下了深深的辙痕。（这次征召促使接舆携其妻更名改姓，隐遁山林。）见屈守元：《韩诗外传笺疏卷第二》，成都：巴蜀书社，1996 年，第 183 页；〔清〕王照圆：《列女传补注卷二・贤明》，长沙：商务印书馆，1938 年，第 37 页。

最后，公输般之名可能也属这一类。公输般是一位著名的工匠，他的攻城“云梯”被墨子所挫败，见吴毓江：《墨子校注卷十三・公输第五十》，北京：中华书局，1993 年，第 764—765 页。在吴毓江：《吕氏春秋校释卷二十一・爱类》（第 1465 页注 10）注中，高诱称“公输”是鲁般之号，这看似是个普通的名字。但鲁般也可能指“鲁国工匠”，因为般（或槃）有“建”之义，如《诗经・考槃》，见程俊英、蒋见元：《诗经注析》上册，北京：中华书局，1991 年，第 160 页。在类似证据的基础上，陈光宇提出商王盘庚得其名可能是为了纪念他为商代建造了一个新的都城。

〔2〕 这两处翻译我都借鉴了梅维恒（Victor H. Mair）的《逍遥游：庄子的早期道家故事与寓言》（*Wandering on the Way：Early Taoist Tales and Parables of Chuang Tzu*），分别在第 46 页和第 126 页。

有认清它们的责任。研究早期中国的学生应该养成一个自问的习惯：自己在研究中遇到的人名是否能够被理解为有含义的绰号，就像是“观辜”和“孙膑”？

古代作者们清楚这些名字。确实，他们也很赞成这些名字。有一个普遍的观念：名字就像是所有的名称一样，应该反映事实。如《谥法》（一本用来挑选恰当谥号的手册）载：[1]

> 谥者行之迹也，号者功之表也，车服者位之章也。是以大行受大名，细行受细名。行出于己，名生于人。[2]

本段的开头并不奇怪，大多数中国古代历史学家都会认为谥号是被选来概括逝者生前行为的评价。然而上文所述不止于此：它不仅是一个合适的谥号，每个名号都应该“表”或“彰”一个需要评价之人的成就和地位。用专业术语来说，这一段是在说一个人的几个名号——至少在后世被严格区分的谥、号和名[3]——从本质上说是相同的。给一个人选择正确的名号被认为只是另一种“正名”——中国古代哲学的一个主要命题。[4] 命名是一种重要的哲学行为。

另一个意义经常被误解的名字是象征永生之神的西王母。西王母一般被译作“Queen Mother of the West”，这反映了一个误解。“Queen Mother”在日常英语中指的是王太后，但在任何关于西王母的传统中，都没有表现出她得到这

[1] 汪受宽（《谥法研究》，第 220—229 页）断此篇作于公元前 4 世纪。《论语 · 公冶长》第 15 节也讨论了选择谥号背后的道理。

[2] ［清］王右曾：《逸周书集训校释卷六》，北京：中华书局，1958 年，第 92 页。

[3] 关于中国古代名字之各种类，见鲍吾刚：《中国人的命名——名、字、小名的构造规则与主要内涵》，载“亚洲研究”4，威斯巴登：奥托 · 哈索维茨，1959 年，第 8—15 页。

[4] 参见李晨阳［《道与西方的相遇：中西比较哲学重要问题研究》（*The Tao Encounters the West: Explorations in Comparative Philosophy*），第 94 页］：“当一个人的名字带着对这个人的描述时，孔子会说这样的名字就有意义了。”（名正言顺）

个称呼是因为王太后的身份。[1]“Queen(王) Mother(母)”的翻译也许本义是类似于“Royal(皇) Mother(母)”——但如果翻译者真是这么想的,他们就该说“Royal Mother”而不是“Queen Mother”。

然而,“Royal Mother”也还是不准确,因为“王”在这里也许并不指它的基本义,即“国王、统治者”。“王母”是一个宗教术语,特指已故的祖母。这种用

---

[1] 关于西王母的一些基本研究,参见吕思勉:《吕思勉说史》,上海:上海古籍出版社,2000年,第1—5页;弗吕豪夫(Manfred W. Frühauf):《西方帝王的母亲:中国古文献中的西王母》(*Die königliche Mutter des Westens:Xiwangmu in alten Dokumenten Chinas*),载“华夏文库”(Edition Cathay)46, 1999年;简·M.詹姆斯(Jean M. James):《汉代西王母的图像志研究》(“An Iconographic Study of Xiwangmu during the Han Dynasty”),载《亚洲艺术》(*Artibus Asiae*)1995年第51期,第17—41页;柯素芝(Suzanne Cahill):《宗教超越与神圣激情:中国中古时代的西王母》(*Transcendence and Divine Passion:The Queen Mother of the West in Medieval China*),斯坦福:斯坦福大学出版社,1993年;白安妮(Anne Birrell):《中国神话》(*Chinese Mythology:An Introduction*),巴尔的摩、伦敦:约翰·霍普金斯大学出版社, 1993年,第171—175页;马绛(John S. Major):《西汉思想中的天与地:〈淮南子〉的三、四、五卷》(*Heaven and Earth in Early Han Thought:Chapters Three, Four, and Five of the Huainanzi*),1993年,第200页后;李·雷尼(Lee Rainey):《西王母:中国古代神母?》(“The Queen Mother of the West:An Ancient Chinese Mother Goddess?”),载《圣人与孝子:古代中国神话与考古》(*Sages and Filial Sons:Mythology and Archaeology in Ancient China*),香港:香港中文大学出版社,1991年,第81—100页;里卡尔多·弗拉卡索(Riccardo Fracasso):《中国古代的圣母:西王母问题新探》(“Holy Mothers of Ancient China:A New Approach to the Hsi-Wang-Mu Problem”),载《通报》1988年第74期,第1—46页;巫鸿:《西王母》(*Xiwangmu, the Queen Mother of the West*),载《东方》(*Orientations*)1987年第18期,第24—33页;鲁惟一(Michael Loewe):《天堂之路:中国人寻求长生不老》(*Ways to Paradise:The Chinese Quest for Immortality*),1979年,第86—126页;马蒂厄(Rémi Mathieu)译:《〈穆天子传〉:译注及考证》(*Le Mu tianzi zhuan:Traduction annotée, étude critique*),载“中国高等研究院纪念集”(Mémoires de l'Institut des Hautes Études Chinoises)9, 1978年,第44页注109、第180—185页;明克(Wolfgang Münke):《中国古典神话》(*Die klassische chinesische Mythologie*),1976年,第301—306页;余英时:《汉人思想中的生命与永生》(“Life and Immortality in the Mind of Han China”),载《哈佛亚洲研究学报》(*Harvard Journal of Asiatic Studies*)1965年第25期,第96页后;德效骞(Homer H. Dubs):《中国古代神秘崇拜》(“An Ancient Chinese Mystery Cult”),载《哈佛神学评论》(*Harvard Theological Review*)1942年第35期,第221—240页。

众所周知,在甲骨文献中有神名作“西母”。简介见饶宗颐:《中国宗教思想史新页》,载《北大学术讲演丛书11·汤用彤学术讲座1》,北京:北京大学出版社,2000年,第109—114页。施舟人(Kristofer Schipper)在《道家:道的故事》(*Taoism: The Story of the Way*,第54页注12)称西王母“并未在儒家经典中提及……实际上儒家经典从未提及任何女神,因之都十分排斥女性”。但《荀子集解卷十九·大略第二十七》(第489页)中说圣君“禹学于西王国”,一定是暗指禹见西王母的传说。其他的参考,尤见黄晖:《论衡校释卷第二·无形》,北京:中华书局,1990年,第67页;屈守元:《韩诗外传笺疏卷第五》,成都:巴蜀书社,1996年,第500页;赵仲邑:《新序详注》,北京:中华书局,1997年,第5、142页。然而高本汉(Bernhard Karlgren)在《古代中国的传说和迷信》(*Legends and Cults in Ancient China*,271)中认为禹“不可能有个女性老师”,他把“西王母”读作“西王亩”,指“西王之田亩”,此名亦可指一处地方,正如《穆天子传卷二》,载《四部备要》,上海:中华书局,第5页b;《尔雅注疏卷第七·释地》,载《十三经注疏》,北京:中华书局,1980年,第2616页。

法在古典辞书《尔雅》中有所解释：

> 父为考，母为妣。父之考为王父，父之妣为王母，王父之考为曾祖王父，王父之妣为曾祖王母。[1]

在这段文字中“王”的准确意义并不明显。注者郭璞（276—324）提出了一个似乎合理的观点：“加王者尊之。”郝懿行（1757—1825）也有类似的观点：“王，大也，君也，尊上之称。故王父母亦曰大父母也。”[2]

尽管对这个术语的使用在传世文献中很少见[3]，出土文献却揭示出它在古代规范语言中是合乎标准的。在《睡虎地秦墓竹简 · 日书》中，传说祭祀王父或王母可以治愈各种疾病。见下例：

> 丙丁有疾，父王为祟。得之[4]赤肉，雄鸡、酒。庚辛病，壬有间，癸 012
> 酢。若不作，烦居南方，剉在南下，赤色死。戊己有疾，巫堪行[5]，王母为

[1] 《尔雅注疏卷第四 · 释亲》，载《十三经注疏》，北京：中华书局，1980年，第2592页。弗吕豪夫很清楚这一段，但否认了其重要性。

[2] 〔清〕郝懿行：《尔雅义疏 · 释亲》，上海：上海古籍出版社，1982年。

[3] 最著名的例子恐怕当数《易经》第35卦“晋”，《周易正义》（第4卷，第49页b）：“受兹介福于其王母。”即使最博学的译者有时也会把此处的王母错译成“Royal Mother”（太后）。如夏含夷译：《易经》（*I Ching: The Classic of Changes*），载“古代中国经典”（Classics of Ancient China），1996年，第139页。多数其他已发表的译本作“grandmother”（祖母）、“departed grandmother”（先祖母）、“ancestress”（先妣），等等。参较《读易汇通》中的注释，第5卷，第423页。王范之（《〈穆天子传〉与所记古代地名和部族》，第67页）认为此处的“王母”与“西王母”有关。“王父”为“先祖父”亦得证于《礼记正义卷第三 · 曲礼上》，上海：上海古籍出版社，1990年，第1248页b。

[4] 根据在其他早期医学文献中的类近用法，工藤元男（《睡虎地秦简〈日书〉之病因论与鬼神的关系》，第39页）把短语“得之”释为：这说明吃了献祭的食物是致病的原因。另见刘乐贤：《睡虎地秦简日书研究》，台北：文津出版社，1993年，第118—119页。其他讲法，见吴小强：《秦简日书集释》，长沙：岳麓书社，2000年，第75页。亦见于徐富昌：《睡虎地秦简〈日书〉中的鬼神信仰》，载《张以仁先生七秩寿庆论文集》下册，台北：学生书局，1999年，第923—924页。

[5] “巫堪行”三个字不好理解。意思可能是一个名为“堪”的巫师祭祀了王母。吴小强（《秦简日书集释》，第71页）认为“堪”是“堪坏”神，此形象见于〔清〕郭庆藩：《庄子集释卷三上 · 大宗师第六》，北京：中华书局，1961年，第247页。但吴氏没有举出证据来支持该说。“堪坏”可能指在他处所见的“钦䲹”神（在古汉语中，此名可能读成＊khəm-phrə）。如参见袁珂：《山海经校注卷二 · 西山经》，成都：巴蜀书社，1996年，第50页；〔宋〕范晔著，〔唐〕李贤等注：《后汉书 · 张衡列传第四十九》，北京：中华书局，1965年，第1931页。《庄子集释卷三上 · 大宗师第六》（第249页注11）。陆德明注称在《淮南子》中，该名作“钦负”，但在传世本中无此写法（最相似的异文作“钳且”）。详细的讨论见王叔岷：《庄子校诠》，“中央研究院”历史语言研究所专刊88，1994年，第233页注10。亦见胡司德（Roel Sterckx）：《古代中国的动物与灵异》（*The Animal and the Daemon in Early China*），2002年，第172页和第299页注26。

关于“堪”之名，贝林格（Wolfgang Behr）在私下交流中表示，可能与古突厥语“qam”有关，意思是“男巫”。

崇。得之于黄色索鱼、堇酒。壬癸病,甲有间,乙酢。若不作,烦居邦中,刿在西方,黄色死。[1]

必须牢记的是,王父和王母用于指一个人已故的祖父和祖母,而不在他们尚在人世时用——换言之,仅用于当他们进入极乐世界之后。这一点很重要,因为在其他语境中,"王"更多地被用来当作神的泛称。在荀子(前3世纪)随文所作的评论中有一个很好的例子:

郊者,并百王于上天而祭祀之。[2]

杨倞的注解比较合理,"百王"当理解为"百神",即"众神"。[3] 确实,在《礼记》中有该段的异文,即作"百神",而非"百王"。[4] 用"王"来指代一个神灵并不常见,但也不应被认为是特例,因为高贵的人间称号,比如君、公,经

[1] 《睡虎地秦墓竹简·日书甲种·病》,北京:文物出版社,1990年,第193页,简70正贰—73正贰。此处所录的"作"字,《睡虎地秦墓竹简》的编者隶定作"酢";"刿",编者作"岁"。本书对该二字的隶定,参考刘乐贤:《睡虎地秦简日书研究》,台北:文津出版社,1993年,第117页注2、5。有人恐怕会认为"刿在西方"不该出现在第二段的结尾,因为很明显,该处讨论的献祭和疾病均与黄色有关,但西方显然与白色有关(就像原文中其下一段,此处未引)。参见工藤元男:《睡虎地秦简〈日书〉之病因论与鬼神的关系》,载《东方学》1994年第88期,第35页。此处献祭的牺牲种类也与后世的五行系统不合。如,根据胡司德(《古代中国的动物与灵异》,第79页)的图表,红色对应禽类,而黄色对应无毛牲畜。在战国文献中,这类说法的细节不同。

睡虎地出土的类似篇章,见《睡虎地秦墓竹简·日书乙种·有疾》,北京:文物出版社,1990年,第246页。在包山楚简中,"王父"似乎也与疾病有联系,见"卜筮祭祷记录",第222简,载《包山楚简》,北京:文物出版社,1991年,第34页。参见陈伟:《包山楚简初探》,武汉:武汉大学出版社,1996年,第154页。

[2] 〔清〕王先谦:《荀子集解卷十三·礼第十九》,北京:中华书局,1988年,第375页。

[3] 杨倞接着又提出"王"其实是"神"的误写,但这不太可能:这两个字不容易混淆,而且无论如何,这里一定是"王"字符合"更难解原则"(lectio difficilior)。[关于"更难解原则"的概念,参见保罗·马斯(Paul Maas):《文献学》(*Textual Criticism*),牛津:克拉伦登(Clarendon)出版社,1958年,§ 16a等处。]

[4] 见《荀子笺释》,第278页注。本段见于《礼记正义卷第二十二·礼运》(第1426页a):"故礼行于郊,而百神受职焉。"

常出现在鬼神的名字中,其中一些还被解释为女性。[1]

再者,似乎有大量的文本支持把西王母中的“王”解作“神”。毕竟,她是一个女神,而不是一个王后。如果我们应用《尔雅》和《睡虎地秦墓竹简·日书》的术语,那么西王母的准确意义就是“西方的已故祖母”。但因为她称谓的含义明显就是说她是一位强大的神仙——就像是过世的祖母,那么一个更宽泛的翻译,比如“Spirit Mother of the West”似乎能最好地把握“西王母”的意义。[2] 013

为何“王”被用来表示“强大的神仙”这层意思呢?有以下几个站得住脚的解释。一个是郭璞和郝懿行提出的:“王”只是一个敬称。但也有其他的可能性。从这个意义上说,“王”可被理解成“往”“离去”:那么王(往)母,即为“离去的母亲”[3],毕竟,“王”在《诗经》中可用为“往”[4]。而且,薛爱华(Edward H. Schafer)在一篇精彩的论文中证明“王”属于一组带有强烈巫觋含义的同源词,这些词包括“狂”、“尪”(跛巫)、“匡”(男巫)。薛氏得出结论:“这组词有力地表明史前时代中国‘王’的巫觋性质,也可能是被一个神灵附

[1] 通常用于女性神仙的称号也同样可以为男性神仙所用,比如“后”,字面意为“王后”,然神名有后稷(稷神)、后土(土神),但通常认为前者是男性(后者的性别尚不清楚)。高本汉在《古代中国生殖符号》(*Some Fecundity Symbols in Ancient China*,第16页)中把此处的“后”理解成动词,表示“统治”,因为“在汉语里,称号居于中心语之后,而不是之前”(强调原本)。但事实上存在很多反例,如周文王之父“王季”及“曾侯乙”。

特雷西·米勒(Tracy G. Miller)在《构筑宗教:宋代建筑与晋祠建筑群》(*Constructing Religion: Song Dynasty Architecture and the Jinci Temple Complex*)第199页等处讨论到一位“晋王”,这可能是当地一位女河神的名号,长期以来被认为与晋祠有关。如见《魏书》,北京:中华书局,1997年,第2466页。晋王恐怕不指“晋国之王”,因为晋国本是侯国,并非王国。(笔者未曾找到哪一处文献称晋国君主为“晋王”。)因此,“晋王”或许意为“晋(水)之神”,可能指这位女神,也可能指晋国的始封君唐叔虞。

[2] “王”取此意,顺便解释(西王母的)对应神东王公(或东王父),通常译作“King Father of the East”(无疑是遵从“Queen Mother of the West”的翻译模式)。但“王公”这个短语,正常情况下表示“王和公”(kings and dukes),若作为王室称号并没有什么意义;相反,东王公可能表示“东方之神”(Spirit Lord of the East)之类。

[3] 关于“往”,参较所谓接舆之言“往者不可谏”,见《论语·微子》第5节。

[4] 见《诗经·板》:“昊天日明,及尔出王。”曾祖森[《白虎通德论》(*Po Hu T' ung: The Comprehensive Discussions in the White Tiger Hall*)第1卷,第300页注87]列出了一些古代文献,试图证明“王”和“往”之间的同源关系。

身的巫觋的谵妄。”[1]

最后,“王”亦可用作一个意义模糊的动词,偶尔用于神的谓语:神自王。最耳熟能详的例子见于《庄子》:

> 泽雉十步一啄,百步一饮,不蕲畜乎樊中。神虽王,不善也。[2]

换言之,一只被关在樊笼中的雉即使“神”滋养得很好,也更愿意在沼泽边游荡——一种虽更艰苦却更自由的生活。(庄子的措辞巧妙地暗示了笼中之雉已死去,像是享用祭品的先祖神灵。)这里“王”通常被解读作“旺、暀”,意为旺盛。[3] 因此,如果“王”在古代汉语中被理解为“得到满足的神”的特征,王(旺、暀)母则可以表示类似于“神母”的意思。[4] 这种解释相比于汉学家们授予神母的“Queen Mother of the West”这样概念干瘪的头衔,应该更接近于信徒们的理解。

发音同为“wang”(译者按:因这组词声调不同,故此处不标声调)的这组
014 词的相互联系可以提醒我们中国哲学著作的另一个普遍特征,即使用“声训”,就是使用读音相同或相近且意义相近的词来训释某些关键术语。[5] 最经常引用的例子是出自古代核心经典之一《中庸》中的“仁者,人也”。[6] 前

---

[1] 薛爱华:《中国古代的仪式展示》(*Ritual Exposure in Ancient China*),载《哈佛亚洲研究学报》1951 年第 14 期,第 161 页。然而,裘锡圭[《文字学概要》(*Chinese Writing*),第 253 页]解释说,在古文字中“匡”和“狂”的声符并不是“王”,而是现在写作“往”之字的古体(大概是指“去往”到神界)。除了裘氏所举的其他例子,迂,“往也”(译者按:见《左传·襄公二十八年》杜预注),恐怕也该列入这组例子;参见王力:《同源字典》,北京:商务印书馆,1982 年,第 325 页。

[2] [清]郭庆藩:《庄子集释卷二上·养生主第三》,北京:中华书局,1967 年,第 126 页。

[3] 见王叔岷:《庄子校诠》,“中央研究院”历史语言研究所专刊 88,1994 年,第 111 页注 8。

[4] 刘熙(活跃于 200 年前后)的《释名》注“王父”和“王母”的“王”为“暀”:王父为“家中所归暀也”。见[清]王先谦:《释名疏证补第三卷·释亲属第十一》,上海:上海古籍出版社,1984 年,第 150 页。毕沅(1730—1797)和叶德炯的注解都将此“暀”改为“往”,即“家中所归往也”。

[5] 柯蔚南(W. South Coblin)在《东汉注音手册》(*A Handbook of Eastern Han Sound Glosses*,第 145—310 页)中罗列了很多例子,但可惜,大量缩写和未标注的引用使这些表格难以使用。亦见安乐哲:《比较思考:文化理解的分析与叙述方法》(“Thinking through Comparisons: Analytical and Narrative Methods for Cultural Understanding”),载《古代中国与古希腊思想比较》(*Early China/Ancient Greece: Thinking Through Comparisons*),2002 年,第 107 页;翁有理(Ulrich Unger):《古汉语修辞》(*Rhetorik des klassischen Chinesisch*),1994 年,第 70—71 页。

[6] 《礼记正义卷第五十二·中庸》,上海:上海古籍出版社,1990 年,第 1629 页 b。更多关于《中庸》的讨论,见杜维明:《〈中庸〉:论儒学的宗教性》(*Centrality and Commonality: An Essay on Confucian Religiousness*),1989 年。这则解释似乎是取自《孟子·尽心下》第 16 节,可能是一条时代较早的文献。此处引用《中庸》的原因是这条注释更为人所知。

一个“仁”(人性)指一种美德,孔子选定其作为最重要的修身目标。[1] 可以理解,人们想知道“仁”的确切意义,而孔子通常不愿作简单解释。《论语》中有大量的片段讲一个或多个孔门弟子问孔子如此这般的行为或态度是否称得上是“仁”,孔子的回答通常很模糊,他小心翼翼,从来不给出一个确切的定义。[2] (实际上,孔子的“仁”所指的近于“己所不欲,勿施于人”。[3])

后一个“人”的意思是“人类”。[4] 这两个字不仅至今仍是同音字,而且可能代表同一个词的两种不同写法。(这两个字的上古汉语发音都被构拟为 * nin。[5])在这些表示“人的状态”或“人性”美德的例子中,“仁”被用作一个特殊的字。因此《中庸》对它的定义是“仁者,人也”。这个声训提供的信息比看起来的要多,它告诉我们“仁”的品德源自“人”,且它的词源与“人”这个词密切相关。[6] “仁”的概念曾使孔门弟子困惑,而《中庸》给出了对“仁”字的精要解释,满足了那些渴望得到一个对“仁”的简单难忘解释的读者的要求。

---

〔1〕 参见《论语·里仁》第 5 节。关于更多孔子哲学中所谈及的“仁”,参见刘殿爵译:《孔子:论语》(*Confucius:The Analects*),纽约:企鹅出版社,1979 年,第 14—22 页。

〔2〕 参见《论语·雍也》第 20、28 节,《论语·颜渊》第 1、2、22 节,《论语·子路》第 19 节、《论语·阳货》第 6 节。参见陈荣捷(Wing-tsit Chan):《“仁”的中西方阐释》[“Chinese and Western Interpretations of Jen (Humanity)”],载《中国哲学学报》,1975 年第 2 期,第 109 页。

〔3〕 此亦即“恕”(互惠)。见芬加雷特(Herbert Fingarette):《从〈论语〉之“一以贯之”》(“Following the ‘One Thread’ of the Analects”),载《中国古代思想研究》;万百安:《〈论语·里仁〉第 15 节“一以贯之”解》(“Unweaving the ‘One Thread’ of Analects 4:15”),载《孔子与〈论语〉新论》(*Confucius and Anaclects:New Essays*),牛津:牛津大学出版社,2002 年;艾文贺(Philip J. Ivanhoe):《再论〈论语〉的“一以贯之”》(“Reweaving the ‘One Thread’ in the Analects”),载《东西方哲学》1990 年第 40 期,第 17—33 页;顾立雅:《与芬加雷特教授论孔子》(“Discussion of Professor Fingarette on Confucius”),载《中国古代思想研究》(*Studies in Classical Chinese Thought*);陈倩仪(S. Y. Chan):《忠恕传统之争》(“Disputes on the One Thread of Chung-Shu”),载《中国哲学学报》1999 年第 28 期,第 165—186 页;倪德卫:《儒学之道:中国哲学研究》,1996 年,第 59—76 页。

〔4〕 “人”可能最初指士大夫(与用来指大众的“民”相对)。参见葛瑞汉(A. C. Graham):《论道者:中国古代哲学论辩》(*Disputers of the Tao:Philosophical Argument in Ancient China*),1989 年,第 19 页。但在孔子时代,这个词可能可以引申指任何(有德)的人。

〔5〕 古汉语构拟取自白一平(William H. Baxter),根据其未出版的《古汉语》(1. 1 版)进行了修改,白一平、沙加尔(Laurent Sagart)在《古汉语构词法》(*Word Formation in Old Chinese*)第 72 页注 19 中对该书有简要介绍。译者按:《上古汉语:新构拟》(*Old Chinese: A New Reconstruction*)已于 2014 年由牛津大学出版社出版。

〔6〕 参见卜弼德:《卜弼德选集》(*Selected Works of Peter A. Boodberg*),伯克利:加州大学出版社,1979 年,第 37 页。

然而,这类声训在本质上并不能总被当作词源。例如,学术论著《白虎通》用声训来解释九族的由来:

> 《尚书》曰:“以亲九族。”[1]族所以有九何?九之为言究也。[2] 亲疏恩爱究竟,谓之九族也。[3]

015 这样的诡辩使得现代读者普遍认为《白虎通》不可信,但“九”和“究”之间联系的假设正是建立在中国哲学的一个基本信念之上的。语言与现实相一致,因而同类的词也应该表示同类的概念。“九”(nine)和“究”(end)尽管显然并不是同根词,但在上古(以及现代)汉语中恰好近乎同音,而且具有共同的构字偏旁(声旁)“九”。一个译者要如何去表达所有这些呢?“人性”这种情况不算什么问题,因为我们可以放心地使用两个英语中的同根词[“humanity”(仁)和“human”(人)]来对译相应的汉语同源词。但要想表达(“九”和“究”)这组声训的所有方面,译者还必须为“九”和“究”找到两个对应的不相关的词,这两个词不仅要发音相似,而且实际书写形式也要近似。这种论述的力量超越了语言,因为它来自书面文字的确切形态。读者能够体会到译者在翻译中国古代哲学时,是如何不仅要努力翻译不同的语言,而且还要尽力把那种对于以字母文字为书面语的读者来说完全陌生的美感翻译出来。[4]

其他中国哲学作品中出现的声训之例均属于第三类。如出自《孟子》的这一例:

> 孟子曰:“君子之于物也,爱之而弗仁;于民也,仁之而弗亲。亲亲而仁民,仁民而爱物。”[5]

---

〔1〕 引自《尚书正义·尧典》第2卷,第119页a。

〔2〕 “究”在古汉语中有两种读法:* kuw:和* kus。

〔3〕 吴则虞:《白虎通疏证卷八·宗族》,载“新编诸子集成”,北京:中华书局,1994年,第398页。参较曾祖森:《白虎通德论》(第2卷),载“莱顿汉学”6,第576页。

〔4〕 参见余国藩[《克拉底鲁和荀子论“名”》(*Cratylus and Xunzi on Names*),第239页]:“在汉语惯例中没有字母系统作为固定的音标,因此很难判定对音同或音近词的声训解释是真正揭示了二者的同源关系,抑或仅仅是用作谐声修辞。”关于“公”“私”(都包含字符“厶”)二字的类似例子,见下文“韩非的自私说”。

〔5〕 《孟子·尽心上》第46节;〔清〕焦循:《孟子正义卷二十七》,北京:中华书局,1987年,第948—950页。

换言之,君子根据道德义务的程度来区别对待不同类的生命,从“爱(动) 016
物”到“亲(双)亲”。这个论述的关键在于短语“亲亲”,我们译作“being intimate with one's parents”(亲近双亲)。“亲”的基本含义是“近”;“(双)亲”(或“父系亲属”)的特殊含义是从这么一个事实,即双亲是一个人最亲近的人,得来的。因此“亲亲”的内涵很丰富,指“和那些应该亲近的人亲近”或“以应该对待双亲的样子去对待双亲”,等等。就像自古以来的大多数注释者一样,传统读者能够立刻意识到这几层意思。

下面这个情况就不明显了,而且译者也很少传达,即“仁”和“亲”在古汉语中也是同源词。它们在古汉语中的发音,分别被构拟作 *nin 和 *snin。[1] 这一点对于理解孟子论述中的修辞方面非常重要,他是在说我们应该以“仁”[或者是“humanity”(人道)]对待人,因为这是他们应得的,但是对那些最亲近的人,我们应该采用一种和“仁”有关但又仅限于双亲和亲人的方式。对于古代中国读者来说,“仁”和“亲”之间的联系使这个论述天衣无缝。这是声训的第三种类型:音近的词却写作不同的字,这些字的形体并不能显示出两者的联系。这些情况对译者来说可能更麻烦,因为千百年来的音变经常使得这种同源关系模糊不清。

孟子多次巧用这类同源词。[2] 在另一例中,他称:

> 不信仁贤,则国空虚。[3]

此处表示“humanity”的词还是上面讨论过的“仁”。与之相关的是“信”,即“trust”(信任)。该字的字形构成就很能说明问题,左边的声旁是“人”,表其音。我们可以知道,“信”与“人”和“仁”也都是同源的。在古汉语读音中,“信”被构拟作 *snins,就是在与“仁”相同的词根 nin 上加前缀(*s-)和在古

---

〔1〕 白一平构拟“亲”读作 *tshin,但音节首的复辅音几乎可以确定应是更古的 *sn-。[参较他本人的讨论,见白一平:《古汉语音韵手册》(*A Handbook of Old Chinese Phonology*),柏林、纽约:德古意特出版社(Mouton de Gruyter),1992 年,第 223 页。]很显然,他所构拟的很多音节首发 *tsh-的音都应该包含一个带 *s-的复辅音。例如,“青”(绿,生命的颜色),他构拟作 *srēng,但“清”(纯净)使用相同的谐声偏旁,他却构拟为 *tsheng。若将两者音节首的复辅音拟作 *sr-将更为可信。

〔2〕 《孟子·梁惠王上》第 1 节;〔清〕焦循:《孟子正义卷二》,北京:中华书局,1987 年,第 43 页,相近的用法如:“未有仁而遣其亲者也。”

〔3〕 《孟子·尽心下》第 12 节;〔清〕焦循:《孟子正义卷二十八》,北京:中华书局,1987 年,第 972 页。

汉语中常见的后缀 ＊-s。“信”的词源在孟子时代尚存，他将这两个词并置在一起就是为了强调为什么“仁贤”应该“信”——“信”这个词就源自“仁”这个词。

017 孟子接下来又引入“贤”，即“men of talent”（人才），以展开论述。在古汉语音系中，“贤”发 ＊gīn 音，此处“仁”“信”和“贤”的谐音（即 ＊nin，＊snins，＊gīn）并非巧合。“贤”与“仁”“信”并不同源，但它们在发音上反映出的相似性达到了孟子的意图。我们推测孟子是在暗示：我们应该去“信任”“仁人”，因为“信”和“仁”同源；同时我们应该“信任”“贤人”，因为“贤”也与“信”押韵。在古汉语中，这些想法完全是通过暗示和联想来传达的。孟子所涉及的这种基本语言联系，对于一个与孟子使用同样语言（古汉语）的人来说是习以为常的。

古代中国作家们自己意识到了，他们赖以表达思想的文字可以被巧妙地挑选，用来引起读者内心深处的共鸣。荀子曾论：

> 名有固善，径易而不拂，谓之善名。[1]

学者们总是对这段话很疑惑，因为它出现在一段很有见解的长篇论述的结尾之处，该篇论述在索绪尔之前就证明了名称内在的任意性。荀子为何突然改变立场，认为好的名字与其内涵之间存在基本联系呢？荀子似乎超越了索绪尔，认识到了和罗曼·雅各布森（Roman Jakobson）的“语言非任意性理论”相似的语言现象：事物的名称确实完全是任意的，但是从读者的观点来看，一些名称似乎仍是极恰当的。［拿雅各布森的例子来说，当一个说德语的女人被告知“奶酪”这个词在法语里是“Fromage”时，她回答说：“‘Käse’（德语里‘奶酪’的意思）说起来更自然！”］[2]因此荀子深知孟子论述的力量，这些论述建立在古代中国读者关于“仁”与“信”同类的意识之上。[3] ＊nin 和 ＊snins听起来很和谐。

---

〔1〕〔清〕王先谦：《荀子集解卷十六·正名第二十二》，北京：中华书局，1988 年，第 420 页。

〔2〕罗曼·雅各布森：《语言论》（*On Language*），剑桥、麻省：哈佛大学出版社，1990 年，第 411 页。

〔3〕参见龙宇纯：《荀子论集》，台北：学生书局，1987 年，第 107—206 页；金鹏程：《道之礼：荀子哲学》（*Rituals of the Way：The Philosophy of Xunzi*），1999 年，第 145 页注 35。

译者们无法期望保存孟子文章的这层含义,正是因为这种本质的语言联系在其他语言中是不存在的。同样,也不可能将“九”和“究”的声训效果“翻译”出来,因为这两个概念之间的联系只存在于汉语书写系统的语境中。因此在这些情况下,我们能做的最多也就是尽可能忠实地翻译文本,再以注释的形式从各个方面去解释词源。然而注释是很关键的。[1] 如果我们没有强调这些问题,就不能将原文在它自身文化中的重要意义传达给外国读者。那结果就会是意义的扭曲——而不是翻译——将复杂的汉语论述译成了似是而非的草率英文。[2] 018

“翻译”必不止于此。正如蒯因(Willard Van Orman Quine)很久以前说明的[3],从根本上说,翻译的问题是个本体论的问题:它不仅是把此语言的一组词(words)常规地对应译成彼语言的一组词,而且是尽量以符合观察者整个独立世界观(world view)的习语去重造原作者的整个世界观。我们翻译的是世界(worlds),不是语词(words)。[4]

---

[1] 倪豪士(William H. Nienhauser Jr.)也同样强调注释,见其《隐含读者与翻译:以〈史记〉为例》(“The Implied Reader and Translation:The Shih chi as Example”),载《中国文学翻译》(*Translating Chinese Literature*),伯明顿:印第安纳大学出版社,1995 年,第 19 页。

[2] 译者按:本书原本面向英文读者,所以作者此处讨论了汉籍英译的若干问题。

[3] 参见蒯因:《理论与事物》(*Theories and Things*),剑桥、麻省:哈佛大学出版社、贝尔纳普(Belknap)出版社,1981 年,第 1—23 页;蒯因:《本体论的相对性及其他》(“Ontological Relativity and Other Essays”),载《约翰·杜威哲学论集》(*The John Dewey Essays in Philosophy*),纽约:哥伦比亚大学出版社,1969 年,第 1—25 页;蒯因:《语词和实物》(*Word and Object*),剑桥:麻省理工学院出版社,1960 年。另见吉布森(Roger F. Gibson Jr.):《翻译、现象和事实》(“Translation, Physics, and Facts of the Matter”),载《蒯因哲学》(*The Philosophy of W. V. Quine*),1986 年。

[4] 译者按:在英文中“word”(词)和“world”(世界)读音接近。原作者此处的表达实际上恰是在模仿汉语中的谐声修辞。

019 一、战国时代的《诗》[1]学

除了“绪论”中概述的基本要求，对中国哲学的深度描写还需要打破时代错置的学科界限。中国古代思想家们并不需要在哲学、历史或文学这样的领域中做出选择，他们对这些“学科分支”都是同等熟知的，他们的作品也不能只通过强调其哲学的、史学的或文学的贡献来理解。早期对《诗经》的接受就是个恰当的例子。中国文学专业的学生历来公认《诗经》在整个中国文学史上的崇高地位，但是在中国哲学方面，学者们就很少考虑《诗经》在哲学论辩中的运用。这是因为典型的学科分类把《诗经》当作文学而非哲学，因为其内容都是诗歌。但是其实中国哲学家们曾不断地在《诗经》中发现哲学内涵，这种做法对现代人来说是如此奇特而陌生，以至于当今读者如果没有认真考察《诗经》文本在其领域中的地位，就不能理解某些中国古代哲学的特征。

众所周知，传统的《诗经》注疏者致力于阐释诗集中晦涩的道德和政治含义。千百年来，他们的努力得到了公认，但一些 20 世纪的中西方批评家却抨击这些注释是“训诂垃圾”(exegetical debris)，隐没了原诗本来的简洁朴素。比如，翟理斯(Herbert A. Giles)抱怨说：“早期的注疏者，无视这些诗歌的淳朴自然之美，反以无尽俗套的词语和大量现代语言中的措辞堆砌……从这些乡
020 村小调中读出深刻的道德和政治意义。结果就是不朽的《诗三百》中的每一

〔1〕 译者按：《诗》即《诗经》，下同。

首都硬是被理解出了隐含的‘意义’,还被指向一种正确的道德。”[1]

可想而知,翟氏所不愿进一步指名道姓的这些“早期的注疏者”指的就是在每篇诗之前所谓“小序”的作者或作者们。这些小序的作者是很有争议的,但是普遍认为,每篇小序后半部分(后序)的作者或者可能是“毛公”——毛亨或毛苌(均在公元前 2 世纪),他们编校了传世本《诗经》(译者按:下文称作《毛诗》)——或者可能是魏宏(1 世纪)。[2] 事实上,所有这些人都生活在汉代,这涉及一个关键问题:翟理斯之类的批评家指责早期的《诗经》注疏者过度解读原本直白的诗歌,他们似乎把这种帝国时代(译者按:汉代)的训诂传统看成了需要反对的现象。他们认为古代诗歌本来仅是“乡村小调”,古人也是如此理解的,但是帝国时代的注疏者们出于政治或是教义的原因,对其进行歪曲并篡改。[3]

---

[1] 翟理斯:《中国文学史》(*A History of Chinese Literature*),1923 年,第 13 页。关于“训诂垃圾”一词,参见张隆溪:《文字抑或精神:雅、讽喻与〈诗经〉》(“The Letter or the Spirit:The Song of Songs, Allegoresis, and the Book of Poetry”),载《比较文学》(*Comparative Literature*)1987 年第 39 期,第 213 页。

几乎和翟理斯同时,中国学者也对注解《诗经》的传统发出了批判的声音,其典型之例,见顾颉刚:《野有死麕》,载《古史辨》(3),第 439—443 页;胡适:《谈谈〈诗经〉》,载《古史辨》(3),第 576—587 页。可与之相比的代表性例子见余宝琳:《中国诗歌传统中的意象解读》(*The Reading of Imagery in the Chinese Poetic Tradition*),普林斯顿:普林斯顿大学出版社,1987 年,第 45 页;亦见林庆彰:《〈毛诗序〉在〈诗经〉解释传统的地位》,载《中国哲学》2001 年第 23 期,第 107—112 页;赵沛霖:《诗经研究反思》,天津:天津教育出版社,1989 年,第 273 页。关于顾颉刚对《诗经》看法的详尽讨论见赵制阳:《〈诗经〉名著评介》,台北:学生书局,1983 年,第 267—295 页。

[2] 参见王安国(Jeffrey K. Riegel):《情爱、内省性与〈诗经〉注释的起源》(“Eros, Introversion, and the Beginnings of *Shijing* Commentary”),载《哈佛亚洲研究学报》1997 年第 57 期,第 147 页注 14;苏雪林:《〈诗经〉杂俎》,台北:台湾商务印书馆,1995 年,第 19—24 页;范佐伦(Steven Van Zoeren):《诗与人格:中国传统经解与阐释学》(*Poetry and Personality:Reading, Exegesis, and Hermeneutics in Traditional China*),斯坦福:斯坦福大学出版社,1991 年,第 92 页后;赵沛霖:《诗经研究反思》,天津:天津教育出版社,1989 年,第 251—269 页。反方意见参见王承略:《从传序的关系论诗序的写作年代》,载《第四届诗经国际学术研讨会论文集》,北京:学苑出版社,2000 年,第 302—311 页;吕思勉:《吕思勉读史札记》,上海:上海古籍出版社,1982 年,第 692 页后。

[3] 参较吴万钟的意见(《从诗到经——论毛诗解释的渊源及其特色》,第 87 页):“我们认为用这种方式解释《诗经》的倾向或多或少地与汉初儒家学者的意识形态有关,他们认为‘礼’是一种既定的社会秩序的纽带。”另见罗吉伟(Paul F. Rouzer):《妇人之言:中国早期文本中的性别与男性群体》(*Articulated Ladies:Gender and the Male Community in Early Chinese Texts*),载“哈佛燕京学社专著丛书”(Harvard-Yenching Institute Monograph Series)53,2001 年,第 15—26 页;华兹生:《中国古代文学》(*Early Chinese Literature*),纽约、伦敦:哥伦比亚大学出版社,1962 年,第 202—230 页。

关于《诗经》最初是民歌的观念,参见雒启坤:《〈诗经〉散论》,北京:商务印书馆,2002 年,第 37—73 页;鲁洪生:《关于〈国风〉是否民歌的讨论》,载《第二届诗经国际学术研讨会论文集》,北京:语文出版社,1996 年,第 624—649 页;尤其是屈万里:《论〈国风〉非民间歌谣的本来面目》,载《“中央研究院”历史语言研究所集刊》1963 年第 34 期,第 477—504 页。

先秦时期对《诗经》的接受是一个长期被忽视的重要研究领域。[1] 尽管没有从周代就流传下来的像小序那样完整而系统的《诗经》注释，现存的文本仍然包含了对某些篇目的诸多含蓄而清晰的解释。一项对先秦时期引用《诗经》情况的研究表明，在周代，这些诗歌就已经通常被一种后世传统所热情采纳（并最终僵化）的政治化方式来解释了。这些周代的文本包含了我们能见到的最古老的《诗经》读本，在一些具体的细节上与之后的小序并不一定相符[2]，但是有有力的证据支持了一个共识，即对《诗经》的思想深邃且有说服力的解读在于阐明其中的道德和政治层面的内涵。我们如果要相信传统注疏者误读了《诗经》，那就必须承认这种“误读”可以追溯到上古——也许和《诗经》产生的时代一样久远。[3]

以下所列的先秦时期著作（大致按时间顺序排列）都曾谈及或引述《诗
021 经》：《论语》《墨子》《孟子》《荀子》《左传》《国语》《孝经》《晏子春秋》《吕氏春秋》《韩非子》《管子》《中庸》《战国策》。目前至少有两种考古出土的文本大量引用《诗经》：《五行》和《缁衣》。[4]

---

〔1〕 近来对古代引用《诗经》情况的总结，见陆威仪：《早期中国的书写与权威》，1999 年，第 155—176 页。王中江在《经典的条件：以早期儒家经典的形成为例》（第 52 页）中也简要提及了这一现象。

〔2〕 同样，这三家相互竞争的《诗》传学派（齐、鲁、韩）所遗留下来的零星材料经常与“大序”及《毛诗故训传》中的解读不一致。参见林耀潾：《西汉三家诗学研究》，台北：文津出版社，1996 年；皮锡瑞的经学研究，即《经学通论》（第 2 册），香港：中华书局，1961 年，第 12—25 页、第 41—44 页。对三家《诗》的论述见海陶玮（James Robert Hightower）：《〈韩诗外传〉与三家〈诗〉》（“The Han-shih wai-chuan and the San chia shih”），载《哈佛亚洲研究学报》1948 年第 11 期，第 251 页后。

上海博物馆所藏的战国楚简最初于 1994 年出现在香港古物市场，很快被上海博物馆购入。在这批近期发现的竹简中就有据说是孔子所作的对《诗经》的讨论，题为《孔子诗论》。该篇包含对多首《诗》的精要解读，与传世本“大序”相去甚远。但由于上海博物馆所藏竹书的来源尚不可知，故此处我们只在脚注中提及。竹书前两卷已经由马承源主持编辑出版了（译者按：截至 2013 年，已出版 9 册）。尽管竹书很可能是真的，但其真实性并未因马承源著作的出版而确立。

〔3〕 参见林庆彰：《〈毛诗序〉在〈诗经〉解释传统的地位》，载《中国哲学》2001 年第 23 期，第 96 页后；夏含夷：《孔子之前：中国经典诞生的研究》，载“纽约州立大学出版社系统哲学丛书”，1997 年，第 221 页；戴君仁：《戴静山先生全集》（第 2 卷），台北：戴顾志鹓，1980 年，第 1214 页及第 3 卷，第 1832—1834 页。

〔4〕 这两篇文献至迟都能追溯到公元前 4 世纪。在马王堆和郭店都发现了《五行》；《缁衣》作为《礼记》的一章得以流传，且在郭店楚简中发现了其另一个版本（下文“郭店楚简视角下的《荀子》”将讨论这两篇文献）。马王堆《五行》包含了一篇对经文的“说”，其成文年代可能是汉代。上海博物馆藏战国竹书（包括《孔子诗论》和《缁衣》的另一个版本）没有被列入此类。《孔子诗论》中对《诗经》的引用列举于周凤五《〈孔子诗论〉新释文及注解》，载《上博馆藏战国楚竹书研究》，上海：上海书店，2002 年，第 166—172 页。

这些作品中总共引《诗》约 520 处[1]——量肯定是相当大的,但还不至于像一部书就约有 315 处引《诗》的汉代文本《韩诗外传》那样多得令人吃惊。而且,这 520 处引用中的绝大部分对于重建周代对《诗经》的理解来说,并无帮助。这是因为对《诗经》的引用采取了多样的传统形式。最普遍的是,论者只是从这部经典中借用一句众所周知的短语或是贴切的话,但这些引用只是有修辞作用(在不被滥用时),很少能对作者对《诗》本身的解读有所启发。

比如,在论礼的篇章中,哲学家荀子希望证明"诸侯召其臣,臣不俟驾,'颠倒衣裳'而走"[2]。《毛诗》第 100 篇(《东方未明》)[3]就给荀子的论述提供了一个无与伦比的典故,于是荀子毫不犹豫地引用了:

颠之倒之,自公召之。

这样的引用丝毫没有向我们透露荀子是如何解读《毛诗》第 100 篇的(这篇恰好是极难懂的)。他只是利用文本的经典地位来支持自己本不恰当的说法。

这样的引用方式很普遍。在该文同一段中,荀子又引用了《毛诗》第 168 篇(《出车》)来证明当天子召集诸侯时,他们拉着车去马前(而不是等着马被

---

[1] 见本书附录。这个总数不包含约 30 处对佚《诗》的所谓"引用"(其中有些存疑),以及也许另外 35 处对整个《诗经》或《诗经》三部分(《风》《雅》《颂》)之一的一般引用。如果要把这些引用也算进去,总数要接近 600。

董治安:《先秦文献与先秦文学》,济南:齐鲁书社,1994 年,第 35—45 页、第 64—88 页;安德鲁·施默茨(Andrea Schmölz):《典籍所见礼俗社会中的诗歌:晚周时代的文人传统》(*Vom Lied in der Gemeinschaft zum Liedzitat im Text:Liedzitate in den Texten der Gelehrtentradition der späten Chou-Zeit*),1993 年,第 155—163 页,两者都有实用(但不全面)的图表,可用以与本书后的附录相参阅。关于《左传》引《诗》,见曾勤良:《左传引诗赋诗之诗教研究》,台北:文津出版社,1993 年,第 13—29 页;张素卿:《〈左传〉称〈诗〉研究》,1991 年,第 261—288 页;杨向时:《左传赋诗引诗考》,台北:中华丛书,1972 年;镰田正:《〈左传〉的起源及其发展》,东京:大修馆,1963 年,第 346 页、第 362—378 页。关于《荀子》引《诗》,见裴溥言:《荀子与〈诗经〉》,载《台大文史哲学报》1968 年第 17 期,第 152—169 页。关于《吕氏春秋》引《诗》,见田凤台:《吕氏春秋探微》,台北:学生书局,1986 年,第 357—359 页。关于《战国策》引《诗》,见何晋:《〈战国策〉研究》,北京:北京大学出版社,2001 年,第 180—192 页。

[2] 王先谦:《荀子集解卷十九·大略第二十七》,北京:中华书局,1988 年,第 486 页。

[3] 译者按:荀子时代尚未有《毛诗》,本书作者在此处只是为了说明此诗在经典传世本中的序号,这是西方学者的学术习惯。下同。

带到他们面前):[1]

我出我车,于彼牧矣。自天子所,谓我来矣。

022 还有如下一些典型的例子:

孟子和荀子都引用了《毛诗》第154篇(《七月》)中的同一句来描述普通村民的生活:[2]

昼尔于茅,宵尔索绹。亟其乘屋,其始播百谷。

孟子引用《毛诗》第179篇(《车攻》)来证明即使一个驭者也须依礼驾车:[3]

不失其驰,舍矢如破。[4]

在《左传》中,晋侯引用《毛诗》第193篇(《十月之交》)来引出其关于日食重要性问题的讨论:[5]

此日而食,于何不臧。

同一篇诗的另一部分也在《左传》另一处被引用,用以说明如若无德,占卜预兆也没有用:[6]

下民之孽,匪降自天。噂沓背憎,职竞由人。

考虑到这首诗对天和人的态度所作的清楚说明与之后荀子所持的观点相

---

[1] 亦见于《孟子·公孙丑下》第2节。

[2] 《孟子·滕文公上》第3节;〔清〕焦循:《孟子正义卷十》,北京:中华书局,1988年,第332页;〔清〕王先谦:《荀子集解卷十九·大略第二十七》,北京:中华书局,1988年,第510页。陆威仪在《早期中国的书写与权威》(第165页)中把这首诗称作"现存最早的关于百姓活动和道德本质的记录"。对这些观点讨论的批评见雒启坤:《〈诗经〉散论》,北京:商务印书馆,2002年,第42页后。

[3] 《孟子·滕文公下》第1节;〔清〕焦循:《孟子正义卷十二》,北京:中华书局,1988年,第414页。

[4] "如"读如"而",见高本汉:《〈诗经〉注释》(*Glosses on the Book of Odes*),斯德哥尔摩:远东古物博物馆,1964年,第471节。但在《汉代以前文献中的外来词》(二)(*Loan Characters in Pre-Han Texts* Ⅱ)第529、532节中,高本汉在其他语境中未用类似的解释。

[5] 杨伯峻:《春秋左传注卷四》,北京:中华书局,1981年,第1288页(昭公七年,即公元前535年)。参见曾勤良:《左传引诗赋诗之诗教研究》,台北:文津出版社,1993年,第366—367页。关于《左传》中引用《诗经》,见(除了上文相关注释中所列的条目)津田左右吉:《〈左传〉的思想史研究》,载《津田左右吉全集》第15卷,东京:岩波书店,第315页后。

[6] 杨伯峻:《春秋左传注卷一》,北京:中华书局,1981年,第365页(釐公十五年,即公元前645年)。参见曾勤良:《左传引诗赋诗之诗教研究》,台北:文津出版社,1993年,第76—77页。

类似,那么荀子也引用了这几行诗就不足为奇了。[1]

《左传》的作者引用《毛诗》第198篇(《巧言》)来说明"若无善信,盟约也没有用"的原则:[2]

君子屡盟,乱是用长。

孟子引用《毛诗》第212篇(《大田》)的目的是证明世袭薪俸是古之传统:[3] 023

雨我公田,遂及我私。

据称墨子曾引用《毛诗》第235篇(《文王》)以证明他最得意的信条之一,即鬼神存在:

文王在上,于昭于天。周虽旧邦,其命维新。有周不显,帝命不时。文王陟降,在帝左右。

墨子认为已故多时的文王很难"在帝左右"——除非他是个鬼魂。[4]

在一则同时收录在《吕氏春秋》和《晏子春秋》的典故中,晏婴(卒于公元前500年)在宣称他不会因追逐名利而背弃君王时,引用了《毛诗》第239篇(《旱麓》)中的词句:[5]

---

〔1〕〔清〕王先谦:《荀子集解卷十二·正论第十八》,北京:中华书局,1988年,第338页。笔者关于"荀子"之"天"概念的观点,参见《礼之道》(*Rituals of the Way*),第39—54页。亦见儿玉六郎:《荀子的思想——自然、主宰的两天道观与性朴说》,东京:风间书房,1992年,第114页;板野长八:《中国古代社会思想史研究》,东京:献文舍,2000年,第31—66页。

〔2〕杨伯峻:《春秋左传注卷一》,北京:中华书局,1981年,第134页(桓公十二年,即公元前700年)。亦见杨伯峻:《春秋左传注卷三》,北京:中华书局,1981年,第1168页(襄公廿九年,即公元前544年)。参见曾勤良:《左传引诗赋诗之诗教研究》,台北:文津出版社,1993年,第48—50页、第306页。

〔3〕《孟子·滕文公上》第3节;〔清〕焦循:《孟子正义卷十》,北京:中华书局,1987年,第342页。

〔4〕吴毓江:《墨子校注卷八·明鬼下第三十一》,北京:中华书局,1993年,第340页。此处引用的作用,在于其论据出自被认为是能体现墨家认识论的关键性经典文献。参见葛瑞汉:《论道者:中国古代哲学论辩》,1989年,第52页。关于墨子对《诗经》的一般观点,见王长华:《诗论与子论》,北京:学苑出版社,2001年,第67—77页;罗根泽:《诸子考索》,香港:学林出版社,1977年,尤其是第147—150页。

高本汉在《〈诗经〉注释》(第751节)中指出:《毛诗》似乎把这句诗理解成对文王在世时的活动的描述。这种理解亦见于陈奇猷:《吕氏春秋校释卷五·古乐》,上海:学林出版社,1984年,第286页。参见董治安:《〈吕氏春秋〉之论诗引诗与战国末期诗学的发展》,载《文史哲》1996年第2期,第40页。

〔5〕陈奇猷:《吕氏春秋校释卷二十·知分》,上海:学林出版社,1984年,第1347页。关于《晏子春秋》,见"崔庆劫齐将军大夫盟晏子不与",吴则虞:《晏子春秋集释卷第五》,北京:中华书局,1962年,第298页。

莫莫葛藟，施[1]于条枚。岂弟君子，求福不回。

一些描述庙堂或苑囿建造的早期文献利用了《毛诗》第242篇（《灵台》）中现成的经典词句，其记载了周文王在建造他宏伟的庙堂时并没有压迫他的子民。[2]

与之相似，当《国语》和《孟子》想指称一个天命改变之前的时代时，都引用了《毛诗》第255篇（《荡》）的最后几行诗：[3]

殷鉴不远，在夏后之世。

024 我们还可以继续列举这类例子。但这些例子已足以表明，这种引文无论如何巧妙，并不一定揭示论者对诗歌本身的解释。晏婴的典故很能说明问题。所引的第一句“莫莫葛藟”，通常被注释者认为有隐喻或寓言的意义：一个人必须依靠祖先所具有的美德就像一株葛藟盘树。[4] 但晏子感兴趣的只是一个君子不以歪门邪道求福的格言。[5] 有人可能认为葛藟对晏子来说也构成了一个有意义的形象。比如，可以说就像是藤蔓离不开它的宿主，晏子如果背弃君主就不会有荣华富贵。但是即使没有对这几句诗的创造性解读，他的言论也是可以理解的。他可能只是简单地利用了一个巧合，即《毛诗》第239篇中刚好含有一句与他情况有关的诗。这样看来，这个例子并没有明确给出任何确定的训诂含义。

先秦时期对《诗经》的绝大多数引用都属于这类：因为作品被引用作一个

---

[1] 见《〈诗经〉异读》，第355页注。译者按：“施，延也。”本书作者译作“spreading”。

[2] 见《春秋左传注》第4卷，第1313页（昭公九年，即公元前533年）；《孟子·梁惠王上》第2节；〔清〕焦循：《孟子正义卷二》，北京：中华书局，1987年，第45—47页；《国语卷十七·伍举论台美而楚殆》，上海：上海古籍出版社，1978年，第545页。参见胡司德：《古代中国的动物与灵异》，2002年，第113页；黄俊杰：《孟子阐释学：中国解读史》（*Mencian Hermeneutics: A History of Interpretations in China*），2001年，第91页；史嘉柏：《早期中国史学与哲学中的社会愉悦》（“Social Pleasures in Early Chinese Historiography and Philosophy”），载《史学的局限：古代历史文本的体裁与叙事》（*The Limits of Historiography: Genre and Narrative in Ancient Historical Texts*），1999年，第20页；安德鲁·施默茨：《典籍所见礼俗社会中的诗歌：晚周时代的文人传统》，1993年，第131页；曾勤良：《左传引诗赋诗之诗教研究》，台北：文津出版社，1993年，第374—375页。

[3] 见《国语卷三·太子晋谏灵王壅谷水》，上海：上海古籍出版社，1978年；《孟子·离娄上》第2节；〔清〕焦循：《孟子正义卷十四》，北京：中华书局，1987年，第491页。

[4] 见郑玄（127—200）注，在《毛诗正义卷十六》，载《十三经注疏》，北京：中华书局，1980年，第516页b。

[5] 参见董治安：《〈吕氏春秋〉之论诗引诗与战国末期诗学的发展》，载《文史哲》1996年第2期，第42页。

经典或一句格言,而不是一首诗,论者就没有表露出他个人的理解——即便他有所理解。而且,这些引用可能已经是陈词滥调了。比如,各种不同背景下的思想家在描述天子的崇高地位时,都会吟诵《毛诗》第205篇(《北山》)中著名的几句:

溥天之下,莫非王土。率土之滨,莫非王臣。[1]

但似乎很少有论者真的还记得原诗中提及王权时的尖酸刻薄。孟子站出来反对一个引用这段诗的人,因为这样引用就像只是对王权地位的刻板吹捧;孟子称此"诗之谓"(真实含义)是"劳于王事,而不得养父母也"[2]。然而,像孟子这样能记住他所引用诗句原始语境的人,完全是少数,大多数先秦文本完全忽略了这样的考虑。[3]

这项证据还有另一个负面的特征:诗篇的引用分布得明显不均衡。具体而言,在周代文献中,相比于《国风》部分的诗歌,人们更显著地倾向于引用 025

[1] 参见《荀子集解卷十七·君子第二十四》,北京:中华书局,1988年,第450页;陈奇猷:《吕氏春秋校释卷十四·慎人》,上海:学林出版社,1984年,第802页;陈奇猷:《韩非子新校注卷七·说林上》,上海:上海古籍出版社,2000年,第471页;《战国策卷一·温人之周》,上海:上海古籍出版社,1978年,第16页。参见吴万钟:《从诗到经——论毛诗解释的渊源及其特色》,北京:中华书局,2001年,第36—41页。亚瑟·伟利(Arthur Waley)在《诗经》(*The Book of Songs: The Ancient Chinese Classic of Poetry*,第189页)将这几句暂释为"谚语"。

[2] 《孟子·万章上》第4节;《孟子正义卷十八》,北京:中华书局,1987年,第637页。参见吴万钟:《从诗到经——论毛诗解释的渊源及其特色》,北京:中华书局,2001年,第38—40页;顾史考(Scott Cook):《从礼教与刑罚之辨看先秦诸子的诠释传统》,载《台大文史哲学报》2000年第53期,第19页;哀长江:《先秦两汉诗经研究论稿》,北京:学苑出版社,1999年,第114、137、158页;安德鲁·施默茨:《典籍所见礼俗社会中的诗歌:晚周时代的文人传统》,1993年,第126页后。附带论及:孟子的解释与《诗》小序中的解释一致(《毛诗正义卷第十三》,载《十三经注疏》,北京:中华书局,1980年,第463页b)。

[3] 这种不分语境的引用,叫"断章取义",见杨伯峻:《春秋左传注卷三》,北京:中华书局,1981年,第1145页(襄公廿八年,即公元前545年),在文学批评中经常使用。对此简明、文雅的讨论,见钱锺书著,艾朗诺(Ronald Egan)译:《管锥编:思想与书信集》(*Limited Views: Essays on Ideas and Letters*),剑桥、麻省:哈佛大学亚洲中心,1998年,第224—226页;原文见钱锺书:《管锥编》第1册,北京:中华书局,1986年,第221—223页。

《诗经》中《雅》(尤其是《大雅》)和《颂》这两部分的诗歌。[1] 最频繁被引用的《风》是《毛诗》第152篇(《鸤鸠》),在文献中被引用了10次。[2] 相比之下,最常被引用的"雅"是《毛诗》第235篇(《文王》)和《毛诗》第256篇(《抑》),分别被引25次和26次,几乎占了全部引用的10%。而且,总共520处引用中只有107处来自《风》,尽管这部分在《诗经》中所占的诗歌总数比其他部分合起来还要多(《风》占了总集中305首诗的前160首)。这意味着《雅》或《颂》中的一首诗平均被引用的概率大约是《风》中一首诗的5倍。

有人提出因为《雅》和《颂》的主题比《风》更崇高,也就被认为更适合引用。[3] 一方面,这个解释可能有其价值:如果一位论者认为引用一句富丽堂皇的名曰《文王》的颂诗比引用名为《女曰鸡鸣》(《毛诗》第82篇)的情歌更保险,这也是可以理解的。[4] 然而,这个问题远非如此简单。先秦作者通常

[1] 参见董治安:《先秦文献与先秦文学》,济南:齐鲁书社,1994年,第31页;安德鲁·施默茨:《典籍所见礼俗社会中的诗歌:晚周时代的文人传统》,1993年,第99页;裴溥言:《荀子与〈诗经〉》,载《台大文史哲学报》1968年第17期,第172页。

附带论及:这些部分的名称在上海博物馆藏战国楚竹书中分别叫作"夏""讼""邦风"。见《孔子诗论》,简2—3;马承源:《上海博物馆藏战国楚竹书》(一),上海:上海古籍出版社,2001年,第127—129页。"颂"有时叫"容",如见《性自命出》,简21、简66;《郭店楚墓竹简》,北京:文物出版社,1998年,第179、181页。参见柯马丁(Martin Kern):《〈诗经〉的表演文本:〈楚辞〉研究》["Shi jing Songs as Performance Texts: A Case Study of 'Chu Ci' ('Thorny Caltrop')"],载《古代中国》(*Early China*)2000年第25期,第50页注6。

[2] 这10次引用都包含了下面两句之一:"熟人君子,其仪一也"和"熟人君子,其仪不忒"。显然,这些是当时的流行语,且在汉代时也经常被引用。参见吴万钟:《从诗到经——论毛诗解释的渊源及其特色》,北京:中华书局,2001年,第19—30页。

[3] 例如安德鲁·施默茨:《典籍所见礼俗社会中的诗歌:晚周时代的文人传统》,1993年,第115、119页;尤其是陈世骧:《〈诗经〉在中国文学史与诗学上的普遍意义》("The Shih-ching: Its Generic Significance in Chinese Literary History and Poetics"),载《中国文体研究》(*Studies in Chinese Literary Genres*),伯克利:加州大学出版社,1974年,第31、35页。史嘉柏在《模式化的历史:中国古代史学的模式和思想》(第74页)中认为:《诗经》中有关文王这个人物的部分在"大雅"和"颂"中占主导地位,这些诗尤其流行,因为这位君王被看作"文"本身的化身。

[4] 钱锺书把此诗当作黎明怨诗来讨论,见《管锥编》第1册,北京:中华书局,1986年,第104—105页。

还是会有引用《风》而毫无羞赧的迹象。他们承认诗歌的直白性[1]，但并不

---

〔1〕 诗篇关于性的内容可能甚至可以通过其所属部分的标题来体现。"风"在文中通常被理解为同"讽"，翻译成英语时，很多译者使用多义词"air"。但"风"也可以指动物求偶时的鸣叫，这个意思见于著名的俗语"风马牛不相及"，载杨伯峻：《春秋左传注卷一》，北京：中华书局，1981年，第289页(鳌公四年，即公元前656年)，用来形容两个国家相去甚远，以至于它们的牲畜都没机会交配。因此把国风理解为"国之情歌"(The Mating Songs of the States)不是牵强附会。这种观点可追溯到陆侃如、冯沅君：《中国诗史1931》，济南：山东大学出版社，1996年，第15页。[这个想法似乎是陈梦家独自提出的，见《"风""谣"释名——附论国风为"风谣"》，载《歌谣》1937年第3期，第5页。]亦见简·盖尼(Jane Geaney)：《论早期中国思想史中的认识论》(*On the Epistemology of the Senses in Early Chinese Thought*)，檀香山：夏威夷大学出版社，2002年，第22—30页；胡司德：《古代中国的动物与灵异》，2002年，第170页；朱炳祥：《"风"之还原》，载《第四届诗经国际学术研讨会论文集》，北京：学苑出版社，2000年，第1080页；袁长江：《先秦两汉诗经研究论稿》，北京：学苑出版社，1999年，第225页；乐唯(Jean Lévi)：《语言、仪式与写作》(*Langue, rite et écriture*)，巴黎：法国社会科学高等研究院，1997年，第167页；苏雪林：《〈诗经〉杂俎》，台北：台湾商务印书馆，1995年，第119页等处；叶舒宪：《诗经的文化阐释——中国诗歌的发生研究》，武汉：湖北人民出版社，1994年，第550—559页；陆威仪：《早期中国的合法暴力》(*Sanctioned Violence in Early China*)，1990年，第215页；吉布斯(Donald A Gibbs)：《释"风"：中国文论中的关键词"风"》("Notes on the Wind: The Term 'Feng' in Chinese Literary Criticism")，载《变化与永恒：中国历史与文化》(*Transition and Permanence: Chinese history and Culture*)，香港：中国书店，1972年，第287页。栗山茂久在《身体的表现力及希腊和中国医学的分歧》(*The Expressiveness of the Body and the Divergence of Greek and Chinese Medicine*，第238页后)中提到了不少与陆威仪所论相同的段落，但没有引用他。亦见栗山茂久更早的文章《风的意象与中国人身体概念的发展》(*The Imagination of Winds and the Development of the Chinese Conception of the Body*)。

传统上对"风"注解的简要回顾，见苏雪林：《〈诗经〉杂俎》，台北：台湾商务印书馆，1995年，第113—114页；钱锺书：《管锥编》第1册，北京：中华书局，1986年，第58—59页。亦见樊树云：《从大文化视角辩〈国风〉之"风"》，载《第二届诗经国际学术研讨会论文集》，北京：语文出版社，1996年，第650—656页。

认为《风》是低俗的,抑或不适于高雅的言谈。[1] 荀子就此所表示的态度很

---

〔1〕 有一处可能的例外见于孔子对"郑声"著名的评论中,见《论语·卫灵公篇》《论语·阳货篇》。关于孔子所指的是《国风》中的《郑风》,还是郑国流行的其他歌曲,学者们观点不一。尽管在其他文献中,据称孔子引用了《郑风》(如《缁衣》),但没有一首《郑风》出现在《论语》中,这一点很重要。关于这个问题比较允当的讨论,见桀溺(Jean-Pierre Diény):《中国古典诗歌的起源:两汉抒情诗研究》(*Aux origines de la poésie classique en Chine:Étude sur la poésie lyrique à l' époque des Han*),1968 年,第 17—40 页。有些学者尝试通过思考《郑风》的内容和韵律特点来解释孔子的说法,如雒启坤:《〈诗经〉散论》,北京:商务印书馆,2002 年,第 216—219 页;何莫邪(Christoph Harbsmeier):《中国早期诗歌中的性爱:比较研究杂记》("Eroticism in Early Chinese Poetry:Sundry Comparative Notes"),载《另类中国:鲍吾刚六十五寿诞纪念文集》(*Das andere China:Festschrift für Wolfgang Bauer zum 65, Geburtstag*),1995 年,第 335 页后;杜志豪(Kenneth J. DeWoskin):《歌之一二:音乐与中国早期的艺术概念》(*A Song for One or Two:Music and the Concept of Art in Early China*),载"密歇根中国研究论文"(Michigan Papers in Chinese Stuelies)42,1982 年,第 92 页后;栗原圭介:《中国古代乐论研究》,东京:大东文化大学东洋研究所,1978 年,第 135 页后、第 415 页;尤其是毕铿(Laurence E. R. Picken):《〈诗经·颂〉文本的形态及其音乐意蕴》("The Shapes of the Shi Jing Song-Texts and Their Musical Implications"),载《亚洲音乐》(*Musica Asiatica*)1977 年第 1 期,第 103 页。这些论述坚称孔子此处确实在指这些诗。

在他处,《郑风》的性质也确实受到了抨击。吴公子札听到演奏郑风时,说了句预见性的评论:"美哉!其细已甚,民弗能堪也。是其先亡乎!"载杨伯峻:《春秋左传注卷三》,北京:中华书局,1981 年,第 1162 页(襄公廿九年,即公元前 544 年)。参见戴梅可(Michael Nylan):《汉代及以前的文本作者》(*Textual Authority in Pre-Han and Han*),载《古代中国》(*Early China*)2000 年第 25 期,第 91 页;范佐伦:《诗与人格:中国传统经解与阐释学》,斯坦福:斯坦福大学出版社,1991 年,第 266 页注 39;杜志豪:《歌之一二:音乐与中国早期的艺术概念》,载"密歇根中国研究论文"42,1982 年,第 22 页后。关于吴公子札,参见蔡宗齐:《比较诗学结构:中西文论研究的三种视角》(*Configurations of Comparative Poetics:Three Perspectives on Western and Chinese Literary Criticism*),檀香山:夏威夷大学出版社,2002 年,第 40 页后;史嘉柏:《模式化的历史:中国古代史学的模式和思想》,载"哈佛东亚专著"205,2001 年,第 86—95 页;安德鲁·施默茨:《典籍所见礼俗社会中的诗歌:晚周时代的文人传统》,1993 年,第 168—171 页;张素卿:《〈左传〉称〈诗〉研究》,1991 年,第 109—115 页。

有特点："国风之好色也，《传》曰：'盈其欲而不愆其止。'"[1]

从训诂的角度看，《风》比《雅》和《颂》更难懂的情况并不常见，但"风"也算是世界文学中最隐晦而有力的诗歌之一了。[2] 尽管稍后的部分充满了庄严而完备的关于德和礼的宣言，《风》显示出的平凡的主题都饰有富有含义的自然意象。在论述过程中，对《风》的引用需要一定程度的带有远超于文章其他部分的、批判性的关注。因此，当一处来自《国风》的引用确实出现在了先秦作品中时，它通常构成了整个论述的核心。从修辞上讲，"雅"和"颂"是更加通用的，因为人们可以随意地引用而无须顾忌因其可能太过深奥而导致读者困惑。但也正是因此，我们更可能通过研究古代读者对"风"的引用来了解他们如何解读《诗经》。 026

要想找到材料来反对翟理斯及与之有相似观点的读者，我们可以从《吕氏春秋》中的一则故事入手。如下：

> 晋人欲攻郑，令叔向聘焉，视其有人与无人。子产为之诗曰："子惠

---

[1] 〔清〕王先谦：《荀子集解卷十九 · 大略第二十七》，北京：中华书局，1988 年，第 511 页。荀子继而称："其诚可比于金石，其声可内于宗庙。"据杨倞注，这句谚语的意思是：《诗经》教导我们，即使我们的欲望很强烈，也要牢牢控制。参见金鹏程：《中国古代性文化》，檀香山：夏威夷大学出版社，2002 年，第 156 页注 71；吴万钟：《从诗到经——论毛诗解释的渊源及其特色》，北京：中华书局，2001 年，第 72 页；袁长江：《先秦两汉诗经研究论稿》，北京：学苑出版社，1999 年，第 150、166 页；杜永明等：《黑二十四史》（第 1 卷），北京：中国华侨出版社，1998 年，第 332 页；苏雪林：《〈诗经〉杂俎》，台北：台湾商务印书馆，1995 年，第 122 页。亦参较《荀子集解卷四 · 儒效第八》（第 133 页）"故风之所以不逐者，取是以节之也"。参见安德鲁 · 施默茨：《典籍所见礼俗社会中的诗歌：晚周时代的文人传统》，1993 年，第 53 页。《孔子诗论》有一些关于这个问题的论述很有启发。见简 3，马承源[《上海博物馆藏战国楚竹书》（一），第 129 页]："邦风其纳物也，傅观人俗焉，大敛材焉。其言文，其声善"；简 10，马承源[《上海博物馆藏战国楚竹书》（一），第 139 页]："《关雎》以色喻礼。"关于这个论述，参见饶宗颐：《竹书〈诗序〉小笺》，载《上博馆藏战国楚竹书研究》，上海：上海书店，2002 年，第 229 页。

在《论语》中也有类似的论述。孔子关于《诗》中性爱的观点，见金鹏程：《中国古代性文化》，檀香山：夏威夷大学出版社，2002 年，第 11—13 页；何莫邪：《中国早期诗歌中的性爱：比较研究杂记》，载《另类中国：鲍吾刚六十五寿诞纪念文集》，1995 年，第 333—339 页；马幼垣（Yau-woon Ma）：《作为文论家的孔子：与古希腊人比较》（*Confucius as a Literary Critic: A Comparison with the Early Greeks*），载《饶宗颐教授南游赠别论文集》，1970 年，第 24 页；津田左右吉：《〈论语〉与孔子思想》，《津田左右吉全集》第 16 卷，东京：岩波书店，第 200 页。

[2] 关于导致《诗经》模糊性的一些语言学和韵律学上特点的总体分析，参见向熹：《〈诗经〉歧义的分析》，载《第二届诗经国际学术研讨会论文集》，北京：语文出版社，1996 年，第 203—224 页。亦见钱锺书：《管锥编》第 1 册，北京：中华书局，1986 年，第 151、228 页。

思我,褰裳涉洧;子不我思,岂无他士?”(译者按:《毛诗》第 87 篇《郑风·褰裳》)叔向归曰:“郑有人[1],子产在焉,不可攻也。秦、荆近,其《诗》有异心,不可攻也。”晋人乃辍攻郑。孔子曰:“《诗》云:‘无竞惟人。’(译者按:《毛诗》第 256 篇《大雅·抑》)子产一称而郑国免。”[2]

这个文段很重要,原因有以下几个。首先,除了对孔子的出色引用,这则故事的出处——《吕氏春秋》——既不属儒家,也不是正统学派[3],尽管子产和叔向引用和解释《诗经》的方式可能是受了儒家传统的启发(详见下文)。其次,这部著作可追溯到公元前 3 世纪中期——《诗经》诞生的几百年后,但还是比那些使现代批评家不满的传统注疏要早很多。最后,对《诗经》的这两处引用都符合上文我们所谈及的用法模式:《毛诗》第 87 篇中的诗句出自《国风》,代表了整个故事情节的核心;而对《毛诗》第 256 篇的引用,简洁而有效,只是用来总结一个已经被出色地得出的观点。

这段文章的关键在于叔向用来概括子产所赋诗句的一个多义词“异心”(字面义“不同的心”)。叔向能够察觉到子产是一个强势的人,是因其诗中所含的弦外之音——上述的“异心”。所以叔向向国人报告说郑国不可攻,因为郑国有知道如何引用诗句来表达自己的人。一个像子产这样有学识教养的人一定能捍卫自己的国土。

但与子产这首诗的爱情主题相一致,“异心”也可以表示“花心”,就像是

---

[1] 谓“贤人”也,参见王利器:《吕氏春秋注疏卷二十二》,成都:巴蜀书社,2002 年,第 2773 页注。

[2] 陈奇猷:《吕氏春秋校释卷二十二·求人》,上海:学林出版社,1984 年,第 1515 页。

参较王志民(John Knoblock)、王安国译:《吕氏春秋:全译及研究》(*The Annals of Lü Buwei: A Complete Translation and Study*),斯坦福:斯坦福大学出版社,2000 年,第 581 页。关于子产和叔向的生平,安本博有所研究(《郑国子产与晋国叔向》)。亦见弗朗索瓦·马丁(François Martin):《子产之例:儒法之间》(*Le cas Zichan: Entre légistes et confucianistes*),巴黎:法兰西远东学院(École Française d'Extrême-Orient),1997 年;陆彬(V. A. Rubin):《子产与中国古代城邦》(*Tzu-ch'an and the City-State of Ancient China*),载《通报》1965 年第 52 期,第 8—34 页;卜德、莫里斯(Clarence Morris):《中华帝国的法律》(*Law in Imperial China*),哈佛:哈佛大学出版社,1967 年,第 16 页。

[3] 关于这部书的哲学取向,最通俗易懂的综述见王志民、王安国译:《吕氏春秋:全译及研究》,斯坦福:斯坦福大学出版社,2000 年,第 27—55 页。亦参见笔者对该书的书评,发表于《早期中古中国》(*Early Medieval China*)2001 年第 7 期,第 109—139 页;顾史考:《〈吕氏春秋〉与哲学争论的解决》("The *Lüshi chunqiu* and the Resolution of Philosophical Dissonance"),载《哈佛亚洲学刊》(*Harvard Journal of Asiatic Studies*)2002 年第 62 期,第 307—345 页。

正要向其他人表白的爱人所具有的“异心”。在诸侯国之间的外交事务上，叔向推测新的“伴侣”可能是其两个强大的竞争对手——秦国和楚国中的一个。因此，子产引《诗》有两重作用：既说明了郑国内有强势的政治家，也同时严正警告晋国不要背弃自己之前的盟友（郑），因为还有其他人在与之竞争。[1] 027

尽管在故事结尾处孔子热情地称赞了子产，但有学识的读者也可能认为这同样是在赞美叔向。要理解像子产所说的深邃的信息，需要一位有学识的解读者来正确地解读子产言辞的内容，显然，叔向阻止了晋国灾难性的侵略行动。而且，叔向以“有异心”这样的一语双关——且这两种意思又都很恰当的词语来形容子产的诗，表明他自己也同样具有使用双关语的能力。

我们确信虽然《诗经》的表层主题是世俗的，但却具有隐含而睿智的内涵。据此，这种深入解读令我们不由得想起《诗》小序。[2]《毛诗》第87篇的小序说得很隐晦，但毫无疑问，也解读出了诗中以恋爱关系作为国家大事的喻体这一点：

《褰裳》，思见正也。狂童恣行，国人思大国之正己也。[3]

通过这个注释我们可以推测，“狂童”指的是郑国的昏君。臣民们威胁说

〔1〕参见董治安：《〈吕氏春秋〉之论诗引诗与战国末期诗学的发展》，载《文史哲》1996年第2期，第42页。由此可以推论：既然《毛诗》第87篇中的诵者是女性，那么子产可能是通过借女子发声（即使略显桀骜）来承认晋国的兵力优势。这首诗也用在了晋、郑两国使者的交谈中，表达同样的意思，见杨伯峻：《春秋左传注卷四》，北京：中华书局，1981年，第1381页（昭公十六年，即公元前526年）。参见弗朗索瓦·马丁：《子产之例：儒法之间》，巴黎：法兰西远东学院，1997年，第64页及其《〈诗经〉的引用》（“Le *Shijing*, de la cita-tion? l’allusion”），载《远东与泰西》1995年第17期，第15页；曾勤良：《左传引诗赋诗之诗教研究》，台北：文津出版社，1993年，第389—390页。葛兰言在《中国社会学研究》（*Étudessociologiques sur la Chine*，第76页）中驳斥了传统注释者，因为他发现在《毛诗》第87篇“未知是何等贵族政治事件”（je ne sais quel incident de politique seigneuriale）中没有提到其在外交辞令中的灵活用法。

〔2〕吕思勉在《吕思勉读史札记》（第697页）提到《诗》小序经常用与战国文献相同的方式来解释具体诗篇。但有一点重要的差别：汉代注《诗》普遍旨在揭示每一首诗特定的历史情境，这种倾向在先秦文献中未尝见。见张海晏：《〈诗经〉在汉代的教化功能——齐鲁韩毛四家《诗》学合论》，载《中国哲学》2000年第22期，第352—358页；王硕民：《对汉代〈诗经〉研究历史化的评价》，载《第二届诗经国际学术研讨会论文集》，第376—385页；刘若愚（James J. Y. Liu）：《语言—悖论—诗学：一种中国观》（*Language-Paradox-Poetics: A Chinese Perspective*），普林斯顿：普林斯顿大学出版社，1988年，第96页。亦见安德鲁·施默茨：《典籍所见礼俗社会中的诗歌：晚周时代的文人传统》，1993年，第129页。

〔3〕《毛诗正义卷第四》，载《十三经注疏》，北京：中华书局，1980年，第342页b。

他们将效忠于一个更值得他们尽忠的君主。[1] 翟理斯反感的正是从以子产和叔向为代表的阐释传统向系统注疏体系转变的这一小步，也就是给一首诗赋予“深刻的道德政治意义”，而除了一对情侣在溪边争吵，这首诗似乎并没有描述其他更重要的事。如上所述，先秦文献中对《诗经》的 520 处引用中，只有一小部分的注释有如此的“火力”（firepower，译者按：指“双关内涵”）。但当这些引用出现时，材料却不断产生，因为人们设想：经典诗歌必然具有多重解释。没有一部著作主张这些诗真的只是关乎工作、爱情和日常生活。

028 就像子产和叔向的故事一样，对《风》的政治解读在《左传》中也很常见。据称在公元前 583 年（鲁成公八年），为了安抚齐国，晋国要求它的弱邻鲁国把汶阳的土地归还给齐国，尽管就在六年前，晋国还要求齐国把这片土地交给鲁国。当时被围困的鲁国派使臣去游说晋国的使臣：

> 大国制义，以为盟主，是以诸侯怀德畏讨，无有贰心。谓汶阳之田，敝邑之旧也，而用师于齐，使归诸敝邑。今有二命，曰：“归诸齐。”信以行义，义以成命，小国所望而怀也。信不可知，义无所立，四方诸侯，其谁不解体？《诗》曰：“女也不爽，士贰其行。士也罔极[2]，二三其德。”（译者按：《毛诗》第 58 篇《卫风·氓》）七年之中，一与一夺，二三孰甚焉？士之二三，犹丧妃耦，而况霸主？霸主将德是以，而二三之，其何以长有诸侯乎？《诗》曰：“犹之未远，是用大简。”（译者按：《毛诗》第 254 篇《大雅·板》）行父惧晋之不远犹而失诸侯也，是以敢私言之。[3]

029 尽管引自《大雅》的诗句再次因为它的《雅》而失去了必要性，引自《风》的这句诗却起了核心作用。鲁国的使者把鲁、晋两国间的关系比作《毛诗》第 58 篇中委屈的女子和她那三心二意的爱人。[4] 处理不好与其相互依赖的近

---

[1] 将男女关系比作君臣关系的更多论述，见金鹏程：《中国古代性文化》，檀香山：夏威夷大学出版社，2002 年，第 18 页后。

[2] 罔极：放纵（unrestrained）。此“极”的解释，见高本汉：《〈诗经〉注释》，斯德哥尔摩：远东古物博物馆，1964 年，第 182 节。

[3] 杨伯峻：《春秋左传注卷二》，北京：中华书局，1981 年，第 837 页（成公八年）。参见曾勤良：《左传引诗赋诗之诗教研究》，台北：文津出版社，1993 年，第 188—191 页。参见理雅各：《中国经典》（*The Chinese Classics*）（第 5 卷），台北：南天书局，1991 年，第 366 页。

[4] 此处弱国的代表又是借诗中女子发声。

邻的关系,其后果就是令本应互利的联系终止。

但很明显,对上文所论而言,以自由开放式的方法去对待《诗经》是必要的,对隐喻的阐释并非神秘莫测——以至于令其论述难以捉摸。如果我们相信《左传》中的篇章,那么这种由从《诗经》中精心挑选的诗句所修饰的华丽辞藻,对于读者来说就司空见惯、简单易懂了——只要这读者不是对精英文化一无所知。[1] 不能理解《诗》的含义者会受到鄙视,声名狼藉,这表明我们可称之为"诗经口才"的能力其实被认为是贵族教育的基本内容。[2]

相较而言,一些更复杂的《诗经》引用并非涉及合乎常见范本的政治解读,而是涉及道德解读。《吕氏春秋》中有一个典型的例子:

> 《诗》曰:"执辔如组。"(译者按:《毛诗》第38篇《邶风·简兮》)孔子曰:"审此言也可以为[3]天下。"子贡曰:"何其躁也?"孔子曰:"非谓其躁也,谓其'为之于此,而成文于彼'也,圣人组修其身,而成文于天下矣。"[4]

这种交流的启发在于:如果不深入到字面意思以下深层的语言层面,我们 030
就不能发现《诗经》的道德内涵。子贡试着去理解为什么孔子要改变出自《毛诗》第38篇的这句诗的意思,他推测这和驭者的"急躁"有关。但孔子回答说

---

[1] 类似的例子见弗朗索瓦·马丁:《公元前525年的朝见——中国古代的诗学外交》(*L' entrevue de 525 A. C.—Les joutes poético-diplomatiques dans la Chine ancienne*),载《亚洲研究》1992年第46期,第581—609页。

[2] 参见史嘉柏:《模式化的历史:中国古代史学的模式和思想》,载"哈佛东亚专著"205,2001年,第346页注58(更多的论述见第72页后、第234页后);林庆彰:《〈毛诗序〉在〈诗经〉解释传统的地位》,载《中国哲学》2001年第23期,第94—95页;弗朗索瓦·马丁:《〈诗经〉的引用:可用的意义》,载《远东与泰西》1995年第17期,第15页;苏雪林:《〈诗经〉杂俎》,台北:台湾商务印书馆,1995年,第45页;安德鲁·施默茨:《典籍所见礼俗社会中的诗歌:晚周时代的文化传统》,1993年,第89页后;尤其是范佐伦:《诗与人格:中国传统经解与阐释学》,斯坦福:斯坦福大学出版社,1991年,第41页。雒启坤:《〈诗经〉散论》,北京:商务印书馆,2002年,第50页。

把这些例子解释成春秋时期贵族教育普遍衰落的征兆,并不可信。

[3] 为:治。从高诱(约168—212)注。在《吕氏春秋注疏卷三》(第334页)中,王利器指出洪兴祖(1090—1155)曾引《列女传》中该故事的另一个版本,其中孔子曰"可以治天下",而《吕氏春秋》作"可以为天下"。(该注显示出王利器有相当的学识,因为该段已不见于今本《列女传》。)见洪兴祖关于"缝纷"的注,《楚辞章句补注卷十六·九叹》,台北:世界书局,1989年,第176页("执组者不能制兮"条下)。

[4] 陈奇猷:《吕氏春秋校释卷三·先己》,上海:学林出版社,1984年,第145页。参较王志民、王安国译:《吕氏春秋:全译及研究》,斯坦福:斯坦福大学出版社,2000年,第105页。

这首诗的内涵与驭者的“急躁”无关,而是在于儒家最基本的理念:修身以平天下。[1] 尽管他解释的细节并不清楚——他是在说,一个驭者会因小心驾驭而继续完成其伟业吗?关于《诗经》解读更重要的一点是毫无疑问的:若非打破了头脑中的字面框架局限,子贡是不会理解整个引《诗》的意义的。

《论语·宪问》第39节是道德读物最出名的例子之一:

> 子击磬于卫。有荷蒉而过孔氏之门者,曰:“有心哉,击磬乎!”既而曰:“鄙哉硁硁乎!莫己知也,斯己而已矣。‘深则厉,浅则揭’(译者按:《毛诗》第34篇《邶风·匏有苦叶》)。”子曰:“果哉,末之难矣!”[2]

这段意义很深。注释者就其内涵(可能还存在一些文句残损的难题)已经争论了千百年。[3] 然而本段的基本要素还是清楚的。“荷蒉”者的表现反映出他不是一个普通农民,而是一位高深的隐士,能察觉孔子音乐中流露的情绪。显然孔子对自己没有一位“己知”(知己)而深感不安,“己知”,即一位理解他的哲学观点和崇高志向的人。当时“荷蒉”者引用《毛诗》第34篇中的一
031 段来说明孔子的苦恼就像是诗作者——一位在溪边苦苦等待的少女。或许隐士是想说孔子就该渡过思想的浅滩而无须担心谁人与之做伴。[4]

《论语·八佾》第8节中另有一段关于《诗经》的著名对话:

---

〔1〕 参见董治安:《〈吕氏春秋〉之论诗引诗与战国末期诗学的发展》,载《文史哲》1996年第2期,第41页。

〔2〕 程树德著,程俊英、蒋见元点校:《论语集释卷三十》,北京:中华书局,1990年,第1031—1035页。参较刘殿爵译:《孔子:论语》,纽约:企鹅出版社,1979年,第130页。

〔3〕 尤其是在“斯己而已矣”一句中,有时被认为应当作“斯已而已矣”(然后断句)。

〔4〕 关于孔子最后的评论是由衷的,还是反讽,已无法判断。关于《毛诗》第34篇的详细注释及其在《论语》此处的用法,见范佐伦:《诗与人格:中国传统经解与阐释学》,斯坦福:斯坦福大学出版社,1991年,第27、36页;王安国:《诗与孔子周游的传说》(“Poetry and the Legend of Confucius' Exile”),载《美国东方学会学报》1986年第106期,第15页。参见金鹏程:《中国古代性文化》,檀香山:夏威夷大学出版社,2002年,第106页。

关于孔子对《诗》理解的一般研究,除了上文曾列出的著作外,还可参见:乐唯:《孔子》(*Confucius*),2002年,第63—69页;袁长江:《先秦两汉诗经研究论稿》,北京:学苑出版社,1999年,第59—104页;侯思孟(Donald Holzman):《孔子与古代中国的文学批评》(“Confucius and Ancient Chinese Literary Criticism”),载《从孔子到梁启超的中国文学道路》(*Chinese Approaches to Literature from Confucius to Liang Ch'i-ch'ao*),普林斯顿:普林斯顿大学出版社,1978年;邵洵美:《孔子论诗》(“Confucius on Poetry”),载《天下月刊》1938年第7期,第137—150页;顾颉刚:《〈诗经〉在春秋战国间的地位》,载《古史辨》(3),第345—352页。

子夏问曰:"'巧笑倩兮,美目盼[1]兮,素以为绚兮'(译者按:《毛诗》第57篇《卫风·硕人》),[2]何谓也?"子曰:"绘事后素。"曰:"礼后乎?"子曰:"起予者商也!始可与言《诗》已矣。"[3]

此处所引《诗》的解读也同样令人疑惑而费解。大概子夏是说尽管礼很重要,但也只不过是一系列修饰,这些修饰由做了充分准备的人去完成才会有效。女人的美不是因其粉黛而是因其素颜;同样的道理,表明我们道德价值的不是精通礼仪,而是道德基础的纯粹。换句话说,应专注于修身而非流于表面的礼节。[4]

批评者可能会认为原诗中丝毫没有流露出这层意思。确实,如果一首致力于女性装扮的诗都能被转化成对道德哲学的深刻思索,那还有什么不能做的解读吗?[5] 但是,子夏只是对当时标准的字面训释加以引申,得出连孔子都赞赏不已的道德见解。如果这个例子和之前的例子有所出入,那只是程度的差别。所有这些解读所共有的观念就是:当我们能明确说出一个既有教益又有深意的解释时,我们就合理地解读了《诗经》。

这种训诂风格和后世儒者荀子的风格如出一辙。比如,在痛斥喜欢用诸如"卵有毛"之类的悖论去困扰别人的诡辩家们时,荀子称:

君子行不贵苟难,说不贵苟察,名不贵苟传,唯其当之为贵。《诗》 032
曰:"物其有矣,唯其时矣。"(译者按:《毛诗》第170篇《小雅·鱼丽》)此

---

[1] 参见高本汉:《〈诗经〉注释》,斯德哥尔摩:远东古物博物馆,1964年,第167节;其第166节的翻译不足取。译者按:盼,高本汉从《毛诗故训传》,译作"black and white"。《毛诗故训传》曰:"白黑分也。"

[2] 第三句不见于《毛诗》第57篇。这个问题曾使得朱熹(1130—1200)称这首存疑诗并非《毛诗》第57篇,而是一首佚诗,但其他注者不赞同此说。

[3] 程树德著,程俊英、蒋见元点校:《论语集释卷五》,北京:中华书局,1990年,第157—159页。参较刘殿爵译:《孔子:论语》,纽约:企鹅出版社,1979年,第68页。

[4] 参见乐唯:《孔子》,2002年,第66页;戴梅可:《"儒"家五经》(*The Five 'Confucian' Classics*),纽黑文、伦敦:耶鲁大学出版社,2001年,第97页;弗朗索瓦·马丁:《〈诗经〉的引用:可用的意义》,载《远东与泰西》1995年第17期,第19页;安德鲁·施默茨:《典籍所见礼俗社会中的诗歌:晚周时代的文人传统》,1993年,第57页;赵制阳:《诗经名著评介》,台北:学生书局,1983年,第18页;朱自清:《经典常谈》,香港:三联书店,2001年,第25页。

[5] 参见马幼垣:《作为文论家的孔子:与古希腊人比较》,载《饶宗颐教授南游赠别论文集》,1970年,第22页。

之谓也。[1]

读《毛诗》第170篇原诗可知："物"——鱼、酒，放在一起可能是为了祭祀——在原诗中的意思与无聊的诡辩（或是与荀子众多批判对象中的任何一个都）相去甚远。荀子引用这句诗的目的和"时"这个词有关，他的意思是适时适宜的行为可以在不违反任何道德原则的情况下带来丰厚物质利益。因此诡辩家和骗子们的伎俩不仅是可耻的，而且是多余的。荀子说《毛诗》第170篇"谓"此道理，对此我们不能简单地从字面上来理解。相反，荀子想表达的是他可以通过对这首诗的深入解读来证明他自己的观点。[2]

他以同样的方式注解"鹤鸣于九皋，声闻于天"（《毛诗》第184篇《小雅·鹤鸣》）[3]，用于指道德模范即使处于社会底层，也有能力影响世界。[4] 同样，此诗的原意并没有明显的寓意或比喻的内涵，但荀子赋予它深刻的道德意义。[5] 用一个人品格的完善来改变世界是早期儒家学派最大的理想。

在形式上简单的《诗经》言语中发掘出复杂的道德态度是古代儒学大师

---

〔1〕〔清〕王先谦：《荀子集解卷二·不苟第五》，北京：中华书局，1988年，第39页。"卵有毛"的例子亦见于〔清〕郭庆藩：《庄子集释卷十·天下第三十三》，北京：中华书局，1961年，第1105页。参较王志民译：《荀子：全译及研究》（*Xunzi：A Translation and Study of the Complete Works*）（第1卷），斯坦福：斯坦福大学出版社，1988年，第174页。参见袁长江：《先秦两汉诗经研究论稿》，北京：学苑出版社，1999年，第133、160页。

〔2〕在其他处，荀子断言《毛诗·节南山第一九一》中的若干诗句"谓"遵循墨家的恶果；〔清〕王先谦：《荀子集解卷六·富国第十》，北京：中华书局，1988年，第187页。我们如果字斟句酌地来评判荀子，应该批评他的解释是时代错置。参见何莫邪：《中国早期诗歌中的性爱：比较研究杂记》，载《另类中国：鲍吾刚六十五寿诞纪念文集》，1995年，第337页。

〔3〕不能确定"九皋"指的是"九个皋"还是"第九皋"。参见高本汉：《〈诗经〉注释》，斯德哥尔摩：远东古物博物馆，1964年，第484节。

〔4〕《荀子集解卷四·儒效第八》，北京：中华书局，1988年，第128页。参见袁长江：《先秦两汉诗经研究论稿》，北京：学苑出版社，1999年，第130页。《易经》第61卦（中孚）有一个类似的意象——"鸣鹤在阴"——与传统解释极其相似。引王弼（226—249）所说："立诚笃至，虽在暗昧，物亦应焉。"见《周易正义》第6卷，第71页b。与之相似，《系辞》注（《周易正义》第7卷，第79页b）关注君子足不出户就能改变天下的能力。罗界、席文（《道和词：早期中国与古希腊的科学和医药》，第74页）讥讽了这种解释。

〔5〕参较高本汉：《诗经：中国文献翻译》（*The Book of Odes：Chinese Text，Transcription and Translation*），斯德哥尔摩：远东古物博物馆，1950年，第127页："这首诗的隐喻含义很难确定……或许它表达了某人退隐的愿望，享受田园乐趣，不再入世，不再出仕。"《毛诗故训传》对本诗的读法与荀子相似：这句"言身隐而名著"，《毛诗正义卷十一》，载《十三经注疏》，北京：中华书局，1980年，第433页a。参见苏源熙（Haun Saussy）：《中国美学问题》（*The Problem of a Chinese Aesthetic*），载"经络：跨越美学"（Meridian：Crossing Aesthetics），斯坦福：斯坦福大学出版社，1993年，第143页。

们的智慧，这一点在《五行》中表现得最为突出。《五行》是一部佚书，在20世纪70年代发现于马王堆汉墓，以前完全无人知晓。这部书的另一抄本近年又在郭店楚墓中被发掘出来，目前大部分学者都视其为公元前4世纪备受推崇的一种儒家文献。[1]

《五行》以一种与众不同的方式将引自《诗经》的文句穿插进它持续的道德叙述中。

> 不仁，思不能清；不智，思不能长。不仁不智，未见君子，忧心不能惙 033
> 惙，既见君子，心不能悦。《诗》曰："未见君子，忧心惙惙。亦既见之，亦既觏之，我心则悦。"（译者按：《毛诗》第14篇《召南·虫草》）此之谓也。不仁，思不能清；不圣，思不能轻。不仁不圣，未见君子，忧心不能忡忡，既见君子，心不能降。[2]

这段论述由对《毛诗》第14篇（《草虫》）的一系列有意"误引"展开。[3]这首表面上是表达思妇盼君之怨的诗，是该类诗的一个典型：

> 喓喓草虫，趯趯阜螽。未见君子，忧心忡忡。[4] 亦既见止，亦既觏止，我心则降。
>
> 陟彼南山，言采其蕨。未见君子，忧心惙惙。亦既见止，亦既觏止，我心则说。
>
> 陟彼南山，言采其薇。未见君子，我心伤悲。亦既见止，亦既觏止，我 034
> 心则夷。

[1] 关于这篇文献近期有一项很好的研究，见顾史考：《精湛的艺术与道德臻善："五行"之文及其美学》（"Consummate Artistry and Moral Virtuosity: The 'Wu xing' Essay and Its Aesthetic"），载《中国文学：文章与书评》（*Chinese Literature: Essays, Articles, Reviews*）2000年第22期，第113—146页。

[2] 池田知久：《马王堆汉墓帛书〈五行〉篇研究》，东京：汲古书院，1993年，第187页；亦见池田知久的翻译（《马王堆汉墓帛书〈五行〉篇研究》，第188页）及其讨论（《马王堆汉墓帛书〈五行〉篇研究》，第192页注25）。其他学者对本段的解释与此不同，如庞朴：《竹帛〈五行〉篇校注及研究》，台北：万卷楼出版社，2000年，第34页；魏启鹏：《简帛〈五行〉笺释》，台北：万卷楼图书股份有限公司，2000年，第15—17页。

[3] 参见廖名春：《郭店楚简引〈诗〉论〈诗〉考》，载《经学今诠初编》2000年第22期，第172页后；刘信芳：《简帛五行解诂》，第33页。关于《五行》引《诗》的一般情况，见王博：《简帛思想文献论集》，台北：台湾古籍出版有限公司，2001年，第39—42页。

[4] 关于这句诗含义的多种解释，见高本汉：《〈诗经〉注释》，斯德哥尔摩：远东古物博物馆，1964年，第40节。

即使传统的注释者也承认这首诗里未加掩饰的情爱[1]，但《五行》强调如果一个人没有人性和智慧，那他将不能感受喜怒之情，借此将该诗提升到了儒家道德哲学的崇高水平上。对外行的读者来说，诗的主题可能会是情欲，但《五行》提出了更深的含义：这首诗叙述的是恰当情感的力量。（这种看法使我们想到荀子的主张，即"《国风》……盈其欲而不愆其止"。[2]）吟诗者真切的爱，毫无羞怯，证明了她道德感知的强烈发展。一个没有感受过强烈情感的人——试图去抑制它们——一定会遏制道德能力。这种有意"误引"经典诗句的技巧有其显著的作用：它让文本更有力地指向所指的精神，而不是拘泥于《诗经》中的文字。

以上研究中所揭示的训释方法也许对中国文献读者来讲并不陌生，因为正如我们已经指出的，他们同样信赖那些流传至20世纪的传统注疏，坚信令人满意的《诗经》阐释一定要揭示出它掩藏的智慧。那么，值得注意的就不是这些解释的性质，而是其产生的时期。以上研究的文本中，最迟的也能追溯到公元前3世纪，而有些最老的至少到公元前5世纪。这都还不是《诗经》本身诞生的时期——假如这些诗确如传统认为的那样古老，但这些文本的时代和我们现在所能获得资料的时代已经非常接近。我们也许无从得知《诗经》对远古时期那些创作并最先吟诵它们的男女意味着什么，但至少知道仅仅几代之后的读者们是如何领悟它们的。

《孟子·万章上》第4节有一段很有启发性的文字讨论读《诗》的正确方法（与上文所述孟子在与同伴的对话中告诫他误用"溥天之下，莫非王土"的情形相似）。

---

〔1〕"覯"（此处可译为"to join"）字微妙的性含义在郑玄注和孔颖达（574—648）疏中均有讨论，《毛诗正义卷第一》，载《十三经注疏》，北京：中华书局，1980年，第286页ab。参见葛兰言：《中国古代的节庆与歌谣》（*Fêtes et chansons anciennes de la Chine*），1982年，第118页。廖名春在《郭店楚简引〈诗〉论〈诗〉考》（第174页）中则单纯地把"覯"看作上一句中"见"的同义词。

〔2〕译者按：《荀子·大略》："《国风》之好色也，传曰：'盈其欲而不愆其止。其诚可比于金石，其声可内于宗庙。'"

故说《诗》者,不以文害辞,不以辞害志,以意逆志,是为得之。[1] 035

当今很有经验的读者也许会赞同那些避免拘泥于文字的劝诫,然而"以意逆志"的责任就会被当作一种"意图谬误"的表现,而加以驳斥。[2] 但是《诗经》的难题使得孟子的训诂在实际应用中含混不清。[3] 以"鹤鸣于九皋"为例:荀子独特的解读——"鹤鸣"象征君子对周围世界的变革影响[4]——是从当时盛行的阅读文化中自然产生的。在那个时代,坚称一首诗没有更深远的意义就等同于贬低这位诗人的声望,因为任何打油诗人都能写几行关于鸟鸣于荒野的诗句,但只有圣人能把一个平凡的意象变为永恒的教诲。还没有古代读者敢说当受人敬仰的《诗经》作者们歌唱一对恋人的争吵时,他们不是希望我们从中推测出崇高的道德意义。

最后,当孔子反复强调《诗经》的价值时(见《论语·季氏》第 13 节和《论语·阳货》第 9 节),他的见解便不容小觑。[5] 儒家对《诗经》的有意引用揭示了其钻研《诗经》程度之深。先秦时期绝大多数对《诗经》的引用出现在儒家作品中,并且得益于儒家传统,我们有了最显著的隐喻阐释之例,也才有了以这样一种方式来解读《诗经》的观念。奉行儒家文化不只是声称一套道德信仰,儒学本身也是一种独特的表达方式。因为作为一家思想流派,儒学一直

---

〔1〕〔清〕焦循:《孟子正义卷十八》,北京:中华书局,1987 年,第 638 页。参较刘殿爵译:《孟子》,纽约:企鹅出版社,1970 年,第 142 页。

〔2〕关于"意图谬误", 见上文 "绪论" 的注释。简·盖尼在《孟子注释学》(*Mencius ' Hermeneutics*)讨论了孟子观点与一般意向论的差别。亦见刘若愚:《语言—悖论—诗学:一种中国观》,普林斯顿:普林斯顿大学出版社,1988 年,第 95 页后。

〔3〕这段文字在二次文献中被广泛讨论。见吴万钟:《从诗到经——论毛诗解释的渊源及其特色》,北京:中华书局,2001 年,第 39 页;陆威仪:《早期中国的书写与权威》,1999 年,第 165 页;袁长江:《先秦两汉诗经研究论稿》, 北京:学苑出版社,1999 年,第 116 页;张小康、刘三富:《中国文学理论批评发展史》,北京:北京大学出版社,1995 年,第 43 页;安德鲁·施默茨:《典籍所见礼俗社会中的诗歌:晚周时代的文人传统》,1993 年,第 52 页;王长华:《诗论与子论》,北京:学苑出版社,2001 年,第 109 页后;赵制阳:《诗经名著评介》,台北:学生书局,1983 年,第 19、273 页;郭绍虞:《中国文学批评史》,上海:上海古籍出版社,1979 年,第 31 页;朱自清:《经典常谈》,香港:三联书店,2001 年,第 26 页;尤其是朱自清《诗言志辨》,参见《朱自清说诗》,上海:上海古籍出版社,1998 年,第 25 页。

〔4〕译者按:《荀子·儒效》:"君子隐而显,微而明,辞让而胜。"

〔5〕参见蔡宗齐:《比较诗学结构:中西文论研究的三种视角》, 檀香山:夏威夷大学出版社,2002 年,第 122 页后;伊若泊(Robert Eno):《儒家天道观:哲学与礼治的辩护》(*The Confucian Creation of Heaven: Philosophy and the Defense of Ritual Mastery*),载"纽约州立大学中国哲学文化丛书"(SUNY Series in Chinese Philosophy and Culture),1990 年,第 56 页后。

是众所周知的难以被定义，也许我们该尝试一条新路：儒家可能就是用思索来解《诗》的哲学家。其他学派，比如墨家，可能也把《诗》奉为经典，至于那些没有学派的作者，比如《吕氏春秋》的编撰者们，可能也采用了指代引《诗》的技巧，但是只有儒家使这种方式成为他们论述的鲜明特色。

二、郭店楚简视角下的荀子

新近的出土文献,正如在“绪论”中所讨论的,使我们有机会比前辈更全面地去理解中国古代哲学,(不仅在西方学界)即使在中国也是如此。1993年,在湖北省荆门附近郭店的一个贵族墓中出土了私藏的竹书[1],随后学术界迎来了郭店《老子》:三个版本的文献资料,与传世《老子》关系紧密。鉴于学界当初的兴奋现在已开始退去,愈加明朗的是从哲学的角度来看,郭店楚墓出土的其他文献至少与《老子》文本同样有趣;若从历史的观点来看,它们甚至更加重要。郭店楚墓出土了两种儒家经典文献,即《缁衣》和《五行》的最早版本。而且,郭店楚墓出土的一些儒家经典佚文对早期儒家传统具有重要启示。

---

〔1〕这次考古发掘最早的官方报告,见湖北省荆门市博物馆:《荆门郭店一号楚墓》,《文物》1997年第7期,第35—48页。关于墓的年代,见李伯谦:《楚文化的起源与发展》(“A Brief Account of the Origins and Development of Chu Culture”),载《郭店老子:国际研讨会纪要》(*The Guodian* Laozi:*Proceedings of the International Conference*,*Dartmouth College*,*May 1998*),2000年,第18—19页;刘祖信:《荆门郭店一号墓概述》(“An Overview of Tomb Number One at Jingmen Guodian”),载《郭店老子:国际研讨会纪要》,2000年,第31页;王博:《美国达慕思大学郭店〈老子〉国际学术讨论会纪要》,载《道家文化研究》1999年第17期,第2页;彭浩:《郭店一号墓的年代及相关的问题》,载《本世纪出土思想文献与中国古典哲学研究论文集》,台北:辅仁大学出版社,1999年;彭浩:《郭店一号墓的年代与简本〈老子〉的结构》,载《道家文化研究》1999年第17期,第13—15页;王葆玹:《试论郭店楚简的抄写时间与〈庄子〉的撰作时代——兼论郭店与包山楚墓的时代问题》,载《哲学研究》1999年第4期,第18—29页;罗运环:《郭店楚简的年代、用途及意义》,载《湖北大学学报(哲学社会科学版)》1999年第2期;崔仁义:《试论荆门楚简〈老子〉的年代》,载《荆门大学学报》1997年第2期,第38—42页。墓主的身份未确定,之前有观点称墓主人可能做过楚国太子的老师(“东宫之师”),近来该观点受到质疑。参见邢文:《中国郭店楚简学术研究述评》(“Scholarship on the Guodian Texts in China:A Review Article”),载《郭店老子:国际研讨会纪要》,2000年,第246页;李零:《郭店楚简研究中的两个问题——美国达姆斯学院郭店楚简〈老子〉国际学术讨论会感想》,载《郭店楚简国际学术研讨会论文集》,第47—49页。彭浩在《郭店一号墓的年代与简本〈老子〉的结构》(第16页)中总结道:“墓主可能出身于显赫的贵族之家,未获爵位,好道、儒学说。”

本章主要探讨上文所述的最后一类（儒家经典佚文），包括《成之闻之》[1]《尊德义》《性自命出》《六德》[2]《穷达以时》《唐虞之道》[3]《忠信之道》，以及一些未命题的汇编——《语丛》。笔者相信这些篇章应该被看作源于同一派儒家传统学说的文献，可追溯到公元前300年。相比于同期的其他
037 著作，这些文本更近于《荀子》，而且确实对荀子哲学产生了重要影响。[4] 荀子对孔子之孙子思进行了尖锐的批评，鉴于当前很多人将上述文本与子思相联系[5]，在这种趋势下，关注这些篇目和荀子的联系就显得异常重要。

---

[1] 《郭店楚墓竹简》出版后，那些对编辑小组所选标题《成之闻之》（意义一直不清）感到不满的学者开始用别的各种各样的名字来指代这篇竹书。最常见的替换标题是《天降大常》——或仅称《大常》——这是文中最重要的短语（深入讨论见下文）。参见郭沂：《郭店竹简与先秦学术思想》，上海：上海教育出版社，2001年，第208—229页。为了避免混淆，此处引用该篇时仍用《成之闻之》名之。郭氏还重新编排了该篇的简序，比《郭店楚墓竹简》本所定的简序要成功得多，但因为他的著作并非所有读者都能得到，故笔者暂用《郭店楚墓竹简》的简序来引用该篇。

[2] 附带论及：这里所列的前四篇可能本属于同一篇。它们都写在形制相同的一组竹简上，阐述的观点也极其相似，证明见下文。参见丁四新：《论〈性自命出〉与公孙尼子的关系》，载《武汉大学学报（哲学社会科学版）》1999年第5期，第38—41页；王博：《简帛思想文献论集》，台北：台湾古籍出版有限公司，2001年，第249页。

[3] 唐和虞的圣王分别是尧和舜。

[4] 谈及这一点的文章不多，其中有两篇。见陈宁：《孟子关于人性讨论的意识形态背景》（"The Ideological Background of the Mencian Discussion of Human Nature"），载《孟子：语境与阐释》（*Mencius: Contexts and Interpretations*），檀香山：夏威夷大学出版社，2002年，第36页；李泽厚：《初读郭店竹简印象记要》，载《道家文化研究》1999年第17期，第420—421页。

[5] 这个观点源自李学勤的《荆门郭店楚简中的〈子思子〉》。亦见其《郭店一号墓出土的儒家典籍：其断代与重要性》（"The Confucian Texts from Guodian Tomb Number One: Their Date and Significance"），载《郭店老子：国际研讨会纪要》，2000年，第109—110页；《先秦儒家著作的重大发现》，载《郭店楚简研究》；《从简帛佚籍〈五行〉谈到〈大学〉》，载《郭店楚简研究》，尤其是第50—51页。姜广辉在《郭店楚简与〈子思子〉——兼谈郭店楚简的思想史意义》（第88页）中总结认为下述这些文章都是子思所作：《唐虞之道》、《五行》、《性自命出》、《穷达以时》、《成之闻之》（他称作《求己》）、《鲁穆公问子思》、《六德》。但其实我们对子思形象的了解都十分不足，遑论其学说，故无法将这么具体的作品归属于他。

支持郭店楚简与子思有联系的一个文献学论证来自廖名春的两篇论文：《荆门郭店楚简与先秦儒学》，载《郭店楚简研究》，第42页；《郭店楚简儒家著作考》，载《孔子研究》1998年第3期，第71页。李善（卒于689年）在其《文选注》中，引用了《缁衣》中的几句话，并将其归于《子思子》。见《六臣注文选卷第五十一 · 四子讲德论》，载《四部丛刊》，上海：商务印书馆，1929年，第14页b；《六臣注文选卷第二十四 · 答何劭》，载《四部丛刊》，上海：商务印书馆，1929年，第15页b。因为在李善之时《子思子》尚在，廖名春推测至少要包括一部分《缁衣》。并且众所周知，沈约（441—513）把《缁衣》及其他相关作品归于《子思子》，载于《隋书卷十三 · 音乐上》，北京：中华书局，1973年，第288页。然而这些都没有说服程元敏（《〈礼记 · 中庸、坊记、缁衣〉非出于〈子思子〉考》，载《张以仁先生七秩寿庆论文集》上册，第30—32页），他认为沈约弄错了，《缁衣》和《子思子》表面上的相同都只是对儒家常见箴言的复述。

其他大陆学者把郭店竹简与孟子儒学联系起来，参见庞朴：《初读郭店楚简》，载《历史研究》1998年第4期，第6页。中国大陆学界对郭店楚简研究的综观，见姜广辉的《郭店楚简与原典儒学》及其《郭店楚简与早期道家》。

这些新出土的儒家文献中包含了一些核心思想，明显区别于孟子儒学，并且显示出鲜明的“非孟”儒学传统，而这个传统在荀子道德哲学系统中达到顶峰。在发现郭店楚墓以前，关于荀子思想来源的证据少之又少，但现在可以清楚地看到，早于荀子的郭店楚简提到了几个荀子哲学中独特的主题：(1)“性”(人性，human nature)的观念，包括道德之源来自“内”还是来自“外”的争论；(2)“学”和“习”在道德发展中的作用；(3)使人合乎“道”的“礼”的内容和起源；(4)国君作为一国之“心”(mind)的观念；(5)“乐”在道义教化方面的心理运用。下面我们将分别讨论。

在此之前需要注意的是：由于一些原因，郭店楚简是到目前为止出土的最难懂的文本之一。首先，相比于近些年的其他出土文献，如马王堆帛书之类，郭店楚简里出现的古文字更难辨认。文本中包含大量令人费解的字形，其中有很多简直无法释读(所谓“待考字”)。[1] 再者，竹简尽管总体保存完好，但不幸也有一些残断阙文恰巧出现在文章论述的关键之处。最后，也是最重要的一点，这些竹简需要一枚一枚地复原(因为据中国专家说，它们被发现时是“成堆的”)[2]，要确定正确的简序通常需要学者们进行严密的考证。因此，对于目前这些资料的排序还常存疑问。

鉴于上述原因，下文的分析与解释必然是尝试性的。我们只能希望随着研究的深入，以及上海博物馆所藏早期儒家文献的继续出版[3]，对郭店文献的认识能得以深入。

众所周知，荀子相信人性本“恶”(或者按字面意义，就是“可恶的”)——
他的意思是人类很自然地只想满足自己的欲望与贪念。荀子对“性”这个词 038
的独特运用不同于孟子等人，这也是广为人知的。对荀子来说，“性”就是“生之所以然者”[4]，或者任何我们无须费力就已有的东西。相反，对孟子来说，“性”代表的是自然发展的过程，在这个过程中，外部条件可能会促进个体成

[1] 截至目前，对竹书中所用文字研究最全面是张光裕。

[2] 与武汉大学徐少华教授的私下交流。

[3] 译者按：本书英文原版初版于2005年。截至2013年，《上海博物馆藏战国楚竹书》已出版9册。

[4] [清]王先谦：《荀子集解卷六·正名第二十二》，北京：中华书局，1988年，第412页。

长,对于这一点葛瑞汉在其经典研究中已做了有力的论证。[1] 这一点很重要,因为荀子反驳孟子的尝试是建立在对“性”这个关键词的理解上的,而孟子不会“接受”荀子对此的理解。这种用法差异的结果,正如戴震(1724—1777)所言:荀子用“性”来表示一个物种所有个体都共有的特性(共性),而孟子用这个词去指一个物种区别于其他所有物种的特性(个性)。[2] (比如,所有的人类都有大脑,但是有大脑并不能把人和其他物种区分开。)

郭店楚简中“性”的意思和荀子的用法始终是一致的:[3]

> 四海之内,其性一也。其用心各异,教使然也。[4]
>
> 圣人之性与中人之性,其生而未有非之节于天[5]也,则犹是也……此以民皆有性而圣人不可莫[6]也。[7]

在郭店楚简中没有明确说明“性”恶,但是很明显简文通常理解为天生缺

---

〔1〕 葛瑞汉:《中国哲学与哲学文献研究》(*Studies in Chinese Philosophy and Philosophical Literature*),新加坡:东亚哲学研究所,1986 年,第 7—66 页。亦见金鹏程:《道之礼:荀子哲学》,1999 年,第 11 页。

〔2〕 〔清〕戴震:《孟子字义疏证卷中·性》,北京:中华书局,1982 年,第 25 页;参见金鹏程:《道之礼:荀子哲学》,1999 年,第 12 页。

附带论及:理学家程颐(1033—1108)也注意到了孟子对“性”一词的使用不同于告子。见朱熹:《河南程氏遗书》第 18 卷,第 229 页。程颐说的是一种在“性之本”与“性质之性”之间特殊的理学二分法,前者合乎天理,后者是不纯的人形,由气构成。但因为孟子或告子都没有(关于此事,荀子也没有)作出如此区分,所以不能说程颐已经确定了其用法上的明显区别。

〔3〕 参见陈宁:《孟子关于人性讨论的意识形态背景》,载《孟子:语境与阐释》,檀香山:夏威夷大学出版社,2002 年,第 22 页。

〔4〕 《性自命出》,简 9;《郭店楚墓竹简》,北京:文物出版社,1998 年,第 179 页。参较《荀子集解卷一·劝学第一》(第 2 页):“干、越、夷、貉之子,生而同声,长而异俗,教使之然也。”这个看法呼应了《论语·阳货》第 2 节,《论语集释卷三十四》(第 1177 页):“性相近也,习相远也。”

〔5〕 该“天”字的解读,见陈宁:《〈郭店楚墓竹简〉中的儒家人性言论初探》,载《中国哲学史》1998 年第 4 期,第 39 页及其《孟子关于人性讨论的意识形态背景再考》,载《孟子:语境与阐释》,檀香山:夏威夷大学出版社,2002 年,第 38 页注 33。但就整句的解读,学者们意见不一。参见周凤五:《郭店楚简识字札记》,载《张以仁先生七秩寿庆论文集》上册,第 357 页;李零:《郭店楚简校读记》,北京:北京大学出版社,2002 年,第 122、124 页;郭沂:《郭店竹简与先秦学术思想》,上海:上海教育出版社,2001 年,第 218 页。

〔6〕 裘锡圭在《郭店楚墓竹简》(第 170 页注 28)中怀疑“莫”这个字应读作“慕”,即“圣人不可慕也”。郭沂(《郭店竹简与先秦学术思想》,第 221 页)把它解释成:“圣人之善道博长而厚大,这是普通人所学不来的。”

〔7〕 《成之闻之》,简 26—28;《郭店楚墓竹简》,北京:文物出版社,1998 年,第 168 页。参较《荀子集解卷十七·性恶第二十三》(第 438 页):“故圣人之所以同于众,其不异于众者,性也。”参见顾史考:《从礼教与刑罚之辨看先秦诸子的诠释传统》,载《台大文史哲学报》2000 年第 53 期,第 15 页。

乏“义”，只能从“外”部获得。从这个角度来看，郭店楚简中“性”的概念相当接近于荀子对“性”的定义。《性自命出》说明我们的天性是会自发显露在我们对周围刺激的反应上，而不是天生有道德的。我们必须努力才能做到“知义者能内之”：

> 凡人虽有性，心亡定志，待物而后作，待悦而后行，待习而后定。喜怒 039
> 哀悲之气，性也。及其见于外，则物取之也。性自命出，命自天降。道始于情[1]，情生于性。始者近情，终者近义。知(情者能)出之，知义者能内之。[2]

换句话说，当遇到外来刺激时，我们就会显示出“情”，即“始于情”，这只是我们不平静的内在状态的表现。这段话里，“知情”被看作向“义”发展迈出的关键性第一步(其余见下，《性自命出》强调的是言语与自身真“情”保持一致的重要性)。但“情”只是“道”之始，确切地说，它缺乏“义”，因为“义”只出现于“习”(即有意识的、习惯的善“性”)之后。

郭店的其他竹书文献也表达了同样的观点，更明确地确认“义”不是天生的：

> 仁生于人，义生于道。或生于内，或生于外。[3]
>
> 仁，内也。义，外也。[4]

上述最后一句话定能令任何中国哲学的学习者感到震惊，因为它是传世《孟子》中所记载的一次辩论中哲学家告子的言论。这种联系的影响将在下 040

[1] “情”译作“response to reality”，见陈汉生(Chad Hansen)：《中国思想的道家理论：哲学阐释》(*A Daoist Theory of Chinese Thought:A Philosophical Interpretation*)，纽约、牛津：牛津大学出版社，1992年，尤其是第405页注14。“情”的意思[通常被理解成“essence”(精)或“emotion”(情感)]是很多学术争论的主题。笔者早先支持“essence”之类的翻译(见金鹏程：《道之礼：荀子哲学》，1999年，第112页注2)，但现在被说服了，陈汉生的“reality response”(现实反应)要更适合《性自命出》这样的语境。亦参见陈汉生：《佛教传入以前中国思想中的“情”》[“Qing(Emotions) in Pre-Buddhist Chinese Thought”]，载《亚洲思想情感：比较哲学对话》(*Emotions in Asian Thought:A Dialogue in Comparative Philosophy*)，1995年。

[2] 《性自命出》，简3—4；《郭店楚墓竹简》，北京：文物出版社，1998年，第179页。

[3] 《语丛一》，简22—23；《郭店楚墓竹简》，北京：文物出版社，1998年，第194页。前一部分似乎少了一支简，但显然讨论的主题还是一样的：“人之道也，或由中出，或由外入。由中出者，仁、忠、信。由…… ”内容在这里中断了。

[4] 《六德》，简26；《郭店楚墓竹简》，北京：文物出版社，1998年，第188页。

文讨论，现在我们来看看这个观点："义"一定要从外获得，见于告子、荀子和郭店楚简中——而完全不见于已知的其他儒家思想家。

荀子假设：尽管人性本恶，但我们可以通过他说的"习"来提升自己，"习"包括学习从古代圣贤那里传承下来的经典[1]，即《礼》《乐》《诗》《书》《春秋》，这些涵盖整个宇宙的规律。

> 《礼》之敬文也，《乐》之中和也，《诗》《书》之博也，《春秋》之微也，在天地之间者毕矣。[2]

还有："故学至乎礼而止矣。夫是之谓道德之极。"[3]

与此相同，《性自命出》坚持圣人通过传授经典来给人灌输道义：

> 凡性，或动之，或达[4]之，或交之，或厉之，或绌之，或养之，或长之。凡动性者，物也；达性者，悦也；交性者，故也；厉性者，义也；绌性者，势也；养性者，习也；长性者，道也。凡见者之谓物，快于己者之谓悦，物之势者之谓势，有为也者之谓故。义也者，群善之蕝也。习也者，有以习其性也。道者，群物之道。凡道，心术为主。道四术，唯人道为可道也。其三术者，道之而已。[5]《诗》《书》《礼》《乐》，其始出皆生于人。《诗》，有为为之

---

〔1〕参见王中江：《传经与弘道：荀子的儒学定位》，载《中国哲学》2002 年第 24 期，尤其是第 255—264 页。（令人惊奇的是，王氏在这篇文章中没有提到郭店竹简。）

〔2〕〔清〕王先谦：《荀子集解卷一·劝学第一》，北京：中华书局，1988 年，第 12 页。

参较王志民译：《荀子：全译及研究》（第 1 卷），斯坦福：斯坦福大学出版社，1988 年，第 139 页。亦见〔清〕王先谦：《荀子集解卷四·儒效第八》，北京：中华书局，1988 年，第 133 页；普鸣（Michael J. Puett）：《成神：早期中国的宇宙论、献祭与称圣》（*To Become a God: Cosmology, Sacrifice, and Self-Divinization in Early China*），载"哈佛—燕京专著丛书"（Harvard-Yenching Monograph Series）57，2002 年，第 187 页。

〔3〕〔清〕王先谦：《荀子集解卷一·劝学第一》，北京：中华书局，1988 年，第 12 页。

〔4〕达，这里指刺激（activate）。此读法见陈宁：《孟子关于人性讨论的意识形态背景》，载《孟子：语境与阐释》，檀香山：夏威夷大学出版社，2002 年，第 24 页。郭沂（《郭店竹简与先秦学术思想》，第 237 页）和李零在《郭店楚简校读记》（第 108 页）中都释为"逆"（在此处语境中的意思可能是"引入歧途"）。

〔5〕对这句令人疑惑的句子解释不一。讨论见丁四新：《论〈性自命出〉与公孙尼子的关系》，载《武汉大学学报（哲学社会科学版）》1999 年第 5 期，第 252 页。《上海博物馆藏战国楚竹书》的编者们已经提出（尚可疑）"四术"指的是《诗》《书》《礼》《乐》。见马承源：《上海博物馆藏战国楚竹书》（一），上海：上海古籍出版社，2001 年，第 230 页；陈丽桂：《〈性情论〉说"道"》，载《上博馆藏战国楚竹书研究》，上海：上海书店，2002 年，第 146—150 页。更可信的恐怕是将其与荀子的说法相联系："道者，非天之道，非地之道，人之所道也，君子之所道也。"载〔清〕王先谦：《荀子集解卷四·儒效第八》，北京：中华书局，1988 年，第 122 页。杨倞释曰："重说先王之道非阴阳、山川、怪异之事，是人之所行之道也。"参见汤一介：《先秦儒家伦理思想中的情感问题——论"道始于情"》（"Emotion in Pre-Qin Ruist Moral Theory: An Explanation of 'Dao Begins in Qing'"），载《东西方哲学》2003 年第 53 期，第 272 页。

也;《书》,有为言之也;《礼》《乐》,有为举之也。圣人比其类而论会之,观其先后而格训之,体其义而次序之,理其情而出内之。[1]

尽管此段未提及《春秋》,但郭店楚简其他篇目提到了这部经典:

观诸《诗》《书》则亦在矣,观诸《礼》《乐》则亦在矣,观诸《易》《春秋》则亦在矣。[2]

《易》,所以会天道人道也;《诗》,所以会古今之志[3]也者;《春秋》,所以会古今之事也。[4]

《性自命出》的结构和《荀子》如出一辙,即我们用"道"来提升内在的"性",学习经典被推为最好的得"道"方式之一。[5]

荀子认为圣人建立"礼义"的目的是构建和谐社会:

---

[1] 《性自命出》,简 12—18;《郭店楚墓竹简》,北京:文物出版社,1998 年,第 179 页。参见顾史考:《从礼教与刑罚之辨看先秦诸子的诠释传统》,载《台大文史哲学报》2000 年第 53 期,第 14 页。

[2] 《六德》,简 24—25;《郭店楚墓竹简》,北京:文物出版社,1998 年,第 188 页。

[3] 关于"志"的解读,见廖名春:《〈周易〉经传与易学史新论》,济南:齐鲁书社,2001 年,第 231 页。参见柯马丁:《〈诗经〉的表演文本:〈楚辞〉研究》,载《古代中国》2000 年第 25 期,第 69 页。亦参见《孔子诗论》,简 1,马承源[《上海博物馆藏战国楚竹书》(一),第 123 页]."诗亡离志。"

[4] 《语丛一》,简 37—41;《郭店楚墓竹简》,北京:文物出版社,1998 年,第 194—195 页。文段进而谈到经典中的《礼》《乐》《书》。[李零在《郭店楚简校读记》(第 163 页)中认为《郭店楚墓竹简》的编者弄乱了该段中经典本来的顺序。]参见王博:《简帛思想文献论集》,台北:台湾古籍出版有限公司,2001 年,第 37 页。

传世文献中的相似表述,参见《庄子集释卷十下 · 天下第三十三》(第 1067 页):"《诗》以道志,《书》以道事,《礼》以道行,《乐》以道和,《易》以道阴阳,《春秋》以道名分。"又《慎子》:"《诗》往志也,《书》往诰也,《春秋》往事也。"见谭朴森(P. M. Thompson):《〈慎子〉佚文》(*The Shen-tzu Fragments*),牛津:牛津大学出版社,1979 年,第 97 节;文献出自《意林卷二》,载《四部丛刊》,上海:商务印书馆,1929 年,第 14 页 b。

[5] 参见王中江:《经典的条件:以早期儒家经典的形成为例》,载《中国哲学史》2002 年第 2 期,第 51 页。附带论及:近来有一些未正式发表的会议论文也提出,此处的郭店竹简属于原始文本的传统,而不是真正的经典作品,但是其两次引述《春秋》构成了很好的证据,证明它们确实就应被理解为我们所理解的文献。例如,尤锐(Pines)在《春秋时期思想之演变》(*Intellectual Change in the Chunqiu Period*,第 82 页后)提出了一个大胆的观点:今本《春秋》来自刻于策(大竹简)之上的向先祖神告祷的礼仪记录——换言之,《春秋》从它产生时起就是书面文本。深入讨论见尤锐:《儒家思想的基础:春秋时期的思想生活》(*Foundations of Confucian Thought: Intellectual Life in the Chunqiu Period*, 722-453 *B.C.*),檀香山:夏威夷大学出版社,2002 年,第 17 页。亦参见柯马丁:《〈诗经〉的表演文本:〈楚辞〉研究》,载《古代中国》2000 年第 25 期,第 70 页;郭齐勇:《郭店儒家简的意义与价值》,载《湖北大学学报(哲学社会科学版)》1999 年第 2 期,第 6 页;廖名春:《〈周易〉经传与易学史新论》,济南:齐鲁书社,2001 年,第 229 页后。李零在《从简帛发现看古书的体例和分类》(第 36 期)中评论说:"诗"和"春秋"这类名称可能大致指的是文献类别,而不是具体的书名。

042 礼起于何也？曰：人生而有欲，欲而不得，则不能无求。求而无度量分界，则不能不争；争则乱，乱则穷。先王恶其乱也，故制礼义以分之，以养人之欲，给人之求，使欲必不穷于物，物必不屈于欲，两者相持而长，是礼之所起也。〔1〕

“礼义”亦能帮助人们克服恶性而从善：

今人之性恶，必将待圣王之治，礼义之化，然后皆出于治，合于善也。〔2〕

然而，荀子看起来最原创之处——或者准确地说，在郭店文献发现之前他看起来最原创之处——是他坚持：只有圣王的“礼”才能带来和谐社会和在这种方式下的修身养性，因为只有圣王之礼才符合人性的本质特征，即将我们和其他物种区别开来的特征。荀子没有用“性”（正如我们所见，在荀子的说法里，“性”指所有人类天生共有的特征）来指人类的本质特征，而是用“人之所为人者”，字面意思是“使人成为人的东西”（that by which humans are human）。

人之所以为人者，何已也？曰：以其有辨也。饥而欲食，寒而欲暖，劳而欲息，好利而恶害，是人之所生而有也，是无待而然者也，是禹、桀之所同也。然则人之所以为人者，非特以二足而无毛也，以其有辨也。今夫狌狌〔3〕形笑（即肖）〔4〕，亦二足而无毛也，然而君子啜其（君子之）羹，食其
043 （君子之）胾。〔5〕 故人之所以为人者，非特以其二足而无毛也，以其有辨

〔1〕〔清〕王先谦：《荀子集解卷十三·礼论第十九》，北京：中华书局，1988 年，第 346 页。参较王志民译：《荀子：全译及研究》（第 3 卷），斯坦福：斯坦福大学出版社，1994 年，第 55 页。亦比较《语丛二》，简 10—12，《郭店楚墓竹简》（第 203 页）：“欲生于性，虑生于欲，倍生于虑，争生于倍，党生于争。”

〔2〕〔清〕王先谦：《荀子集解卷十七·性恶第二十三》，北京：中华书局，1988 年，第 441 页。参较王志民译：《荀子：全译及研究》（第 3 卷），斯坦福：斯坦福大学出版社，1994 年，第 157 页。

〔3〕狌狌（亦写作“猩猩”）的描述见袁珂：《山海经校注第一·南山经》，成都：巴蜀书社，1996 年，第 1 页和《山海经第十·海内南经》，成都：巴蜀书社，1996 年，第 325 页。

〔4〕亦见袁珂注（《山海经校注》，尤其是第 325 页注 2）；石听泉（Richard E. Strassberg）译：《古代中国动物寓言——〈山海经〉中的精怪》（*A Chinese Bestiary*: *Strange Creatures from the Guideways through Mountains and Seas*），伯克利：加州大学出版社，2002 年，第 2、263 节。王志民［《荀子：全译及研究》（第 1 卷），第 296 页注 53］引用了于省吾（生于 1896 年）所提的校订意见。传统注释者被此句所困扰。

〔5〕有学者［如《荀子：全译及研究》（第 1 卷），第 206 页；艾文贺：《幸福的对称性：荀子的伦理思想》（“A Happy Symmetry: Xunzi's Ethical Thought”），载《美国宗教学会学报》（*Journal of the American Academy of Religion*）1991 年第 59 期，第 313 页］认为此句表示君子食猩猩肉、饮其汤。

也。夫禽兽有父子而无父子之亲，有牝牡而无男女之别，故人道莫不有辨。辨莫大于分，分莫大于礼，礼莫大于圣王。[1]

换言之，礼的正确是因为它体现人之“道”，而不仅因为它是圣人制定的。其他的社会控制系统，比如人君制定的律令，不能带来同样的结果，因为它们不一定符合“道”。这种观点并没有获得一致认可，其结果就是：对于荀子来说，道是至高无上的，而礼不是——因为是道决定了礼。[2]

因此，值得注意的是，人们在郭店楚简中发现了同样的观点：

礼因人之情而为之。[3]

情生于性，礼生于情。[4]

还有最直白的：

天降[5]大常，以理人伦。制为君臣之义，作[6]为父子之亲，分为夫 044
妇之辨。是故小人乱天常以逆大道，君子治人伦以顺天德。[7]

上段反映出郭店楚简把“道”看作人在人世间沟通的恰当方式[8]，这就

---

〔1〕〔清〕王先谦：《荀子集解卷三·非相第五》，北京：中华书局，1988年，第78—79页。参较王志民译：《荀子：全译及研究》（第1卷），斯坦福：斯坦福大学出版社，1988年，第206页。

〔2〕这是笔者从荀子作品中推导出的哲学观点，见拙作《道之礼：荀子哲学》，1999年，第72页后及第103页后。当时，笔者认为这在儒家学派中是十分具有革命性的。

〔3〕《语丛一》，简31；《郭店楚墓竹简》，北京：文物出版社，1998年，第194页。

〔4〕《语丛二》，简1；《郭店楚墓竹简》，北京：文物出版社，1998年，第203页。

〔5〕“降”字的读法，见郭沂：《郭店竹简与先秦学术思想》，上海：上海教育出版社，2001年，第210页；陈伟：《郭店楚简别释》，载《江汉考古》1998年第4期，第70页。

〔6〕“作”字的读法，见李零：《郭店楚简研究中的两个问题——美国达姆斯学院郭店楚简〈老子〉国际学术讨论会感想》，载《郭店楚简国际学术研讨会论文集》，第123页。

〔7〕《成之闻之》，简31—33；《郭店楚墓竹简》，北京：文物出版社，1998年，第168页。郭沂（《郭店竹简与先秦学术思想》，第211页）和丁四新（《论〈性自命出〉与公孙尼子的关系》，第38—41页）均称类似的观念见于《尚书·大禹谟》，但笔者没有发现明显的相似段落。此处对比《尊德义》，简5—6；《郭店楚墓竹简》（第173页）：“禹以人道治其民，桀以人道乱其民。桀不易禹民而后乱之，汤不易桀民而后治之。圣人之治民，民之道也。”

〔8〕参见李泽厚：《初读郭店竹简印象记要》，载《道家文化研究》1999年第17期，第412页。

需要重新审视所谓"道家"对荀子的影响,这在前人研究中已经有很多讨论了。[1] 现在很明显,"道"在荀子时代就是儒家已确立的一个概念了,荀子不需要从道家那里把它"借"过来。

荀子将政治与人生相类比。他认为国家是由两部分构成的:其最初的资源和统治者制定执行的政策。荀子确信,一个国家最初的资源对其最终的成败并没有太大作用,最重要的是统治者及其是否尊崇"礼"的决策。同样,人也是由两个部分组成的:与生俱来的"性"和他们的行为——或者用荀子的话说,他们的"伪"。就像国家的政策一样,一个人的"伪"一定要合乎礼,他才能成功。但就像国家最初的资源一样,恶的"性"并不决定我们作为人最终的成败,一切都只在于思想及其决定是否从"道"而行。[2]

荀子在其著作中多次阐述这个观点。他通过指出"百里之国,足以独立矣"[3],肯定一个国家最初的国力和其成功与否没有关系,而是因为圣君可以通过循礼来抵御敌人、保卫自己。

> 刑范(即範)[4]正,金锡美,工冶巧,火齐得,剖刑而莫邪已。然而不剥脱,不砥厉,则不可以断绳。剥脱之,砥厉之,则劙盘盂、刎牛马,忽然

---

[1] 例如,佐藤将之:《儒家对秩序的追求:荀子政治思想的起源与形成》,载"莱顿汉学"58,2003年,第78、302—314页;胡家聪:《论儒家荀况思想与道家哲学的关系》,载《道家文化研究》1995年第6期,第175—182页;余明光:《荀子思想与黄老之学》,《道家文化研究》1995年第6期,第160—174页;李德永:《道家理论思维对荀子哲学体系的影响》,载《道家文化研究》1992年第1期;艾文贺:《幸福的对称性:荀子的伦理思想》,载《美国宗教学会学报》1991年第59期,第316页;杜国庠:《先秦诸子的若干研究》,香港:今代图书公司,1958年,第97—125页。至今最翔实的讨论见史大海(Aaron Stalnaker):《荀子与早期道家思想》("Aspects of Xunzi's Engagement with Early Daoism"),载《东西方哲学》2003年第53期,第87—129页。

[2] 完整的论述见金鹏程:《道之礼:荀子哲学》,1999年,第14—17页。亦见内山俊彦:《中国古代思想史中对自然的认识》,东京:创文社,1987年,第83页后;李亦理(Lee H. Yearley):《荀子论心:融合儒、道的尝试》("Hsün Tzu on the Mind:His Attempted Synthesis of Confucianism and Taoism"),载《亚洲研究学报》(*Journal of Asian Studies*)1980年第39期,第465—480页;唐君毅:《中国哲学原论:原性篇》,香港:新亚书店,1968年,第57页。

[3] 〔清〕王先谦:《荀子集解卷三·仲尼第七》,北京:中华书局,1988年,第109页;王先谦:《荀子集解卷六·富国第十》,北京:中华书局,1988年,第196页。

[4] 从郝懿行注。刑读作"型"(mold),见梅约翰(John Makeham):《法家的"形名"观:用考古证据对传世文献做新证之例》("The Legalist Concept of *hsing-ming*:An Example of the Contribution of Archaeological Evidence to the Re-Interpretation of Transmitted Texts"),载《华裔学志》(*Monumenta Serica*)1990—1991年第39期,第100—106页。

耳。彼国者，亦有〔1〕强国之剖刑已。然而不教诲，不调一，则入不可以守，出不可以战。教诲之，调一之，则兵劲城固，敌国不敢婴也。彼国者亦有砥厉，礼义节奏是也。〔2〕

国君对国家大局有决定性的影响，也就成了行为的绝对标准。 045

君者仪也，民者景也，仪正而景正；君者盘也，民者水也，盘圆而水圆；君者盂也，盂方而水方。〔3〕

《缁衣》中的很多文句反映出相似的精神。

子曰：民以君为心，君以民为礼，心好则礼安之，君好则民欲。故心以体废，君以民亡。〔4〕

子曰：上好仁则下之为仁也争先。故长民者，章志以昭百姓，则民致行己以悦上。〔5〕

子曰：下之事上也，不从其所以命，而从其所以行。上好此物也，下必 046
有甚安者矣。故上之好恶，不可不慎也。〔6〕

上段与《尊德义》文句完全相同〔7〕，且与其大意相同者亦见于郭店楚简其他篇目之中。

行不信则命不从，信不著则言不乐。民不从上之命，不信其言，而能

---

〔1〕 仿下文句型之例，笔者于此处补“有”字。

〔2〕 〔清〕王先谦：《荀子集解卷十一·强国第十六》，北京：中华书局，1988年，第291页。参较王志民译：《荀子：全译及研究》（第2卷），斯坦福：斯坦福大学出版社，第238—239页。

〔3〕 〔清〕王先谦：《荀子集解卷八·君道第十二》，北京：中华书局，1988年，第234页。参较王志民译：《荀子：全译及研究》（第2卷），斯坦福：斯坦福大学出版社，第180页。

〔4〕 《缁衣》，简8—9；《郭店楚墓竹简》，第129页。这一段在传世本中和郭店本略有不同，见《礼记正义卷第五十五·缁衣》，上海：上海古籍出版社，1990年，第1650页a—b。参较《孟子·离娄下》第3节；《孟子正义卷十六》（第546页）：“君之视臣如手足，则臣视君如腹心。”

〔5〕 《缁衣》，简10—11；《郭店楚墓竹简》，北京：文物出版社，1998年，第129页。传世本见于《礼记正义卷第五十五·缁衣》，上海：上海古籍出版社，1990年，第1648页a。参较《论语·子路》第4节；《论语集释卷二十六》（第897页）：“上好礼，则民莫敢不敬；上好义，则民莫敢不服；上好信，则民莫敢不用情。”

〔6〕 《缁衣》，简14—15；《郭店楚墓竹简》，北京：文物出版社，1998年，第129页。传世本见于《礼记正义卷第五十五·缁衣》，上海：上海古籍出版社，1990年，第1647页c—1648页a。参较《孟子·滕文公上》第2节；《孟子正义卷十》（第330页）：“上有好者，下必有甚焉者矣。”参见顾史考：《从礼教与刑罚之辨看先秦诸子的诠释传统》，载《台大文史哲学报》2000年第53期，第16页。

〔7〕 《尊德义》，简36—37；《郭店楚墓竹简》，北京：文物出版社，1998年，第174页。王博在《简帛思想文献论集》（第259页）提出《尊德义》所作意为阐发《缁衣》。

含德者，未之有也。[1]

就郭店楚简所言的君主之好恶必然影响百姓的仿效行为这一点，笔者不认为是郭店楚简原创。到公元前300年，这已经是中国哲学老生常谈的话题了，甚至连儒家以外的学派也经常运用。[2] 但《缁衣》所言的“民以君为心”是值得注意的。毕竟在荀子哲学中，“心”在人们修身中的作用完全类似于君主之于国家的作用。[3] 或许荀子在阐述自己关于“心”的哲学时有意暗指《缁衣》。

郭店楚简认为君主行为中最必不可少的因素在于其发“声”，既包括言语，又包括音乐。这些必然反映他的真实意图，也就代表了一个值得百姓效仿的楷模，正如《性自命出》所言：

> 凡声，其出于情也信，然后其入拨人心也厚。[4]
>
> 047 求其心有伪也，弗得之矣。人之不能以伪[5]也，可知也。[6]

这里“伪”的表述使我们想起了荀子所言：“着诚去伪，礼之经也。”[7]

荀子哲学中另一个和乐有关的基本观点是：

> 夫乐者，乐也，人情之所必不免也，故人不能无乐，乐则必发于声音，

---

[1] 《成之闻之》，简1—3；《郭店楚墓竹简》，北京：文物出版社，1998年，第167页。

[2] 也许最著名的例子是来自《墨子·兼爱中》和《兼爱下》。故《墨子校注卷四·兼爱中第十五》（第159页）：“昔楚灵王（公元前540—前529年在位）好士细要（即腰），故灵王之臣，皆以一饭为节。”亦见简·盖尼：《论早期中国思想史中的认识论》，檀香山：夏威夷大学出版社，2002年，第67—80页、第137页。

[3] 参见《荀子集解卷十五·解蔽第二十一》（第397页）：“心者，形之君也，而神明之主也，出令而无所受令。”参见简·盖尼：《论早期中国思想史中的认识论》，檀香山：夏威夷大学出版社，2002年，第95页；金鹏程：《道之礼：荀子哲学》，1999年，第20、31页。类似的观点见《五行》，简45—46，《郭店楚墓竹简》（第151页）：“耳目鼻口手足六者，心之役也。心曰唯，莫敢不唯；诺，莫敢不诺。”参较《马王堆汉墓帛书》，北京：文物出版社，1980年，第1卷，第18—19页；池田知久：《马王堆汉墓帛书〈五行〉篇研究》，东京：汲古书院，1993年，第485页。关于“役”字的解释，见郭沂：《郭店竹简与先秦学术思想》，上海：上海教育出版社，2001年，第201页；颜世铉：《郭店楚简浅释》，载《张以仁先生七秩寿庆论文集》上册，台北：学生书局，1999年，第399—400页。

[4] 《性自命出》，简23；《郭店楚墓竹简》，北京：文物出版社，1998年，第180页。

[5] 此处疑有阙文。

[6] 《性自命出》，简36—37；《郭店楚墓竹简》，北京：文物出版社，1998年，第180页。

[7] 〔清〕王先谦：《荀子集解卷十四·乐论第二十》，北京：中华书局，1988年，第382页。此处“伪”的贬义可能让人疑惑，因为《荀子》通常用它来指改变一个人恶性的善“伪”。

> 形于动静；而人之道，声音动静，性术之变尽是矣。[1] 故人不能不乐，乐则不能无形，形而不为道，则不能无乱。先王恶其乱也，故制《雅》《颂》之声以道之，使其声足以乐而不流，使其文足以辨而不諰[2]，使其曲直繁省廉肉节奏，足以感动人之善心，使夫邪污之气无由得接焉。[3]

这是中国美学史中最重要的段落之一，因为它把更早期来源（比如《左传》）[4]中近似的观点汇集在一起，但融进了关于音乐起源问题最全面的解释之中：人类无法抑制表达情绪的欲望，于是产生了音乐。荀子的这个理论框架被之后的作品《诗》大序和专著《乐记》（见今传经典《礼记》）全盘接收。荀子作此文的主要目的是反驳墨子“臭名昭著”的观点：音乐是一种浪费。相 048
反，荀子认为音乐对道德教化事业来说非常重要，因为合乎道的音乐可以影响人，将人引向道德。[5]

> 夫声乐之入人也深，其化人也速，故先王谨为之文。乐中平则民和而不流，乐肃庄则民齐而不乱。民和齐则兵劲城固，敌国不敢婴也。[6]

墨家因其对守土的强调而出名，上述荀子的最后一点是对墨家方针的有力反驳。荀子表达的是：墨家甚至都不知道到底什么对他们来说是好的，因为

---

〔1〕这句话难以理解，关于它的注释也明显缺少。或许荀子的意思是：乐（“声音、动静”）是一种提升“性”以便实现人之道的术，这和他的一般观点是一致的。

〔2〕不同于大多注释者，笔者更倾向于不改“諰”字。见郝懿行注。附带论及：该字亦可能为“謥”（二者因字形相似而容易混淆），意义相似。

〔3〕〔清〕王先谦：《荀子集解卷十四・乐论第二十》，北京：中华书局，1988 年，第 379 页。参较王志民译：《荀子：全译及研究》（第 3 卷），斯坦福：斯坦福大学出版社，1994 年，第 80 页。

〔4〕参见金鹏程：《道之礼：荀子哲学》，1999 年，第 78—81 页、第 137 页注 64 及其《对中国美学中非理性主义的反思》（“Reflections on Irrationalism in Chinese Aesthetics”），载《华裔学志》1996 年第 44 期，第 176—178 页；杜志豪：《歌之一二：音乐与中国早期的艺术概念》，载“密歇根中国研究论文”42，1982 年，第 89—98 页；栗原圭介：《中国古代乐论研究》，东京：大东文化大学东洋研究所，1978 年，第 214—221 页；周策纵：《汉语“诗”的早期历史》[*Early History of the Chinese Word Shih* (*Poetry*)]，载《文林：中国人文研究》第 1 卷，1968—1989 年，第 155 页。

〔5〕见吴毓江：《墨子校注卷八・非乐上第三十二》，北京：中华书局，1993 年，第 379—399 页。参见顾史考：《荀子论礼乐》（“Xun Zi on Ritual and Music”），载《华裔学志》1997 年第 45 期，第 21 页后；栗原圭介：《中国古代乐论研究》，东京：大东文化大学东洋研究所，1978 年，第 170 页后和第 190 页。

〔6〕〔清〕王先谦：《荀子集解卷十四・乐论第二十》，北京：中华书局，1988 年，第 380 页。亦参见《孟子・尽心上》第 14 节；《孟子正义卷二十六》，北京：中华书局，1987 年，第 897 页；《礼记正义卷第三十七・乐记》，上海：上海古籍出版社，1990 年，第 1527 页 b、第 1529 页 b 等处。参较王志民译：《荀子：全译及研究》（第 3 卷），斯坦福：斯坦福大学出版社，1994 年，第 82 页。

音乐对达到他们的目的至关重要。

本质上相同的主题亦见于《性自命出》对“乐”的论述中:

> 凡声,其出于情也信,然后其入拨人之心也厚。闻笑声,则鲜如也斯喜。闻歌谣,则陶如也斯奋。听琴瑟之声,则悸[1]如也斯叹。观《赉》《武》,则齐如也斯作[2]。观《韶》《夏》,则勉如也斯俭。[3]

荀子在何处推崇《雅》和《颂》,《性自命出》就在何处称颂“赉”“武”“韶”“夏”这些舞蹈的作用。[4] 但实际上,这些舞蹈都指同一种音乐篇章,它们从
049 圣人那里传承下来,目的是激励人们去体现音乐中所表达的品德。可以确定:荀子的文章解释这个过程要比《性自命出》更清楚——但再一次,荀子哲学观点中的关键要素似乎已经在其之前的郭店楚简中出现了。

荀子哲学和郭店文献的广泛相似性也有可能只是一种巧合,这种情况本身是可能被重要的证据所解释的,即荀子有意地在其文章中引用(或者至少是暗指)郭店文本。

因为马王堆《五行》的发现,我们就清楚了:当荀子批评孟子和子思“案往旧造说,谓之‘五行’”时,他的头脑里至少有同样的传统——如果不正是有这篇文献的话。[5] 早在818年,批评家杨倞就对荀子的意图提出了很好的观

---

[1] 关于“陶”和“悸”的释读,见郭沂:《郭店竹简与先秦学术思想》,上海:上海教育出版社,2001年,第224页;李零:《郭店楚简研究中的两个问题——美国达姆斯学院郭店楚简〈老子〉国际学术讨论会感想》,载《郭店楚简国际学术研讨会论文集》,第109页。根据与《礼记正义卷第九·檀弓下》(第1304页b)相关文段的模糊关系,陈来(《郭店竹简之〈性自命出〉篇初探》,第52—60页)认为“悸”当读为“戚”(sorrowful)。亦见彭林:《〈郭店楚墓竹简·性自命出〉补释》,载《郭店楚简研究》,台北:艺文印书馆,1999年,第315—320页。

[2] “作”从编者所释。或当读为“祚”(blessed,保佑)。

[3] 《性自命出》,简23—26;《郭店楚墓竹简》,北京:文物出版社,1998年,第180页。

[4] 关于舞蹈“武”和“夏”的描述,参见夏含夷:《孔子之前:中国经典诞生的研究》,载“纽约州立大学出版社系统哲学丛书”,1996年,第166—169页;马伯乐:《古代中国》(*China in Antiquity*),安姆斯特:麻省大学出版社,1978年,第154—157页。“赉”是《毛诗》第295篇的标题,这首诗是舞蹈“武”的一部分(“武”得名于《毛诗》第285篇)。“韶”被认为是圣王舜的音乐,参见《论语》3.25、7.14和15.11。

[5] [清]王先谦:《荀子集解卷三·非十二子第十二》,北京:中华书局,1988年,第94页。当然,这个“行”不能和上文讨论的“性”相混。这段的讨论见黄俊杰:《孟子阐释学:中国解读史》,2001年,第106页。附带论及:这里所批评子思和孟子的真实性有时受到质疑;参见郑良树的细致研究,《诸子著作年代考》,北京:北京图书馆出版社,2001年,第228—238页,他在结论中认为这确实为真。亦见梁涛:《思孟学派考述》,载《中国哲学史》2002年第3期,第28页。

点,他告诉我们:"五行:五常,仁、义、礼、智、信是也。"[1]然而,20世纪的学者们却认为荀子所指的是战国晚期和汉代早期哲学中的所谓"五行"。[2] 现在很明确:杨倞的说法更近于事实;在马王堆和郭店发现的《五行》简帛本列举了这五种道德行为方式,即仁、义、礼、智、圣——这一套品德无疑就是荀子所称的"五行"。[3]

另有一个例子,关于孔子周游陈蔡并被困,郭店《穷达以时》的记载和《荀

[1] "五常"一词明显源于汉代。参见《汉书卷五十六》(第2505页)所载董仲舒(前179—前104)文中的解释;见黄晖:《论衡校释卷第九·问孔》,北京:中华书局,1990年,第408页。参见鲁纳(Rune Svarverud):《道之道:古代中国伦理思想》(*Methods of the Way:Early Chinese Ethical Thought*),载"莱顿汉学"42,1998年,第287页。

[2] 例如,郭沫若:《青铜时代》,北京:科学出版社,1957年,第53页后;顾颉刚:《五德终始说下的政治和历史》,载《古史辨》(5),第407页后。亦见赤冢忠:《中国古代思想史研究》,东京:献文舍,1987年,第388页。王志民在《荀子:全译及研究》(第1卷),第215—219页(及第300页注5)谈到了马王堆帛书《五行》,但更倾向于认为此处"五行"采用的是《荀子》对该词的用法。王博在《简帛思想文献论集》(第59—71页)中讨论了《五行》中"五行"与此处"五行"的关系。

[3] 持此观点的开创性文章是庞朴:《马王堆帛书解开了思孟五行说之谜》,载《文物》1977年第10期,第63—69页,转载于《竹帛〈五行〉篇校注及研究》,台北:万卷楼出版社,2000年,第121—132页。亦参见浅野裕一:《黄老道家的起源与发展》,东京:创文社,1992年,第607页;魏启鹏:《思孟五行说的再思考》,载《四川大学学报(哲学社会科学版)》1988年第4期,第82—87页。

直到最近,学界一直认为最早提出名句"慎其独"(一个君子的品行)是在《荀子·不苟》第2卷第3篇第46页中,而它在《五行》和《中庸》这类文献中的出现可以溯源到这个用法。例如,王安国:《情爱、内省性与〈诗经〉注释的起源》,载《哈佛亚洲研究学报》1997年第57期,第165页;戴君仁:《戴静山先生全集》(第2卷),台北:戴顾志鹓,1980年,第845页后;修中诚(E. R. Hughes)在《〈大学〉与〈中庸〉》(*The Great Learning and The Mean-in-Action*,第171页)中认为"慎其独"是《中庸》中"恐怕很晚"的一个词。(对这个词的引用并不多,见《礼记正义卷第二十三·礼器》,上海:上海古籍出版社,1990年,第1434页b;传为曾子所作的《大学》之古注——《礼记正义卷第六十》,上海:上海古籍出版社,1990年,第1673页a。)随着郭店《五行》的发现,得见这个词两次出现在这篇文献中(简16—18;《郭店楚墓竹简》,第149—150页),如今已清楚:如果两者之间存在借用的话,那就是荀子借用了《五行》,而非相反。参见刘信芳:《简帛五行解诂》,台北:艺文印书馆,2000年,第344页后。《不苟》中相关段落的语言(强调"形",或者说给人的德以适当的内在形式)是在引述《五行》(及《中庸》),可能代表了荀子为把握这个更早的儒家传统所作出的努力。参见佐藤将之:《儒家对秩序的追求:荀子政治思想的起源与形成》,载"莱顿汉学"58,2003年,第78页、第286—295页;赤冢忠:《儒家思想研究》,东京:献文舍,1986年,第479页后;另有一些不充分的讨论,见金鹏程:《道之礼:荀子哲学》,1999年,第19页。

子》中所述是相同的。[1] 在近来一项对古文献中“陈蔡之间”故事的研究中，梅约翰提出：《荀子》中的叙述可能是孔子周游最早的版本，其依据在《论语·卫灵公》第2节中略有提及：[2]

> 在陈绝粮，从者病，莫能兴。子路愠见曰：“君子亦有穷乎？”子曰：“君子固穷，小人穷斯滥矣。”[3]

050 但在荀子的叙述中，孔子有不同的见解，即成败取决于人的地位和时机，古代很多有德行的英雄都困厄于他们无法控制的处境。正如梅约翰所称，后面这组问答是一个典型的公元前3世纪以后的故事版本。

《穷达以时》所记载的这一例并没有发生在“陈蔡之间”，甚至都不是在谈孔子——但其语言和观点与荀子的看法明显相呼应。例如，两则材料都提到了伍子胥的例子。同样，《穷达以时》曰：“遇不遇，天也。”[4]这句话与荀子所言“遇不遇者，时也”[5]相差无几。再如，《穷达以时》曰：

> 有其人，亡其世，虽贤弗行矣。[6]

《荀子》则曰：

> 今有其人不遇其时，虽贤，其能行乎？[7]

---

[1] 故事见于〔清〕王先谦：《荀子集解卷二十·宥坐第二十八》，北京：中华书局，1988年，第526—528页。参见李英华：《荀子天人论的几个问题——兼论郭店竹简〈穷达以时〉》，载《海南大学学报(人文社会科学版)》2001年第2期，第13—18页。从杨倞起就有对《宥坐》一章真实性的怀疑，他将《宥坐》归为荀子弟子之作；见其注文，〔清〕王先谦：《荀子集解卷二十·宥坐第二十八》，北京：中华书局，1988年，第520页。王志民[《荀子：全译及研究》(第3卷)，第237页]提出了一个引人注目的观点：《宥坐》是荀子所挑选作为儒家“正课”的传统材料中的部分语料。《宥坐》暗示天道无常，且人之能力、德行本身不能保证成功，这一点很难与出现在那些更可信的《荀子》章节中的荀子哲学相调和。深入讨论参见梁涛：《竹简〈穷达以时〉与早期儒家天人观》，载《哲学研究》2003年第4期，第68—69页；陈宁：《中国古代神义论问题》(“The Problem of Theodicy in Ancient China”)，载《中国宗教学报》(*Journal of Chinese Religions*)1994年第22期，第65页。

[2] 《陈蔡之间》(*Between Chen and Cai*)，第79—81页。亦见渡边卓：《古代中国思想研究——〈孔子传的形成〉与儒墨集团的思想行动》，东京：创文社，1973年，第107—159页。

[3] 程树德著，程俊英、蒋见元点校：《论语集释卷三十一》，北京：中华书局，1990年，第1050页。参较刘殿爵译：《孔子：论语》，纽约：企鹅出版社，1979年，第132页。

[4] 《穷达以时》，简11；《郭店楚墓竹简》，北京：文物出版社，1998年，第145页。

[5] 〔清〕王先谦：《荀子集解卷二十·宥坐第二十八》，北京：中华书局，1988年，第527页。

[6] 《穷达以时》，简1—2；《郭店楚墓竹简》，北京：文物出版社，1998年，第145页。

[7] 〔清〕王先谦：《荀子集解卷二十·宥坐第二十八》，北京：中华书局，1988年，第527页。参较王志民译：《荀子：全译及研究》(第3卷)，斯坦福：斯坦福大学出版社，1994年，第249页。

种种相似表明：即使《荀子》所论并非祖述《穷达以时》，其二者也必定有一个或一些共同的来源。再考虑《穷达以时》对孔子困于陈蔡之间只字未提，也许我们可以说，荀子是把这种“时遇”学说与《论语·卫灵公》中的传说结合起来的第一人。正如我们所见，在《论语·卫灵公》中，孔子给了子路截然不同的回答。[1]

最后，上文已述，荀子在阐发其独特的“心”性哲学时可能是受到了《缁衣》中一句话（“民以君为心”之类）的启发。荆门市博物馆的编者们已经指出了一个具体的例子，该处荀子的语言似乎是基于郭店楚简的。[2]《忠信之道》曰：

> 忠之为道也，百工不楛。[3]

051

比较《荀子》中相对应的一句：

> 如是，则百工莫不忠信而不楛矣。[4]

我们只能希望随着对郭店楚简的理解更全面，能找到更多在哲学和文句方面与荀子的对应。[5]

郭店楚简和荀子在世界观上的相似性显然是深刻且有说服力的，而二者之间的不同也同样重要，不容忽视。

首先，荀子论及了大量郭店楚简没有谈及的哲学问题。比如在《正名》篇

---

〔1〕关于《宥坐》与《穷达以时》关系的不同记载，见廖名春：《荆门郭店楚简与先秦儒学》，载《郭店楚简研究》，第43—45页；《郭店楚简儒家著作考》，载《孔子研究》1998年第3期，第72页。其他与《穷达以时》相似的文句见屈守元：《韩诗外传笺疏卷第七》，成都：巴蜀书社，1996年，第599—601页以及向宗鲁：《说苑校证卷十七·杂言》，北京：中华书局，1987年，第422页后。这些内容在这几部书中的传承关系比较模糊，很多《穷达以时》中的历史典故没有出现在《荀子》中，但却见于《韩诗外传》和《说苑》，尽管后两者恐怕要晚于《荀子》。由此可见，这四部文献都利用了一个共同的来源，或是当时常见的文献库。

〔2〕《郭店楚墓竹简》，北京：文物出版社，1998年，第164页注16。

〔3〕《忠信之道》，简6—7；《郭店楚墓竹简》，北京：文物出版社，1998年，第163页。

〔4〕《荀子集解卷七·王霸第十一》，北京：中华书局，1988年，第228页。参较王志民译：《荀子：全译及研究》（第2卷），斯坦福：斯坦福大学出版社，第169页。

〔5〕李泽厚（《初读郭店竹简印象记要》，第421页）提出了另一条可能的相关文句；《穷达以时》，简1（《郭店楚墓竹简》，第145页）称：“有天有人，天人有分。”这与《荀子》的“天人之分”观念有关。参见《荀子集解卷十一·天论第十七》（第308页）所提的“明于天人之分”。王博在《简帛思想文献论集》（第82—84页）中认为《荀子集解卷十二·正论第十八》（第331—336页）中关于禅让的讨论也许就是为了回应像《唐虞之道》中所表达的观点之类而写的。

中,他提出了一个很复杂的“命名”理论,这个理论以其对语言哲学的重要贡献而引起了现代语言学家和分析哲学家们的注意。[1] 他的著作还包括对古代著名悖论(“卵有毛”之类)的深刻思考[2],他还继续讨论了拒绝这种语义把戏的理由。[3] 尽管郭店楚简的作者们对语言和文学的说服力也相当清楚,但就我们现在对其著作的掌握来说,他们的作品并没有论及名称的适宜性、虚假悖论的错误[4],以及语言与“道”的关系等主题。

同样,荀子哲学的另一个著名特点就是对巫师、预言家和超自然理论散播者的批判。在《天论》中,荀子阐述了他所称的“物之罕至”(或“阴阳之化”)与“人祆”之间的区别。前者,像“星之坠、木之鸣”,本质上都是无害而深不可测的,出现在各个历史时期,从没有对人事产生过决定性的影响。然而,后者
052 是“可畏”的。“人祆”之例如“楛耕伤稼、耘耨失岁”,或是“政令不明”,换言之,无知者的有意行为破坏了“道”的秩序,给整个国家带来了灾难。[5] 荀子认为如果我们一定要寻找先兆,不该看天,而应该看看我们自身的行为——因为是我们(而不是天)造就了我们自身的命运。很明显,这种思考方式与《成之闻之》中“天”的概念不合,郭店楚简中没有任何篇目包含对“物之罕至”和

---

[1] 关于《荀子》对语言学理解的研究,见王士元(William S.-Y. Wang):《汉语语言学发展的历史回顾》(“Language in China: A Chapter in the History of Linguistics”),载《中国语言学报》(*Journal of Chinese Linguistics*)1989 年第 17 期,第 183—222 页;罗瑞(Redouane Djamouri):《〈正名〉与荀子的语言反映理论》(“Théorie de la ‘rectification des dénominations’ et réflexion linguistique chez Xunzi”),载《远东与泰西》1993 年第 15 期,第 55—74 页。

[2] 〔清〕王先谦:《荀子集解卷二·不苟第三》,北京:中华书局,1988 年,第 38 页。

[3] 参见金鹏程:《道之礼:荀子哲学》,1999 年,第 83—95 页。从本质上说,《荀子》的观点就是这些悖论犯了模棱两可的错误,就像欧文·柯匹((Irving M. Copi)在《逻辑学入门》(*Introduction to Logic*)(第 92—93 页)所定义的。参见王国维:《王国维学术文化随笔》,北京:中国青年出版社,1996 年,第 123 页后。

[4] 关于“虚假悖论”(falsidical paradoxes),见蒯因:《悖论之道及其他》(*The Ways of Paradox and Other Essays*),剑桥、麻省:哈佛大学出版社,1976 年,第 3 页后。

[5] 《荀子集解卷十一·天论第十七》,北京:中华书局,1988 年,第 313—314 页。参见金鹏程:《道之礼:荀子哲学》,1999 年,第 47 页后;儿玉六郎:《荀子的思想——自然、主宰的两天道观与性朴说》,东京:风间书房,1992 年,第 96—97 页。

“人袄”的特殊看法。这似乎完全是荀子的创新。[1]

最后,荀子用对礼和“道”的范式去抨击其他流派的哲学观点。比如,在《议兵》中,荀子宣称:任何战争的胜利都不在于更高的计谋或是更好的武器,而在于更勤于治礼。

> 古之兵,戈矛弓矢而已矣,然而敌国不待试而诎;城郭不辨(即辦)[2],沟池不抇(即扣)[3],固塞不树,机变不张,然而国晏然不畏外而固者[4],无它故焉,明道而分钧之。[5]

那么实际上,兵学被认为是可以合理而有序地产生“道”的结果的众多领域之一。《议兵》根本就不是在讨论军事,只是用军事作为例子来证明礼和“道”无可比拟的效用。[6] 这个例子显示出了荀子和郭店楚简的一个根本差别。后者讨论各种想法,比如人性、学习、音乐和“道”,这些在荀子的视野范围中也是基本的,但在更早的竹书中,这些主题还没有被融入一个完整的体系中,更确切地说,似乎是一堆接近道德哲学的典型的儒家道德,但相互之间并没有明确的联系。相较而言,对荀子来说,哲学中所有的命题都是万能的“道”的某些方面或是其反映。在这方面,荀子对万事万物 语言、战争、礼——的观点都取决于他对于“道”的强调,这里的“道”是天命的设计和自然的形式,是理性和行为的至上标准。从这种意义上来说,借用以赛亚·伯林

---

〔1〕然而,就算是荀子哲学中的这一方面,也似乎是在最近出土的上海博物馆藏战国竹书文献之一《鲁邦大旱》中就已经出现了。很多学者猜测上海博物馆藏楚简可能与郭店楚简有关。在《鲁邦大旱》中,孔子(子贡)称:对付旱灾最好的办法不是去祭拜天地神灵,而是建立一个好政府[他用了一个很有趣的术语“刑(与)德”]。见马承源:《上海博物馆藏战国楚竹书》(一),上海:上海古籍出版社,第 201—210 页。关于其他文献中的“刑德”,见马绛:《何谓刑德》(“The Meaning of *hsing-te*”),载《中国自然与社会观念:卜德先生纪念文集》,香港:香港大学出版社,1987 年。相似的观点见陈奇猷:《吕氏春秋校释卷十五·慎大》,上海:学林出版社,1984 年,第 845 页;参见王志民、王安国译:《吕氏春秋:全译及研究》,斯坦福:斯坦福大学出版社,2000 年,第 341 页。参见《孟子·梁惠王上》第 3 节。

〔2〕从郝懿行注。

〔3〕从卢文昭(1717—1796)注。

〔4〕从王念孙(1744—1832)注。译者按:别本作“……不畏外而内明者”,王念孙据《史记》改。

〔5〕〔清〕王先谦:《荀子集解卷十·议兵第十五》,北京:中华书局,1988 年,第 283—284 页。参较王志民译:《荀子:全译及研究》(第 2 卷),斯坦福:斯坦福大学出版社,第 230 页。

〔6〕参见金鹏程:《道之礼:荀子哲学》,1999 年,第 66—67 页;许钧儒:《荀子哲学》,台北:大学文选社,1971 年,第 151 页。

(Isaiah Berlin)的范例,荀子是刺猬而不是狐狸。[1]

因为郭店楚简的很多方面都与荀子相关且先于他,那么就有必要问一问是谁写了这些文献。[2] 以上讨论已谈到了一个重要的线索,即"仁"是内在的,"义"是外在的。据我所知,在传世文献中只有两处提到了这个观点。其一,哲学家告子在其与孟子的辩论中(见《孟子·告子上》);其二,见于《管子·戒》中一段令人好奇的片段[3],葛瑞汉证明这个片段可能是"告子学派幸存的记录之一"。[4] 因此,首先想到郭店楚简可能与告子或是他所代表的儒学分支有关,这个猜想是合理的。[5]

《六德》提出了对"仁内义外"原则的独特而清晰的解释。这段文本首先

---

〔1〕 以赛亚·伯林:《人类的恰当研究:散文集》(*The Proper Study of Mankind: An Anthology of Essays*),1998年,第436—498页。译者按:以赛亚·伯林是英国哲学家、史学家和政治理论家,是20世纪最杰出的自由思想家之一。伯林以"刺猬"指称那些对人类行为和历史持有整体、统一理论的思想家,而以"狐狸"指称那些信奉多样性的思想家。

〔2〕 需要重申的是:上文所勾勒出的哲学立场并不能代表郭店楚简的所有观点,因此下述讨论将不再考虑三个版本《老子》、《太一生水》或《五行》。这最后一篇意义相当模糊,以至于有多种不同的理解,但笔者相信其五行"形于内"(简1—4;《郭店楚墓竹简》,第149页)的概念是与《六德》不合的,如:《六德》坚信仁内义外。若把《五行》当作最接近于儒家孟子学派的文献,也许还是对的。参见浅野裕一:《黄老道家的起源与发展》,东京:创文社,1992年,第608页后。例如:"五行"同样被列举于《孟子·尽心下》第24节;〔清〕焦循:《孟子正义》,北京:中华书局,1987年,第991页,绝非巧合。然而,从上述讨论中显而易见的是:荀子了解《五行》的传统,并在其作品中提及。郭梨华认为《荀子》有意批判《五行》中对礼乐的理解,因为他自己的观点与之不合。

《语丛》4在不少重要方面显示出与《语丛》1—3有区别(丁四新:《论〈性自命出〉与公孙尼子的关系》,载《武汉大学学报(哲学社会科学版)》1999年第5期,第38—41页),故在此亦不予考虑。

〔3〕 《管子校正》(第156页):"仁从中出,义从外作。"罗新慧(《郭店楚简与儒家的仁义之辨》,第28页)也提到了《墨子校注卷十·经下第四十一》(第543页)的这段,但没有指出这是在有意反驳"仁,内也。义,外也"这条公理。参见葛瑞汉:《墨家后学的逻辑、伦理与科学》(*Later Mohist Logic, Ethics and Science*),伦敦:伦敦大学亚非研究学院,1978年,第450—451页;郭沫若:《十批判书》,北京:东方出版社,1996年,第273页。关于《戒》与《唐虞之道》的相似之处,见王博:《简帛思想文献论集》,台北:台湾古籍出版有限公司,2001年,第80—82页。

〔4〕 葛瑞汉:《中国哲学与哲学文献研究》,新加坡:东亚哲学研究所,1986年,第22页。

〔5〕 参见陈鼓应:《〈太一生水〉与〈性自命出〉发微》,载《道家文化研究》1999年第17期,第404页;李泽厚:《初读郭店竹简印象记要》,载《道家文化研究》1999年第17期,第420页;陈来:《郭店竹简之〈性自命出〉篇初探》,载《孔子研究》1998年第3期,第52—60页;庞朴:《孔孟之间——郭店楚简中的儒家心性说》,载《郭店楚简研究》,第32页。各种提及告子的现存文献都收录进了张秉楠《稷下钩沉》,上海:上海古籍出版社,1991年,第76—80页。反对的观点,见丁四新:《论〈性自命出〉与公孙尼子的关系》,载《武汉大学学报(哲学社会科学版)》1999年第5期,第38—41页。

把六德分配给六种重要的社会角色。君义,臣忠,夫智,妇信,父圣,子仁。[1]接着我们读到:

> 仁,内也。义,外也。礼乐,共也。内立父、子、夫也,外立君、臣、妇也……[2]为父绝君,不为君绝父。为昆弟绝妻,不为妻绝昆弟。为宗族杀[3]朋友,不为朋友杀宗族。[4]

换言之,文段中说"仁内外义",意思是当出现道德困境时,适用于"仁"的社会角色就优于适用于"义"的社会角色。我们先保护我们的宗族成员,再保护"外"人。[5] 这种观念与《论语·子路》第18节一脉相承("绪论"中讨论过)。 054

> 叶公语孔子曰:"吾党有直躬者,其父攘羊,而子证之。"孔子曰:"吾党之直者异于是。父为子隐,子为父隐,直在其中矣。"[6]

这个冲动的年轻人努力忠于自己的职分,他本该知道他对父亲的义务要重于对自己国君的义务。

---

〔1〕《六德》,简15—23;《郭店楚墓竹简》,第187—188页。参见罗新慧:《郭店楚简与儒家的仁义之辨》,载《齐鲁学刊》1999年第5期,第28页。这些符合不同社会角色的品德在古代中国并不罕见。例子参见廖名春:《荆门郭店楚简与先秦儒学》,载《郭店楚简研究》,第63—65页以及《郭店楚简儒家著作考》,载《孔子研究》1998年第3期,第81页。廖氏的例子还可以增加"六顺",见杨伯峻:《春秋左传注卷一》,北京:中华书局,1981年,第32页(隐公三年,即公元前720年):"君义,臣行,父慈,子孝,兄爱,弟敬";《孟子·尽心下》第24节;《孟子正义卷二十八》(第991页):"仁之于父子也,义之于君臣也,礼之于宾主也。"

〔2〕这些礼仪的规定似乎与《仪礼注疏卷三十》(第1103页b—5c)和《仪礼注疏卷三十四》(第1123页b)中所载相一致。

〔3〕或应读shài,"减省"义。相近的意义出现在短句"亲亲之杀"中,见《礼记正义卷第五十二·中庸》,上海:上海古籍出版社,1990年,第1629页b。刘国胜(《郭店竹简释字(八则)》,第43页)把该字读作"叛"。亦参见丁四新:《论〈性自命出〉与公孙尼子的关系》,载《武汉大学学报(哲学社会科学版)》1999年第5期,第38—41页。

〔4〕《六德》,简26—30;《郭店楚墓竹简》,第188页。

〔5〕庞朴在《初读郭店楚简》(第8页)中将《六德》的论述与《孟子·尽心上》(第35节)相对比。亦参见尤锐:《或友或敌:中国先秦君臣关系观念与"忠"概念的演变》("Friends or Foes: Changing Concepts of Ruler-Minister Relations and the Notion of Loyalty in Pre-Imperial China"),载《华裔学志》2002年第50期,第20页;李维武:《〈六德〉的哲学意蕴初探》,载《中国哲学史》2001年第3期,第66页。

〔6〕参较刘殿爵译:《孔子:论语》,纽约:企鹅出版社,1979年,第121页。我们在本书"绪论"中曾引述本段。《吕氏春秋校释卷十九·高义》(第1247页)探讨了一个类似的困境;王志民、王安国译:《吕氏春秋:全译及研究》,斯坦福:斯坦福大学出版社,2000年,第483页。

告子所说的“仁内外义”就是这个意思吗？也许是，但是他在《孟子·告子上》中连勉强类似的观点都没有表达。反之，他的著名信条的“正确性”在孟子那里是完全站不住脚的。告子认为“义”是外在的，因为我们很自然地尊敬比我们年长的人，他们年长的事实就是一个在我们之外的客观情况，所以道德行为被多种自身之外的因素所决定。孟子有力地回应：我们倾向于尊敬老者其实是内在的，因为我们不尊敬老马，只尊敬老人。是我们决定了“年龄”在何时何处成为我们道德行为必须考虑的因素。年龄的意义是主观的。[1]

告子所确信的是什么？《孟子》的编者是否已把他最有价值的观点都收录进来了？至少在现在看来，这些都不得而知。然而，《成之闻之》和《性自命出》为下面这个难解的文段提供了重要线索，这段话见于《孟子》所载孟子与告子的争论中。

> 告子曰：生之谓性。
>
> 孟子曰：生之谓性也，犹白之谓白与？
>
> 曰：然。
>
> 055 白羽之白也，犹白雪之白；白雪之白，犹白玉之白与？
>
> 曰：然。
>
> 然则犬之性犹牛之性，牛之性犹人之性与？[2]

孟子认为他在这次交流中究竟达到了什么？注释者们从来不清楚。如果说有什么（孟子达到的），通过列举“白羽之白”这种可疑的比拟，他的论述或可让人想起另一个著名的诡辩技巧：“坚白”（独特而普遍存在之属性的区分）。[3] 但是郭店楚简揭示了重要的东西。告子所提出的对“性”中的定义与《性自命出》中的定义一样：“性”是一个名称，我们用来指同一个物种内每

---

〔1〕《孟子·告子上》第4节；〔清〕焦循：《孟子正义卷二十二》，北京：中华书局，1987年，第743—744页。参见金鹏程：《道之礼：荀子哲学》，1999年，第35页；信广来（Kwong-loi Shun）：《孟子与中国古代思想》（*Mencius and Early Chinese Thought*），斯坦福：斯坦福大学出版社，1997年，第94—112页。庄锦章在《孟子、告子论“内”“外”》（*Mengzi and Gaozi on Nei and Wai*）的章节里，并没有意识到郭店竹书。

〔2〕《孟子·告子上》第3节；〔清〕焦循：《孟子正义卷二十二》，北京：中华书局，1987年，第738—739页。参较刘殿爵译：《孟子》，纽约：企鹅出版社，1970年，第160—161页。

〔3〕葛瑞汉的《墨家后学的逻辑、伦理与科学》（第171页）中有迄今为止对这种辩论策略最为清晰的论述。

个成员生而有之的特性。孟子不同意告子的定义,因为他有自己独特的用法,我们在上文中已经分析过了。这就是他为什么要提出狗的性和牛的性的问题:在他的世界观里,"性"指的是将一个物种区分于其他物种的特性。在孟子看来,通过声称"生之谓性",告子完全否认了人和动物之间的根本区别。这场辩论最好被理解成学术争议:告子代表的阵营对"性"这个关键词的理解是孟子所不能接受的。(而且根据郭店楚简,与之后所有的正统相反,在古时候,被认为是误导的可能是孟子对"性"的用法,而不是告子或荀子的用法。)[1]

同样,孟子的弟子公都子在说到告子时,提到了一个在《尊德义》中被明确承认的观点:

> 公都子曰:"告子曰:'性无善无不善也。'或曰:'性可以为善,可以为不善。是故文武兴则民好善,幽厉兴则民好暴。'"[2]

《尊德义》(明显承袭于《缁衣》)赞同从本质来说,人在道德上是摇摆不定的,他们只是呈现出统治者所显示出来的特征。 056

> 桀不谓其民必乱,而民有为乱矣。[3]

> 下之事上也,不从其所命,而从其所行。上好是物也,下必有甚焉者。[4]

还有一个历史人物很可能与郭店楚简有关,就是公孙尼子,楚国人,或者说是《缁衣》[5]的作者,其著作据《艺文志》记载共有28章。[6] 不幸的是,我

---

〔1〕在郭店楚墓被发现多年之前,戴君仁[《戴静山先生全集》(第2卷),第1341页]就提出了这一点。(亦参见第2卷,第1345—1348页;第3卷,第1848页后。)

〔2〕《孟子·告子上》第6节;[清]焦循:《孟子正义卷二十二》,北京:中华书局,1987年,第748页。参较刘殿爵译:《孟子》,纽约:企鹅出版社,1970年,第162页。

〔3〕《尊德义》,简22—23;《郭店楚墓竹简》,北京:文物出版社,1998年,第174页。

〔4〕《尊德义》,简36—37;《郭店楚墓竹简》,北京:文物出版社,1998年,第174页。此处明显是引用《缁衣》,简14—15;《郭店楚墓竹简》,北京:文物出版社,1998年,第129页。

〔5〕陆德明引刘瓛(433—489)对《缁衣》的注,见《礼记正义卷第五十五·缁衣》,上海:上海古籍出版社,1990年,第1647页b。亦参见顾史考:《从礼教与刑罚之辨看先秦诸子的诠释传统》,载《台大文史哲学报》2000年第53期,第9页;程元敏:《〈礼记·中庸、坊记、缁衣〉非出于〈子思子〉考》,载《张以仁先生七秩寿庆论文集》上册,台北:学生书局,1999年,第34页。如我们所见(本章首关于子思的注释),《缁衣》的作者也常被认为是子思,而不是公孙尼子。

〔6〕〔汉〕班固著,〔唐〕颜师古注:《汉书卷三十》,北京:中华书局,1962年,第1725页。参见儿玉六郎:《荀子、人性论的周边》,东京:汲古书院,1997年,第198页。

们对公孙尼子的了解甚至比对告子的了解还要少，连他生活的时代都不清楚。[1] 有些注释者说他是《乐记》的编撰者[2]，但有若干理由怀疑并非指今本《礼记》中的同名篇章。更可信的猜想是公孙尼子写了一篇关于“乐”的文章，而这篇已亡佚的文章可能最终影响了现存《乐记》中的哲学观点。如果说《性自命出》中可能有公孙尼子的思想传统，恐怕不算牵强附会。[3]

关于公孙尼子的另一个有价值的参考来自犀利的作者王充（27—约97）。王充把他和一些早期儒者归为一类，这些人都相信性有善有恶，人们可以激发他们天性中善或恶的一面。[4] 这种观点和《孟子·告子上》中告子
057 所言一致，王充也讨论了这一点。[5] 这和荀子极力捍卫的观点也很相似，绝

---

〔1〕 关于公孙尼子仅有的一点信息，见程元敏：《〈礼记·中庸、坊记、缁衣〉非出于〈子思子〉考》，载《张以仁先生七秩寿庆论文集》上册，台北：学生书局，1999 年，第 32—34 页；阮廷焯：《论〈淮南子〉与先秦诸子佚书之关系》，载《饶宗颐教授南游赠别论文集》，1970 年，第 33—45 页；郭沫若：《青铜时代》，北京：科学出版社，1957 年，第 182—201 页；佛尔克（Alfred Forke）：《中国古代哲学史》（*Geschichte der alten chinesischen Philosophie*），1927 年，第 188 页。据《汉书卷三十》（第 1725 页），他是孔子七十弟子之中某一位的弟子，由此可知他当生活于公元前 5 世纪中叶。然而，程元敏（《〈礼记·中庸、坊记、缁衣〉非出于〈子思子〉考》，第 32—33 页）认为这个说法不准确，公孙尼子实际上应是孔子本人的弟子。有些学者（如郭沫若的《青铜时代》，第 186 页）怀疑“公孙龙”这个名字因列于《史记卷六十七》（第 2219 页）仲尼弟子的名单中，故应是“公孙尼”之误。最后，顾赛芬在《礼记》（*Li Ki ou Mémoires sur les bienséances et les cérémonies*，第 2 卷，第 514 页）中称公孙尼子“生活在公元前 3—前 2 世纪”（vivait diton deux ou trois siècles avant notre ère）。不幸的是，顾氏没有指明信息的来源，笔者也没能找到证实他说法的依据。

〔2〕 张守节（活跃于 737 年前后）注，见《史记卷二十四》，北京：中华书局，1959 年，第 1234 页注 11。参见顾史考的《〈乐记〉译介评注》（“*Yue Ji* —Record of Music: Introduction, Translation, Notes, and Commentary”，第 3—7 页）中关于公孙尼子及其可能与《乐记》存在的联系。亦参见朱自清：《经典常谈》，香港：三联书店，2001 年，第 33 页；郭沫若：《青铜时代》，北京：科学出版社，1957 年，第 185 页。今本《乐记》受荀子影响很大，而公孙尼子（无论他确切的年代为何）一定远远早于荀子。

〔3〕 参见李锐：《儒家诗乐思想初探》，载《中国哲学史》2002 年第 1 期，第 24 页；郭齐勇：《出土简帛与经学诠释的范式问题》，载《福建论坛》2001 年第 5 期，第 24 页；丁四新：《论〈性自命出〉与公孙尼子的关系》，载《武汉大学学报（哲学社会科学版）》1999 年第 5 期，第 38—41 页；李学勤：《楚简〈成之闻之〉与〈性自命出〉的编联》（“Arrangement of Bamboo Slips in *Cheng Zhi Wen Zhi* and Xing Zi Ming Chu”），载《郭店老子：国际研讨会纪要》，1998 年，第 240 页；李学勤：《郭店简与〈乐记〉》，载《中国哲学的诠释与发展——张岱年先生九十寿庆纪念论文集》，北京：北京大学出版社，1999 年，第 26 页。

〔4〕 黄晖：《论衡校释卷第三·本性第十三》，北京：中华书局，1990 年，第 132—133 页和第 141—142 页。

〔5〕 参见丁四新：《论〈性自命出〉与公孙尼子的关系》，载《武汉大学学报（哲学社会科学版）》1999 年第 5 期，第 38—41 页；陈宁：《〈郭店楚墓竹简〉中的儒家人性言论初探》，载《中国哲学史》1998 年第 4 期，第 44 页；陈来：《郭店竹简之〈性自命出〉篇初探》，载《孔子研究》1998 年第 3 期，第 52—60 页。[陈来（《郭店竹简之〈性自命出〉篇初探》，第 52—60 页）又简略地推测了《性自命出》对荀子可能存在的影响。]相反的观点见廖名春：《荆门郭店楚简与先秦儒学》，载《郭店楚简研究》，第 60—62 页；廖名春：《郭店楚简儒家著作考》，载《孔子研究》1998 年第 3 期，第 78—79 页。

非巧合。[1]

这并不是说郭店楚简一定是告子或公孙尼子所写。确实,即使说这两个名字指的是本无其人的虚构人物也不是不可能。但是,文献所载这两个人物的哲学观点恰好与我们在郭店楚简中所读到的相吻合。“仁内义外”的说法被归于告子而不是其他什么人,这绝不是巧合,就好像《缁衣》被归于楚国的公孙尼子也不是巧合一样,王充所描述的公孙尼子的学说观点与《性自命出》及相关竹书也很吻合。因此,告子和公孙尼子应该被理解成代表人物,他们代表了儒学的一个分支[2],而就是这个分支创作了《性自命出》《六德》《成之闻之》这些文本。就目前所能推断的,他们的主要观点如下:

1.性是指某物种天生固有的并为其同类所共有的属性,而不是指一个物种区别于其他物种的特性。

2.虽然性的善恶是不确定的,但人可以通过自我修养而为善。为善的方法是遵从“道”(由天所建),而圣人授礼并传承经典以帮助我们从“道”。同样,如果遵从恶例,人也可以为恶。因此,统治者必须注意保持其行为正确。

3.仁内而义外。

4.在自我修养过程中,乐的作用极其重要,因为音乐的正声正调可以

---

〔1〕 猪饲彦博认为《荀子补遗》(第14页b)注解《荀子集解卷十一·强国第十六》(第293页)中的“公孙子”指公孙尼。然而,少有其他注者从之,因为没有确凿的证据。

〔2〕 郭店楚简的证据应该亦可平息长久以来关于告子是儒家、墨家还是道家的争论。关于这个争论的详情,见廖其发:《先秦两汉人性论与教育思想研究》,重庆:重庆出版社,1999年,第160—164页;儿玉六郎:《荀子、人性论的周边》,东京:汲古书院,1997年,第204页;信广来:《孟子与中国古代思想》,斯坦福:斯坦福大学出版社,1997年,第119—126页;倪德卫:《儒学之道:中国哲学研究》,1996年,第130—132页;司马儒:《孟子研究》(*Studi sul Mengzi*),2002年,第38页后;司马儒:《告子、荀子与〈孟子·告子上〉1—5节》(“Gaozi, Xunzi e i capitoli 6A1-5 del *Mengzi*”),载《兰侨蒂教授颂寿论文集》(*Studi in onore di Lionello Lanciotti*),1996年。众所周知,有一位名“告子”者见于吴毓江:《墨子校注卷十二·公孟第四十八》,北京:中华书局,1993年,第708—709页。人们无法确定这是不是同一个告子,但笔者推测他是——部分原因是这个“告子”也强调仁义之德。因此,这一段表明告子年少于墨子而长于孟子(出生略早于公元前410年)。亦参见曹耀湘(活跃于1906年前后)的注文,见吴毓江:《墨子校注卷十二·公孟第四十八》,北京:中华书局,1993年,第730页注155。亦见钱穆:《先秦诸子系年》,台北:东大图书公司,1990年,第62节;梅贻宝译:《墨子的伦理及政治论著》,1929年,第241页注1。

启发人们模仿其中的美德。[1]

总之,很明显荀子思想并非无中生有,而我们现在对他思想来源的基础有了更好的认识。[2] 他的观点论述得可能比郭店楚简中出土的任何观点都要系统,但毫无疑问:荀子(与郭店楚简)出自同一个学派。可以想象,荀子曾经学习过郭店文献。

---

〔1〕 参见陈宁:《〈郭店楚墓竹简〉中的儒家人性言论初探》,载《中国哲学史》1998 年第 4 期,第 44—46 页,与此纲目基本一致。

〔2〕 在 1997 年时,人们只知道马王堆帛书本《五行》,王安国在《情爱、内省性与〈诗经〉注释的起源》(第 145 页注 5)中认为:“早期儒家内在性(innerlichkeit)概念的《五行篇》版显然深受荀子影响。”现在看来,很明显这个影响应该是反向的。由于郭店楚简,我们对早期儒家思想的理解必将在很多方面加以修正,这只是其中的一个例子。

三、韩非的自私说[1]

《韩非子·五蠹第四十九》中有一段文字为中国历史上对"公"与"私"这两个概念最早的探讨之一。多数译者把"公"和"私"分别译作"public"(公共)和"private"(私人),这无疑是受了二词在现代汉语中意义的影响[2],但细审原文,可发现这种翻译并不准确。

> 古者仓颉之作书也,自环者谓之私,背私谓之公,公私之相背也,乃仓颉固以知之矣。今以为同利者,不察之患也。然则为匹夫计者,莫如修行(即仁)[3]义而习文学。行(即仁)义修则见信,见信则受事;文学习则为

---

[1] 译者按:本章译文曾发表于《国学研究》2016年第4期,第14—23页,此处有少量修改。

[2] 如乔尔·萨赫林(Joel Sahleen)译:《韩非子·中国古典哲学读本》(*Readings in Classical Chinese Philosophy*),2001年,第328页;乐唯译:《韩非子或主道:绝对统治术》(*Han-Fei-tse ou Le Tao du Prince:La stratégie de la domination absolue*),1999年,第520页;华兹生译:《韩非子》(*Han Fei Tzu:Basic Writings*),纽约:哥伦比亚大学出版社,1964年,第106页;廖文魁(W. K. Liao)译:《韩非子全集:中国政治学经典》(*The Complete Works of Han Fei Tzû:A Classic of Chinese Legalism*)(第2卷),1959年,第286页。译者牟复礼亦选择将萧公权在《中国政治思想史》(*A History of Chinese Political Thought*,第388页)中所讨论的"公"和"私"分别译为"public"和"private",造成了混淆。

蒂尔(P. Jos Thiel)[《韩非子的国家理念》(*Die Staatsauffassung des Han Fei-tzŭ*),第249页]更为准确地译作"gemeinnützig"(公益)和"eigensüchtig"(自私)。王志民和王安国(《吕氏春秋:全译及研究》,第70—75页)译为"impartiality"(公平)和"selfish partiality"(偏袒)——这样的翻译或许对《韩非子》来说还不尽如人意,但对《吕氏春秋》中这些段落来说很恰当。参见"贵公"与"去私"篇,载陈奇猷:《吕氏春秋校释卷一》,上海:学林出版社,1984年,第44—62页。亦参见詹姆斯·塞尔曼(James D. Sellmann):《〈吕氏春秋〉中的时机与权谋》[*Timing and Rulership in* Master Lü's Spring and Autumn Annals (Lüshi chunqiu)],2002年,第37—43页;顾史考:《〈吕氏春秋〉与哲学争论的解决》,载《哈佛亚洲学刊》2002年第62期,第318页后["community"(公)和"self-interest"(私)]。关于"公"和"私"的讨论另见于《慎子》,参见谭朴森:《〈慎子〉佚文》,牛津:牛津大学出版社,1979年,第73节等。

最后,《墨子校注卷四·兼爱下第十六》(第175页后)在"兼"(universality)和"别"(separatism)之间做了类似的区分:前者指服务于公众最大利益的行为;而后者指谋私利——最终将自毁。

[3] 从王先慎(1859—1922)注。

明师,为明师则显荣,此匹夫之美也。然则无功而受事,无爵而显荣,为有政如此,则国必乱,主必危矣。故不相容之事,不两立也。[1]

059 此段文字需要分析梳理。首先,根据"公"与"私"两字形之间的联系,韩非指出仓颉(传说中造字之古代圣贤)认为这两个概念是相互对立的。"公"和"私"字皆从"厶",韩非以之为象"自环(营)者"。"背私谓之公"(背作"八",取"扒"义[2]),故"公"写作"八厶"。[3] 韩非对这几个字的解说(忽略"公""私"字形联系的读者会对此感到费解)意在强调仓颉已于上古时代指出"公私之相背",故今人忽略两者之差别实属大谬。

继而韩非以匹夫"修行(即仁)义而习文学"以便"见信""受事""显荣"——所谓"匹夫之美"的例子来阐释"私"。意谓匹夫之所以"为明师""修行(即仁)义",实皆出于自私:他们希望其令名最终可化为"显荣"。诸多志士为求仕而竞逐功名亦皆出于私利。人之所谓美德者无他——皆为利。[4]

然而在韩非看来,自私本身并不该受到谴责,问题是君主不该对道德清白实际却毫无功绩的人委以重任。故君臣的利益是相悖(背)的。徒有虚名的臣子欲官运亨通;君主在寻找凤毛麟角、货真价实的股肱之臣时,就必须清除

---

〔1〕 陈奇猷:《韩非子新校注卷十九·五蠹第四十九》,上海:上海古籍出版社,2000年,第1105页。

〔2〕 译者按:原作者后来在邮件中向译者谈及,此处"八"也可能与"癶"(bo)有关。

〔3〕 参见苗枫林:《中国用人思想史》,济南:齐鲁书社,1997年,第53页;沟口雄三:《中国的公与私》,东京:研文社,1995年,第3、42页;泽田多喜男:《先秦的公私观念》,载《东海大学纪要文学部》1976年第25期,第1页;栗田直躬:《"公"与"私"》,载《福井博士颂寿纪念东洋文化论集》,第371页;金谷治:《秦汉思想史研究》,东京:平乐寺书店,1992年,第41、44页;板野长八:《中国古代社会思想史研究》,东京:献文舍,2000年,第197页。许慎(约55—149)在《说文解字》"公"字条中引用了韩非的观点,见蒋人杰:《说文解字集注》(上),上海:上海古籍出版社,1996年,第218页。当然,以铭文证之,这个解释不准确。

〔4〕 参见罗伯特·T. 奥利弗(Robert T. Oliver):《古代印度与中国的交流与文化》(*Communication and Culture in Ancient India and China*),雪城:雪城大学出版社,1971年,第230页。《慎子》的佚文(谭朴森:《〈慎子〉佚文》,牛津:牛津大学出版社,1979年,第29节后)也显示出类似的观点:君主必须铭记其臣子的行为均出于私利。

滥竽充数者。简言之,若“私”为臣子的私利,则“公”就是君主的私利。[1] 因此,尽管将“私”译为“private”(私人)还有些道理,将“公”译为“public”(公共)则完全是误解,因为君主的私利不必与民众的公利相合。事实上,我们现代概念中的“公利”或“公益”在古代中国几乎不存在。韩非也不是詹姆斯·麦迪逊(James Madison)[2]。

循此路径,韩非进而关注那些游说“纵横”的佞臣们。[3] 他们均不是君主的利益所在。连横意味着“事强(秦)”,事强则诸国之地丧失殆尽。相比而 060
言,合纵则意味着“存亡国”于强秦,诸侯相救(救小),各国最终亦积弱而兵败。其后韩非总结道:

> 是故事强则以外权士官于内,救小则以内重求利于外。国利未立,封土厚禄至矣;主上虽卑,人臣尊矣;国地虽削,私家富矣。事成则以权长重,事败则以富退处。人主之于其听说也,(不责名实)于其臣[4],事未

---

〔1〕 参见萧公权:《中国政治思想史》,载“普林斯顿亚洲译丛”,1979年,第388页;陈启天:《中国法家概论》,台北:台湾中华书局,1970年,第177页后;金谷治:《金谷治中国思想论集》第1卷,东京:平河出版社,1997年,第441页;另,更广泛的论述见许倬云:《先秦社会史论》,1965年,第152页。亦参较陈奇猷:《韩非子新校注卷四·孤愤第十一》,上海:上海古籍出版社,2000年,第251页。

此义的“公”最初可能指一国之公,有如“公家”“公室”之公;后来它成为一个抽象名词,指一切有益于“公”之事物。参见黄俊杰:《孟子阐释学:中国解读史》,2001年,第61、72页;黄俊杰:《孟学思想史论》(第1卷),台北:东大图书公司,1991年,第147页后(有大量一手资料);越智重明:《战国秦汉史研究》(第1卷),福冈:中国书店,1988年,第52—55页;刘纪曜:《公与私——忠的伦理内涵》,台北:联经出版事业公司,1983年,第179页;泽田多喜男:《先秦的公私观念》,载《东海大学纪要文学部》1976年第25期,第3页;郑僧一(C. N. Tay):《〈左传〉“公”义考》(“On the Interpretation of *Kung* (Duke?) in the *Tso-chuan*”),载《美国东方学会学报》1973年第93期,第551页;栗田直躬:《“公”与“私”》,载《福井博士颂寿纪念东洋文化论集》,第377页;吴其昌:《中国先秦土地制度》(*The Chinese Land System before the Ch' in Dynasty*),华盛顿:美国学术理事会(American Council of Learned Societies),1956年,第67页;顾颉刚:《顾颉刚古史论文集》(第2卷),北京:中华书局,1988年,第328页。

〔2〕 译者按:詹姆斯·麦迪逊(1751—1836),美国第四任总统(1809—1817年在任)。他被视为“美国宪法之父”,是制宪会议的主要人物、北部联邦党人文件的起草人之一、民主共和党的组建者。

〔3〕 关于合纵连横,参见陆威仪:《战国政治史》,载《剑桥中国古代史:先秦卷》,剑桥:剑桥大学出版社,1999年,第632页后;杨宽:《战国史》,上海:上海人民出版社,1998年,第341—342页。

〔4〕 从陈奇猷注。译者按:陈奇猷补“不责名实”四字。关于名实(names and realities),参见梅约翰:《法家的“形名”观:用考古证据对传世文献做新证之例》,载《华裔学志》1990—1991年第39期,第93页及第112—114页。这个词近于“形名”(见下),或指大臣之言与行。参较《吕氏春秋校释卷十八·审应》(第1141页):“以其言为之名,取其实以责其名。”《韩非子》与《吕氏春秋》可能的联系,见胡适:《胡适文存》(第3卷),台北:远东图书公司,1953年,第253页。

成则爵禄已尊矣;事败而弗诛,则游说之士,孰不为用矰缴之说而徼幸其后?[1] 故破国亡主以听言谈者之浮说,此其故何也?是人君不明乎公私之利,不察当否之言,而诛罚不必其后也。[2]

韩非谏诫君主要记住大臣们所提出的政策实皆出于其私利。他们只关心如何使个人富足,仅将君主和国家看作可以利用以满足他们膨胀物欲的矿藏。因此,只有昏君才会对大臣的意见言听计从。君主必须建立一个合理的赏罚制度,以使大臣能知道一旦其计谋失败,惩罚就会接踵而至。这就会对大臣起
061 到震慑作用,防止他们提一些轻率敷衍的、对国家毫无益处的方案。此外,君主一定要时常自问:谁从这项提议中获得了好处?一定要分清大臣的个人利益(或“私”)与君主的利益(或“公”)。

这种观点值得注意,因为它并不把“公”置于“私”之上。问题仅仅在于利益之争:一个精明的大臣力图谋其“私”利,正如一个精明的君主竭力维护其“公”利。韩非一再强调:如果采用一个下策造成了什么恶果,那君主只能怪自己没有事先考虑“公”和“私”。相比之下,后世的学者通常用“公”指帝国

---

〔1〕 此句不易解读。可能意指佞臣们将会进献各种毫无把握的计策,希望能侥幸成功,因为他们知道即便计策失败了也不会受到惩罚。笔者译作:“...since they are not punished if their affairs fail, why should the wandering persuaders not use some ‘tethered-arrow’ scheme and count on luck?”(既然即便计策失败,他们也不会被惩罚,那么为什么纵横家们不进献一些“矰缴”式的计策去碰碰运气呢?)比较乐唯在《韩非子或主道:绝对统治术》(第 524 页)中所译:“[Comme les souverains] omettent de les châtier si elles échouent, les sophistes etles rhéteurs ont toutes les raisons de tenter leur chance en hasardant des suggestions qui pourraient leur apporter—sait-on jamais? —gloire et fortune.”(如果他们失败了也不会受到责罚,那些诡辩家和修辞学家们难道不是有充分的理由用他们的计策去碰运气吗?——谁知道他们不会成功呢?)

〔2〕 陈奇猷:《韩非子新校注卷十九 · 五蠹第四十九》,上海:上海古籍出版社,2000 年,第 1114 页。

的统治合乎天道,而"私"则指公道所不至之处。[1] 可以肯定,韩非在本章中并没有对大臣和"私"有任何怜悯,因为他将其列入五蠹之列。"其言谈者,为设诈称,借于外力,以成其私,而遗社稷之利。"[2]但是这种谴责主要是因为《五蠹》是写给君主的。韩非对公私之间对立关系的理解其实使得下述情况更为可能,即在给士大夫阶层的谏言中,韩非可能会提倡"私"。

事实上《韩非子·说难第十二》中所言确实如此:

> 誉异人与同行者,规异事与同计者。有与同污者,则必以大饰其无伤也;有与同败者,则必以明饰其无失也。彼自多其力,则毋以其难概[3]之也;自勇其断,则毋以其谪怒之;自智其计,则毋以其败穷之。大意无所拂悟[4],辞言无所系縻,然后极骋智辩焉。此道所得,亲近不疑而得尽辞也。[5]

韩非并不是说大臣都必须是佞臣,重要的是大臣必须花言巧语以美化君 062

[1] 例见刘文典著,冯逸、乔华点校:《淮南鸿烈集解卷九·主术》,北京:中华书局,1989年,第295页,该书为汉代意识形态的基础。译者按:原句作"犯法者虽贤必诛,中度者虽不肖必无罪,是故公道通而私道塞矣"。另见傅玄(217—278)《傅子》逸文《通志》篇,严可均《全上古三代秦汉三国六朝文》(第48卷,第4a—5b页)所辑。前例在本书下文"《淮南子》政治哲学的潜在融合"中有所讨论,关于后例之论述参见何肯(Charles Holcombe):《汉代的阴影:南朝早期的文人思想与社会》(*In the Shadow of the Han: Literati Thought and Society at the Beginning of the Southern Dynasties*),檀香山:夏威夷大学出版社,1994年,第36页;裴玄德(Jordan D. Paper):《傅子:汉以后的儒家经典》(*The Fu-tzu: A Post-Han Confucian Text*),《通报》13,1987年,第25、46—51页。

关于中国思想史中"公"与"私"更多的研究,见蒋荣昌:《中国文化的公私观》,《西南民族学院学报(哲学科学社会版)》1998年第4期,第1—17页;沟口雄三:《中国的公与私》,东京:研文社,1995年,第3—89页。著名的"天下为公"见于《礼记正义卷第二十一·礼运》,上海:上海古籍出版社,1990年,第1414a页。

[2] 陈奇猷:《韩非子新校注卷十九·五蠹第四十九》,上海:上海古籍出版社,2000年,第1122页,从顾广圻(1776—1835)注。一些注家亦提出"为设"应读作"伪设"(故"伪设诈称"意为:虚假地设计,欺诈地谄媚),但陈奇猷以为非。译者按:陈奇猷按:"为设,即'设为'。……盖'诈称',即伪,若更有'伪'字则义复矣。""社稷"代指国家。

[3] 从陈奇猷注,《韩非子新校注卷四·说难第十二》,上海:上海古籍出版社,2000年,第263页注8。译者按:陈奇猷按:"《庄子·至乐》篇'我独何能无槩(同概)',《释文》引司马云:'槩,感也。'按感、憾同字。憾,恨也。此谓毋以其难恨之,与下文'毋以其谪怒之'正相对。"

[4] 从王先慎注。译者按:王先慎按:"'悟'与'忤'通。"

[5] 陈奇猷:《韩非子新校注卷四·说难第十二》,上海:上海古籍出版社,2000年,第261页。

主的角色。“凡说之难,在知所说之心,可以吾说当之。”[1]但由于君主一贯都自大专横,故迎合式的劝谏方法通常是最安全的。

显然一个遵循韩非《说难第十二》指示的大臣会被韩非《五蠹》第四十九谴责为“其言谈者,为设诈称”。学者或列举这类表面上的矛盾来证明《韩非子》一书并非一人所作。[2] 但这种解释的弱点在于它忽略了这两篇本质上的相通之处。这两篇的内容都关乎一个根本命题,那就是君主和大臣之间天然的、无可避免的对立,这是最典型的《韩非子》的主题,其他中国典籍很少论及。其实二者没有不可调和的矛盾,韩非所宣称的观点是随着其目标受众的改变而改变的。(他的论著可能更多是写给君主而非大臣,但这只是由他自身的处境所决定的。他同样有其个人私利,也希望从其所事君主之处得到更多好处,而不是仅仅做个普通士人。)他一会儿可以痛斥佞臣,一会儿又可以阐述如何欺君。我们无法说清楚哪个才是“真”韩非,因为无论在哪种语境下,他都没有真正透露其个人观点。

抑或我们根本就不该认为韩非有个人观点。一般来说,著作都是用来阐明某位思想家的哲学体系的,但从这个意义上讲,韩非的著作并不成功。他本应该明确指出一种具有绝对标准的理念,借此我们可以客观地为所论各方的利益排序,但他没有做到。在他看来,世界上唯一真正的动力就是私利,或者说是君臣及普通男女之间的利益竞争与互动。他的理论体系是公与私,而非

---

〔1〕 陈奇猷:《韩非子新校注卷四·说难第十二》,上海:上海古籍出版社,2000 年,第 254 页。另参见《吕氏春秋校释卷十四·遇合》(第 815 页):“客有以吹籁见越王者,羽角宫徵商不谬,越王不善,为野音而反善之。说之道亦有如此者也。”参见罗界:《对手与权威:古希腊与中国科学研究》(*Adversaries and Authorities: Investigations into Ancient Greek and Chinese Science*),剑桥:剑桥大学出版社,1996 年,第 77 页后;罗伯特·T. 奥利弗:《古代印度与中国的交流与文化》,雪城:雪城大学出版社,1971 年,第 221 页后。

〔2〕 特别参见容肇祖:《韩非子考证》,载《“中央研究院”历史语言研究所单刊》(B.3.1936),台北:台湾商务印书馆,1992 年,第 31a—33a 页。同样,白牧之(E. Bruce Brooks)也认为《韩非子》“学说(关于超然和儒家问题)的矛盾表述”显示出其长期的“文本间的时间跨度”。这类观点始终认为一个作者必然会一直坚持同一种世界观。关于这个问题的简明学术概况,以及利用“抵牾”作为著作辨伪标准的思想,特别参见龙德(Bertil Lundahl):《韩非子:其人其书》(*Han Fei Zi: The Man and the Work*),斯德哥尔摩:斯德哥尔摩大学东方语言研究所,1992 年,第 92—113 页。截至目前,对此问题最严谨的研究是郑良树的《韩非之著述及思想》。

对与错。葛瑞汉恰如其分地称这种世界观为“无是非论”(amoral)。[1]

常有学者指出韩非受到当时盛行的对老子学说的政治解读之影响,并常在其论述中引用“道”的概念。[2] 然而细审这些文段,可知韩非与老子不同,他并不把“道”看作“德”的基础,而仅仅是借用了《老子》的一些命题和语句来申述他关于君臣之间进行政治较量的观点。

《韩非子・主道第五》说明了其观点。韩非开篇就对原“道”进行了下定 063
义式的阐述:

> 道者,万物之始,是非之纪也。是以明君守始以知万物之源,治纪以知善败之端。故虚静以待令,令名自命也,令事自定也。虚则知实之情,静则知动者正。有言者自为名,有事者自为形,形名参同,君乃无事焉,归之其情。[3]

这个开篇融合了从早期思想家那里借来的观念与术语。“道者,万物之始”典出于《老子》第52章“天下有始”。[4] 片段中韩非的其他多数论述都源

---

[1] 葛瑞汉:《论道者:中国古代哲学论辩》,1989年,第267页后。又见苏源熙:《话语的长城:文化中国历险记》(*Great Walls of Discourse and Other Adventures in Cultural China*),载“哈佛东亚专著”212,2001年,第149页。后者引《韩非子》作为一部不能被纳入一个“系统性整体”的中国哲学著作的例子,该评价很准确。

[2] 参见陈奇猷:《韩非与老子》,载《道家文化研究》1995年第6期,第183—191页;王长华:《诗论与子论》,北京:学苑出版社,2001年,第273—281页;刘殿爵:《〈解老〉中的道家形而上学与柏拉图的形相论》(“Taoist Metaphysics in the *Chieh Lao* 解老 and Plato's Theory of Forms”),载《文林》2,第101页;王晓波、张纯:《韩非政治理论的哲学基础》(*The Philosophical Foundations of Han Fei's Political Theory*),檀香山:夏威夷大学出版社,1986年,第93页后;栗劲:《秦律通论》,济南:山东人民出版社,1985年,第103页后;陈安仁:《中国政治思想史》第2版,台北:台湾商务印书馆,1996年,第125页。

这种思想无疑受到司马迁在《史记》中将韩非与老子同传安排的影响,司马迁本人也称:“(韩非)喜刑名法术之学,而其归本于黄老。”《史记卷六十三・老子韩非列传》,北京:中华书局,1959年,第2146页。参见程艾兰(Anne Cheng):《中国思想史》(*Histoire de la pensée chinoise*),1997年,第233页。

[3] 陈奇猷:《韩非子新校注卷一・主道第五》,上海:上海古籍出版社,2000年,第66页。对比陈奇猷:《韩非子新校注卷二・扬权第八》,上海:上海古籍出版社,2000年,第145页。

[4] 高明:《帛书老子校注》,北京:中华书局,1996年,第74页。另比较《老子》第42章:“道生一,一生二,二生三,三生万物。”见高明:《帛书老子校注》,北京:中华书局,1996年,第29页。

于申不害(活跃于公元前354—前340年)[1],韩非曾坦承其深受这位法家思想家的影响。[2] 申不害在其《大体》中提出了这种观点:明君必须等事物自己命名,让事情自己解决:“名自正也,事自定也,是以有道者自名而正之,随事而定之。”[3]申不害认为君主要践行“无为”,意指处理事务顺乎道,而不采取任何有意为之的行为,因为这些行为可能会破坏天道。韩非用“虚静”来表达同样的观念:君主通过回应事物以治国,而不是对事物采取行动。[4]

其后,文段的结尾重点讨论了“刑名(形名)”,在古代这是另一个与申不
064 害有关的术语。[5] 正如顾立雅所指出,“形名”是一条官僚体系的原则:大臣被授予官职(他的“名”),然后就要根据他在职位上的表现来加以考量(他的“形”)。如果“形名”相符,官员即获成功,就该得到褒奖。但如果有任何差

---

〔1〕 关于申不害的经典研究著作是顾立雅的《申不害:公元前4世纪的中国政治哲学家》(*Shen Pu-hai:A Chinese Political Philosopher of the Fourth Century B.C.*)。亦参见浅野裕一:《黄老道家的起源与发展》,东京:创文社,1992年,第231—239页;汪德迈(Léon Vandermeersch):《法家的形成:中国古代政治哲学特征的构成研究》(*La formation du légisme:Recherche sur la constitution d'une philosophic politique caractéristique de la Chine ancienne*),载“法兰西远东学院丛书”(Publications de l'École Française d'Extrême-Orient)56,1965年,第41页后等多处。申不害仍然经常被忽视和误解。比如,林聪舜在一部严谨而且本该扎实的作品中(《西汉前期思想与法家的关系》第128页后)依然把《主术》篇与韩非——而不是申不害——相比较,尽管申不害能更清楚地证明林氏的观点,但林氏从未提及他。

〔2〕 特别参见陈奇猷:《韩非子新校注卷十七·定法第四十三》,上海:上海古籍出版社,2000年,第957—964页,在这里韩非对申不害和当时著名的公孙鞅(商鞅)作了重要评价。参见板野长八:《中国古代社会思想史研究》,东京:献文舍,2000年,第211、221页;金谷治:《金谷治中国思想论集》第1卷,东京:平河出版社,1997年,第437页后;高柏园:《韩非哲学研究》,台北:文津出版社,1994年,第37页、第137页后;葛瑞汉:《论道者:中国古代哲学论辩》,1989年,第278页后;萧公权:《中国政治思想史》,载“普林斯顿亚洲译丛”,1979年,第381页后;王云五:《先秦政治思想》,台北:台湾商务印书馆,1968年,第312页;杜国庠:《先秦诸子的若干研究》,香港:今代图书公司,1958年,第143页后;郭沫若:《十批判书》,北京:东方出版社,1996年,第360页后。

〔3〕 顾立雅的《申不害:公元前4世纪的中国政治哲学家》(第349页)第1(6)段译文与我们的理解略有不同。原文来自《群书治要卷三十六》,载“国学基本丛书”,上海:商务印书馆,1937年,第630页。亦参见下文“《淮南子》政治哲学的潜在融合”。(申不害的《大体》与《韩非子》第29篇有别,尽管二者同名。)

〔4〕 参见王云五:《先秦政治思想》,台北:台湾商务印书馆,1968年,第309页。

〔5〕 参见梅约翰:《法家的“形名”观:用考古证据对传世文献做新证之例》,载《华裔学志》1990—1991年第39期,第88—92页;顾立雅:《申不害:公元前4世纪的中国政治哲学家》,芝加哥、伦敦:芝加哥大学出版社,1974年,第119页。

池，官员即为失败，也就必须受到惩罚。[1] 申不害在《大体》中谈到了这个观点，其表述受到了法律惯例的启发："为人臣者操契以责其名。"[2] 契是中国古代的借据。债务人和债权人之间立契为约，并将契约分成两半。然后双方各执一半契约，作为债务凭证。[3] 换言之，"形与名"之间的关系被看作像是债务人和债权人之间的协议；大臣的所作所为必须始终符合君主的期望。[4]

韩非在《主道》中继续承袭了这个传统论述。他在开篇论"道"之后，又说：

> 故曰：君无见其所欲，君见其所欲，臣自将雕琢；君无见其意，君见其意，臣将自表异。故曰：去好去恶，臣乃见素；去旧去智，臣乃自备。[5]

---

〔1〕 参见乐唯：《中国古代政治思想和实践正名方面的若干问题》(*Quelques aspects de la rectification des noms dans la pensée et la pratique politiques de la Chine ancienne*)，载《远东与泰西》1993年第15期，第33—38页；戴君仁：《戴静山先生全集》(第2卷)，台北：戴顾志鹓，1980年，第912页；顾立雅：《何谓道家？兼论中国文化史》(*What Is Taoism? and Other Studies in Chinese Cultural History*)，芝加哥、伦敦：芝加哥大学出版社，1970年，第79—91页；《慎子》中亦有类似观点："以能受事，以事受利。"(谭朴森：《〈慎子〉佚文》，牛津：牛津大学出版社，1979年第27节；引文出自《群书治要卷三十七》，载"国学基本丛书"，上海：商务印书馆，1937年，第636页。)

梅约翰在《法家的"形名"观：用考古证据对传世文献做新证之例》(第97页)中表示反对，认为"形名"中的"名"不指大臣的官职，而指"他声称其所具备的某种才干和能力"。然而，这不是韩非本人作出的区分；相反根据上文，很明显大臣的官职是根据他所声称的才干而任命的("有言者自为'名'")。因此，"名"可指大臣的官职，亦可指其声称的才干。

〔2〕 顾立雅：《申不害：公元前4世纪的中国政治哲学家》，芝加哥、伦敦：芝加哥大学出版社，1974年，第1(4)段；原文来自《群书治要卷三十六》，载"国学基本丛书"，上海：商务印书馆，1937年，第630页。

〔3〕 例见陆威仪：《战国政治史》，载《剑桥中国古代史：先秦卷》，剑桥：剑桥大学出版社，1999年，第609页；更广泛的讨论亦见张传玺：《秦汉问题研究》，北京：北京大学出版社，1985年，第140—208页；劳干：《中国早期算筹的应用》("The Early Use of the Tally in China")，载《古代中国：早期文明研究》，香港：香港中文大学出版社，1978年)。有一个故事很好地说明了契的作用，见陈奇猷：《吕氏春秋校释卷十九·上德》，上海：学林出版社，1984年，第1257页。王志民、王安国译：《吕氏春秋：全译及研究》，斯坦福：斯坦福大学出版社，2000年，第487页；亦见《慎子》佚文，谭朴森：《〈慎子〉佚文》，牛津：牛津大学出版社，1979年，第70节，原文来自《太平御览卷四百三》，载《四部丛刊》，上海：商务印书馆，1929年，第5页a以及《北堂书抄卷一百四》，清光绪十四年(1888)南海孔氏33万卷堂影宋刊本，第10页a。

〔4〕 韩非格外推崇这个图景，并反复谈论，见陈奇猷：《韩非子新校注卷一·主道第五》，上海：上海古籍出版社，2000年，第81页；亦见陈奇猷：《韩非子新校注卷二·二柄第七》，上海：上海古籍出版社，2000年，第126页。参见乐唯：《中国古代政治思想和实践正名方面的若干问题》，载《远东与泰西》1993年第15期，第35页；梅约翰：《法家的"形名"观：用考古证据对传世文献做新证之例》，载《华裔学志》1990—1991年第39期，第107页后；许倬云：《先秦社会史论》，1965年，第153页。言与行必相一致、如合符契的思想亦见于吴毓江：《墨子校注卷四·兼爱下第十六》，北京：中华书局，1993年，第177页。亦见简·盖尼：《论早期中国思想史中的认识论》，檀香山：夏威夷大学出版社，2002年，第79、93页；陆威仪：《早期中国的书写与权威》，1999年，第31页。

〔5〕 陈奇猷：《韩非子新校注卷一·主道第五》，上海：上海古籍出版社，2000年，第66页。对比陈奇猷：《韩非子新校注卷二·有度第六》，上海：上海古籍出版社，2000年，第107页以及《韩非子新校注卷二·扬权第八》，上海：上海古籍出版社，2000年，第157页。

这明显又有一个引自申不害和《老子》的杂烩。后半段关于“无欲”的告诫及其所表现出的经典睿智都让读者立刻想起了《老子》中的有关文句。[1]而前半段,也同样源于申不害的《大体》。

> 故善为主者,倚于愚,立于不盈,设于不敢,藏于无事。窜端匿疏。[2]示天下无为,是以近者亲之,远者怀之。示人有余者,人夺之;示人不足者,人与之。刚者折,危者覆,动者摇,静者安。[3]

065 带着君主不应对外界显示出任何表情的想法,韩非的隐晦阐述最终推出了一个主要观点。圣明的君主不会表露出任何意向或情感,因为一旦表露,那些狡猾的大臣便能不遗余力地加以利用以获取私利。我们在前文讨论《说难》时已提到,理想的大臣完全可以飞黄腾达,因为他们能够了解其草率君主的意图——“知(所说之)心”——进而花言巧语以取悦毫无城府的君主。因此公与私的较量产生了相关的推动力:大臣们不断努力揣摩圣意,同时君主则尽力始终保持面无表情、深不可测。[4] 韩非给君主进谏的统治术称为“主道”。顺乎道而“无为”,守“虚静”而不自见。该章剩余的部分主要讨论了一个核心问题:如何驾驭群臣——或者用韩非的话来说——清除“五壅”,即五种使得大臣得以篡权的情况。[5] 而所谓“道”只不过是一个宏大的托辞——

---

[1] 如《老子》第37章“不欲以静,天下将自正”,载高明:《帛书老子校注》,北京:中华书局,1989年,第427页;《老子》第19章“绝圣弃智,民利百倍”,载高明:《帛书老子校注》,北京:中华书局,1989年,第311页。韩非亦有类似言论,见陈奇猷:《韩非子新校注卷二·二柄第七》,上海:上海古籍出版社,2000年,第131页。译者按:原文作:“故曰:去好去恶,群臣见素。群臣见素,则大君不蔽矣。”

[2] 从顾立雅《申不害:公元前4世纪的中国政治哲学家》(第349页,注6)所释。

[3] 顾立雅:《申不害:公元前4世纪的中国政治哲学家》,芝加哥、伦敦:芝加哥大学出版社,1974年,第1(5)段;文本引自《群书治要卷三十六》,载“国学基本丛书”,上海:商务印书馆,1937年,第630页。韩非引述申不害之论,文句相似,见陈奇猷:《韩非子新校注卷十三·外储说右上第三十四》,上海:上海古籍出版社,2000年,第775页;参见顾立雅:《申不害:公元前4世纪的中国政治哲学家》,芝加哥、伦敦:芝加哥大学出版社,1974年,第364页,第16段。

[4] 参见乐唯译:《韩非子或主道:绝对统治术》,1999年,第48—52页。同时期的兵书中亦有类似观点。如《孙子》:“微乎!微乎!至于无形。神乎!神乎!至于无声。故能为敌之司命”,“故行兵之极,至于无形;无形,则深间不能窥,智者不能谋”。(杨丙安:《十一家注孙子校理卷中·虚实篇》,北京:中华书局,1999年,第112、122页。)“司命”是掌管生死之神。

[5] 包括:(1)臣闭其主;(2)臣制财利;(3)臣擅行令;(4)臣得行义;(5)臣得树人。见陈奇猷:《韩非子新校注卷一·主道第五》,上海:上海古籍出版社,2000年,第74页。Quot servi tot hostes(臣仆皆敌人)——或按韩非所言:“上下一日百战”;陈奇猷:《韩非子新校注卷二·扬权第八》,上海:上海古籍出版社,2000年,第170页。

一个华丽的盛名，专门用以游说那些对哲学一知半解的君主。

韩非把“道”简化成了“（君）主（之）道”[1]。他要讨论的真正主题不是万物的神秘起源，而是君主尽力效仿与“道”关联的无形与不可知的特性，以抗衡佞臣的迫切需求。因此即便在最自然的状态下，韩非也没有显示出对自然之法或是天道之类的明确信念。他唯一的目的就是阐述自己的自私说，并告诉读者一旦忽视它将会造成的危害。

[1] 参见谷方：《韩非与中国文化》，贵阳：贵州人民出版社，1996年，尤其是第216—218页。

四、天朝丞相李斯

现存几乎所有关于秦朝丞相李斯(约前280—前208)的记载都来自司马迁(约前145或前135—?)的《史记·李斯列传》。[1] 显然,若不是有此记录,可以说我们将几乎对这个中国历史上最举足轻重的人物一无所知。诚然,我们对李斯的看法都无可避免地沾染了司马迁的"偏见",尽管司马迁当之无愧其历史学家的名声,但他还是将其对秦朝及其正统性的独特看法载入了史册。[2] 然而,现存的《史记·李斯列传》完美地体现了其历史重要性,并且提供了一个视角,使得后人得以一窥那些伴随着秦朝兴衰的重大事件。

对于李斯的出身,我们只知道他生于楚国境内上蔡的一个平民家庭,在其本郡任过小吏。有一则趣闻逸事解释了李斯如何不满足于这个低微的职位:

> 见吏舍厕中鼠食不絜,近人犬,数惊恐之。斯入仓,观仓中鼠,食积

---

〔1〕 这篇传记有四个英文全译本:倪豪士:《史记》(*The Grand Scribe's Records*)第7卷,第335—359页;雷蒙·道森(Raymond Dawson)译:《司马迁:〈史记〉》(*Sima Qian: Historical Records*),牛津:牛津大学出版社,1994年,第25—53页;华兹生译:《史记·秦代》,纽约、香港:哥伦比亚大学出版社,1993年,第179—206页;卜德:《中国的首位统一者:李斯生平所见秦朝研究》(*China's First Unifier: A Study of the Ch'in Dynasty as Seen in the Life of Li Ssu 280? -208 B.C.*),1938年,第12—55页。

《中国的首位统一者:李斯生平所见秦朝研究》到目前为止仍是唯一关于李斯的英语研究专著。其他有用的研究包括孟祥才:《先秦秦汉史论》,济南:山东大学出版社,2001年,第229—238页;卜德:《秦国与秦帝国》,载《剑桥中国史(第1卷)·秦汉帝国》,剑桥:剑桥大学出版社,1986年;町田三郎:《秦汉思想史研究》,东京:创文社,1985年,第111—131页;马非百:《秦集史》(第1卷),北京:中华书局,1982年,第216—228页;萧公权:《中国政治思想史》,载"普林斯顿亚洲译丛",1979年,,第434—446页;宫崎市定:《宫崎市定全集》(第5卷),东京:岩波书店,第230—266页;胡适:《中国中古思想史长编》,上海:华东师范大学出版社,1996年,第75—82页。杜润德(Stephen W. Durrant)在《司马迁笔下的秦始皇》("Ssu-ma Ch'ien's Portrayal of the First Ch'in Emperor")中就司马迁如何讨论秦始皇和秦朝机构进行了很有见地的研究,其中对李斯稍有提及。

〔2〕 对于这个问题有一项很少被引用但是很有见解的研究,见乐唯:《司马迁、汉武帝与永恒》(*Sima Qian, Han Wudi et l'éternité*),1995年。

粟,居大庑之下,不见人犬之忧。于是李斯乃叹曰:"人之贤不肖譬如鼠矣,在所自处耳!"〔1〕

在《史记·李斯列传》的语境中,这则故事的显著意义在于揭示了一个默默无闻的小吏的野心,而这个小吏日后会成为整个中国最有权势的人物之一。然而,司马迁关注的问题是为什么善者受苦而恶人腾达,他屡次谈到"穷达以时"〔2〕(亦见于郭店楚简)。因此,司马迁引用这段故事恐怕亦旨在说明李斯对生活现实有深刻的洞察力。 067

我们继而读到李斯成了荀子的弟子,目的是学"帝王之术",为更光明的仕途做充分准备。〔3〕这段当弟子的时间必在公元前255年至公元前247年之间,即自荀子始任楚国兰陵令至李斯离开楚国到强秦去求取功名之间。当明显感到老师对自己已经无用时,李斯就道别了。他说"斯闻得时无怠",还说他会在将要夺取天下的秦国朝廷里谋得一席之地。〔4〕

在秦国,李斯受到吕不韦的青睐。吕不韦是当时的丞相——司马迁断言他是秦王(即后来的秦始皇)嬴政的生父。有了如此强大的靠山,李斯有机会觐见秦王。李斯似乎已用阿谀奉承令龙颜大悦,坚称胜利与亘古未有的权力都已在秦王的掌握之中。随后,秦王听取了李斯的很多具体谏议,包括收买那些能被收买的敌人,暗杀那些不能被收买的敌人。

数年后,公元前237年,李斯迎来了他的首次政治挑战:秦国朝廷有一派人,主要是出于对间谍的恐惧(也有排外因素),力谏秦王驱逐秦国目前的所

〔1〕《史记卷八十七·李斯列传》,北京:中华书局,1959年,第2539页。

〔2〕译者按:如《伯夷叔齐列传》:"或曰:'天道无亲,常与善人。'若伯夷、叔齐,可谓善人者非邪?积仁絜行如此而饿死!且七十子之徒,仲尼独荐颜渊为好学。然回也屡空,糟糠不厌,而卒蚤夭。天之报施善人,其何如哉?盗跖日杀不辜,肝人之肉,暴戾恣睢,聚党数千人横行天下,竟以寿终。是遵何德哉?此其尤大彰明较著者也。若至近世,操行不轨,专犯忌讳,而终身逸乐,富厚累世不绝。或择地而蹈之,时然后出言,行不由径,非公正不发愤,而遇祸灾者,不可胜数也。余甚惑焉,傥所谓天道,是邪非邪?"

〔3〕《荀子集解卷十·议兵第十五》(第280页)中有一部分说李斯不同意他老师所说的秦制胜的原因。参见佐藤将之:《儒家对秩序的追求:荀子政治思想的起源与形成》,载"莱顿汉学"58,2003年,第78、270页后;乐唯:《神圣官吏:中国古代的政治、专制与神秘主义》(*Les fonctionnaires divins: Politique, despotisme et mystique en Chine ancienne*),1989年,第187页;罗伯特·T. 奥利弗:《古代印度与中国的交流与文化》,雪城:雪城大学出版社,1971年,第208页。

〔4〕《史记卷八十七·李斯列传》,北京:中华书局,1959年,第2539页。

有客卿。依此方案,身为楚国人的李斯将会被驱逐。李斯呈上了一篇辞藻华丽的谏书加以反驳,司马迁在《史记·李斯列传》中全文引录,大概意在佐证其雄辩之才。在谏书中,李斯追忆了多位秦代先王任用客卿的旧例,其后又提出了必令喜好享乐的今王认为言之有理的讨论:大量奇珍异宝皆来自外国——其中"窈窕赵女"最为诱人。对于这样一位喜好各国宝物的君王来说,
068 在其国内逐客是有悖常理的。"然则是所重者在乎色、乐、珠、玉,而所轻者在乎人民也。"[1]

当然,秦王必为所动,因为逐客之令与其自身一统天下的野心不合。天下的君主绝不仅是秦国的君主。李斯在这场辩论中表现突出,作为一流政治家在秦国朝廷中脱颖而出,并迅速升职,官至廷尉。

据说同年,李斯劝说秦王吞并近邻韩国"以恐他国"。[2] 当李斯到达韩国说明秦国的意图时,韩王的焦虑可想而知,他命王族成员韩非用外交手段救韩国。当此之际,事情的细节记载极为简略。所有的史料都认为韩非被囚禁在秦国,于公元前233年被赐死,同年韩国被灭。除此之外,此事件就很难重塑了。(值得一提的是,至此时李斯已与荀子、吕不韦、秦始皇、韩非——当时最显赫的四个人物——有过交集。)

据《史记·秦始皇本纪》"纪年"所言,韩非至公元前233年(秦王政十四年)方使秦,距李斯首次威胁韩王已有四年。[3] 没有传世文献能说明这段时间内发生了什么。[4] 而且,传世的韩非著作中包含与此事有关的一系列记载所带来的疑问甚至比它们所能回答的疑问还要多。韩非在其上秦王书中认为保存韩国才是对秦国最有利的选择[5],其后还附了李斯对该论的反驳,李斯认为保存韩国就像是保留秦国的"腹心之病"。李斯进而规划了一个周密的

[1] 《史记卷八十七·李斯列传》,北京:中华书局,1959年,第2544页。
[2] 参见于琨奇:《秦始皇(嬴政)评传》,南京:南京大学出版社,2002年,第55页后。
[3] 《史记卷六·秦始皇本纪》,北京:中华书局,1959年,第232页。
[4] 《史记卷四十五·韩世家》(第1878页)记载的年份是公元前234年;如果我们假设韩非离开韩国是在公元前234年年底,次年年初到达秦国,那这是有可能的。就此事的深入讨论见卜德:《中国的首位统一者:李斯生平所见秦朝研究》,1938年,第62—77页。关于李斯与韩非之间关系的概述,马非百略有不同的结论,参见马非百:《秦集史》(第1卷),北京:中华书局,1982年,第454—456页。
[5] 陈奇猷:《韩非子新校注卷一·存韩第二》,上海:上海古籍出版社,2000年,第29—37页。

计划:他请求出使韩国,去诱使韩王相信秦国将要帮助其宿敌(韩国),届时秦将抓住时机彻底征服韩国。[1] 再之后又附了李斯的另一份上书,记载了他对韩王的奸诈骗辞。[2]

但是情况被《韩非子》中的另一篇上书弄得更难了解了。在这篇文章中,韩非劝说秦王要灭六国——包括韩国,韩非自己的国家,以成“霸王之名”![3] 由此可得出结论:要么以上文献中至少有一个是假的,要么韩非意识到了天命所归,而后弃韩投秦。如果韩非确曾变节,那么《史记·韩非传》中 069
关于李斯陷害韩非以莫须有的罪名使之入狱,并最终诱使其自尽的记载就可以讲通了。史载秦王很欣赏韩非的著作,而且肯定已经考虑韩非的潜力,欲令其仕于秦了。因此,李斯可能认为他所熟悉的韩非——毕竟,他们均曾学于荀子——是个危险的竞争对手,于是施计将他除去。

在后来的二十年里,李斯在秦国朝廷的地位相当稳固。当秦王于公元前221年一统中国并自称为秦始皇时,李斯作为整个帝国的廷尉,已经有了他当年在上蔡的吏舍厕里思考老鼠问题时所无法想象的成功。作为皇帝最宠信的谋臣之一,他的前途无可估量。

史书中没有保留中国古代每位廷尉的名字,而且如果不是李斯在秦帝国建立后的各种举措,可能他也不会被今人记住。秦王在公元前221年议定了“皇帝”这个称号后,李斯对帝国朝廷产生影响的第一次机会很快就来了。丞相王绾建议给皇子们封王置地,以协助皇帝管理广阔的新国土。据记载,其他大臣都一致赞同这个意见,只有李斯反对。他指出把领地分封给子弟同姓或是国君的同盟明显就是照搬周朝的模式,不必深思就可知道中国之前刚刚经历的长期战乱正是这个模式所造成的。西周建立后仅仅经过了几代,各诸侯国君就能摆脱周王朝政权的约束,各自统治其独立王国了。因此,始皇帝如若

〔1〕 陈奇猷:《韩非子新校注卷一·存韩第二》,上海:上海古籍出版社,2000年,第37—42页。
〔2〕 同上,第42—47页。
〔3〕 陈奇猷:《韩非子新校注卷一·初见秦第一》,上海:上海古籍出版社,2000年,第1—28页。

仍然效仿他刚刚取而代之的周朝的策略是很不明智的。秦始皇对此表示赞同。[1]

秦始皇创立了一种新的行政制度取代旧的封建之盟,显示出一种迥然不同的帝国概念——更早时期的政治思想家们已经预料到了这种模式,但在如此庞大的规模上建立这种模式是从来没有过的。天下被分为三十六郡,各自由直接受皇帝本人管辖的官僚机构所治理。当时帝国所有的兵器恐怕都被收
070 集起来,熔化掉,并重铸成钟镰和金人。被灭的各国的豪强家族都被迫搬迁到新帝国的首都,那里有仿照各国宫殿建成的新宫殿。

我们不知道在这些具体的改革中李斯是否发挥了作用[2],但这些举措明显和李斯因之显赫的帝制拥护者的眼光相一致。早在公元前 237 年,他的《谏逐客书》就显示了他超越地域差别欲使秦国包举宇内、统一天下的眼光。可能有人会说,因为李斯本人就是秦国的客卿,所以他的言论更多的是出于私利,而不是任何伟大的政治哲学理想。但是,李斯所有的谏议——至少到他晚年以前(我们知道,他晚年沦落到屈尊谄媚权贵[3])——反映了对秦国使命的始终如一的革命性观点:统一天下,建立一个新的中央集权政府,同时消除各国混乱不一的习俗,并抵制任何可能导致割据势力复兴的政策。

公元前 219 年至公元前 213 年间,李斯晋升为丞相,在当时的秦帝国一人之下,万人之上。[4] 公元前 213 年,博士淳于越进谏秦始皇,重提往日的意见,即诸皇子、宗族及一些功臣应该被分封为诸侯王。秦始皇把这件事交给丞

---

〔1〕《史记卷六·秦始皇本纪》,北京:中华书局,1959 年,第 239 页。参见普鸣:《创造的歧路:古代中国的革新与诡计之辩》(*The Ambivalence of Creation: Debates Concerning Innovation and Artifice in Early China*),斯坦福:斯坦福大学出版社,2001 年,第 145 页后。

〔2〕于琨奇(《秦始皇(嬴政)评传》第 257 页后)有关于李斯对秦始皇影响的讨论,简短且不确定。

〔3〕译者按:指赵高。

〔4〕这一点我们可以从如下事实中推测出来:他在公元前 219 年时仍被称为“卿”,当年位列丞相的有王绾和隗林(或作“隗状”)。但史料表明李斯在公元前 213 年以前已为丞相。人们通常认为李斯在公元前 221 年秦统一之后马上就被拜为丞相,但这是错的;就算是像鲁惟一这样出色的学者,在《秦、西汉、新朝传记词典》(*Biographical Dictionary of the Qin, Former Han and Xin Periods*,第 228 页)中,也犯了同样的错误。混淆的源头可能是《史记卷八十七·李斯列传》(第 2546 页),其中称他在反对王绾分封制的提议时就已经是丞相了,但在《史记卷六·秦始皇本纪》(第 236 页)中,很清楚记载他那时还是廷尉。参见马非百:《秦集史》(第 2 卷),北京:中华书局,1982 年,第 869 页。

相李斯，李斯比八年前首次讨论这个问题时更加强烈地反对这项建议。他这次答复时，甚至懒得去反驳淳于越，因为他觉得下述事实是理所当然的：分封早已完全不合时宜。相反，李斯要解决的是他认为的实际问题：淳于越这些人以李斯所称的“私学”（private learning，或者用韩非的意思是“self-interested learning”）为基础拥有批评朝廷法令的自由。李斯认为这是不能接受的，因为在新的大一统政权中，只有皇帝有权论定是非黑白。若“私学”不禁，“则主势降乎上，党与成乎下”。[1]

于是李斯谏议：每个藏有文学著作——包括《诗》《书》和诸子百家语——的人，必须把这些书上交给当地的官员以焚毁。任何想学习的人都必须以政府官吏为师。该法令只对关于医药、卜筮和农业方面的书籍例外；某些史籍记载，李斯允许朝廷指定的学者们保留其儒家经典。据载，秦始皇批准实施这项 *071*
措施。

这就是臭名昭著的秦始皇焚书，在古代中国文人心中，这件事李斯是最脱不了干系的。历代史学家都批评李斯是各种学问——尤其是儒学的敌人。确实，他很难摆脱这些罪名。然而已经有一些现代学者认为整个记载是伪造的，或者至少是夸大了的，因为这些记录虽然暗示了一场集书、焚书的浩大运动，但几乎没有证据显示这些书从此永远亡佚了。但是，这种观点本身并没有说服力：在古代中国，书籍通常被记诵，因此即使所有的文本都被毁掉了，之后还能被重建（只要有足够多的人记住了这些文本）。事实上，数十年后的汉朝政府就竭力找到年事已高的前秦朝大师，让他们背诵还能记住的篇章，以供书吏用笔墨记录。而且，我们如果相信官方学者免遭禁的说法，那么首先就应该相

---

〔1〕《史记卷六·秦始皇本纪》，北京：中华书局，1959年，第255页；《史记卷八十七·李斯列传》，北京：中华书局，1959年，第2546页。关于这篇传记，见彼得森：《秦始皇焚了哪些书？论中国古文献中“百家”的意义》（“Which Books *Did* the First Emperor of Ch’in Burn? On the Meaning of *Pai Chia* in Early Chinese Sources”），载《华裔学志》1995年第43期。亦见普鸣：《创造的歧路：古代中国的革新与诡计之辩》，斯坦福：斯坦福大学出版社，2001年，第148页；柯马丁：《秦始皇石刻：早期中国的文本与仪式》（*The Stele Inscriptions of Ch’in Shih-huang: Text and Ritual in Early Chinese Imperial Representation*），纽黑文：美国东方学会，2000年，第183—196页；金谷治：《秦汉思想史研究》，东京：平乐寺书店，1992年，第233页后；马非百：《秦集史》（第2卷），北京：中华书局，1982年，第893—898页。

信经典不会被完全消除。[1]

不管“焚书”是不是确有其事，很明显的是这项建议和李斯的政治观点是一致的。如李斯所言，“私学”和统一帝国的尊严是相悖的，而且根除一切独立的知识分子只是李斯提倡多年的改革的逻辑结果。[2] 任何机构的权力若不是直接来自皇帝，本质上就是挑战帝国的基础，也就必须被铲除。那些通常师法传统、引经据典、称颂先王的思想家和老师构成了李斯最担心的典型例子。秦王朝不仅是一个帝国，也是一个自成体系的统一秩序。同样，这个秩序的统治者不仅是一个皇帝或大王，也是宇宙的中心，是一切秩序和逻辑的主宰者。

简言之，李斯不能想象繁荣的帝国能容得下自由思想，更不要说异议了。通过对民众生活各方面的严格控制，帝国播下了自取灭亡的种子。对生活在21世纪的美国人来说，秦王朝如此迅速地崩塌很明显应该归咎于李斯在思想
072 控制上的举措。但是，公元前3世纪的观察者们却付出了长达十年的流血战争才意识到这一点。

现在李斯处于他权力的巅峰，司马迁在《史记·李斯列传》中加入了一个生动的情节来说明这位丞相很可能已经意识到自己的命运要转变了。史载焚书后的某一天，李斯在家置酒席迎接儿子李由归来，李由时任三川（秦郡，在黄河沿岸，首都以东）守。据称百官都前去为李斯祝寿，有成千上万的马车到达他的府门前。丞相当时引用之前他老师的话，并将自己比作一驾无用的车马：

> 嗟乎！吾闻之荀卿曰“物禁大盛”，夫斯乃上蔡布衣，闾巷之黔首，上不知其驽下，遂擢至此。当今人臣之位无居臣上者，可谓富贵极矣。物极则衰，吾未知所税驾也！[3]

在公元前211年，秦始皇又决定像以往一样巡游他的帝国，随行的有李斯和其他两个人：他的小儿子胡亥和中车府令宦官赵高。秦始皇的长子扶苏因

---

〔1〕 参见钱存训：《中国书籍、纸墨及印刷史论文集》，香港：香港中文大学出版社，1992年，第9页。
〔2〕 参见栗劲：《秦律通论》，济南：山东人民出版社，1985年，第54页。
〔3〕 《史记卷八十七·李斯列传》，北京：中华书局，1959年，第2547页。

对秦始皇诋毁孔子屡次直谏而惹怒了他。结果,秦始皇把扶苏派去蒙恬大营,驻扎在前线。[1] 由于扶苏远离宫廷政治,年迈的秦始皇似乎开始宠爱胡亥了。

巡游九个月,秦始皇病入膏肓,在一个叫沙丘的地方驾崩。[2] 他驾崩前曾口授诏书传位给扶苏,令其率蒙恬的军队返回京城,并料理自己的后事。诏书已经密封,但还没来得及送出,秦始皇就驾崩了。由于还没有确定继位人, 073
李斯决定对秦始皇已驾崩的事保密,只有他、赵高、胡亥和少数亲信宦官知道。他们将秦始皇的遗体置于辒辌车内——一种可以随季节而开闭车窗的马车[3],并且继续在关闭的马车内处理公事,就像皇帝还活着一样。[4] 作为秦始皇最贴身的宠臣之一,赵高肯定早就知道胡亥很愚笨,是个傀儡少爷。他怂恿小皇子谋求皇位,暗示如果除掉扶苏,帝国不会造反。

在征得胡亥同意后,赵高向李斯提出了他的计划,但是李斯再三拒绝合作。赵高反驳说:扶苏只信任他在军队的战友——蒙恬将军,如果扶苏继承了皇位,李斯的丞相之位肯定不保。李斯仍然没有动摇:他和他的家族通过秦始皇得到了无尽的荣华富贵,无论如何他必须尽忠到底。而且,李斯列举了历史上的几个例子来说明背叛君主必会给国家带来灾难。赵高不断威逼利诱,直

---

[1] 《史记卷六·秦始皇本纪》,北京:中华书局,1959年,第258页。关于蒙恬军团,见狄宇宙(Nicola Di Cosmo):《古代中国与其强邻:东亚历史上游牧力量的兴起》(*Ancient China and its Enemies: The Rise of Nomadic Power in East Asian History*),剑桥:剑桥大学出版社,2002年,第174页。《史记·蒙恬列传》英译收入了卜德的《中国古代的政治家、爱国者和大将军:三篇〈史记〉秦代人物列传》[*Statesman, Patriot, and General in Ancient China: Three Shih-chi Biographies of the Ch' in Dynasty* (255-206 *B. C.*)],1940年,第54—62页。

[2] 参见于琨奇:《秦始皇(嬴政)评传》,南京:南京大学出版社,2002年,第101页后。传说荒淫的商纣王曾兴建过一个游乐的苑台也叫"沙丘",这恐怕并非巧合;见《史记卷三·殷本纪》,北京:中华书局,1959年,第105页。参见胡司德:《古代中国的动物与灵异》,2002年,第112页。尽管关于商纣王时代的地理还大都是推测,但传统注释者相信这两个"沙丘"指的是同一个地方;见《史记卷三》,北京:中华书局,1959年,第107页注7和《史记卷六》,北京:中华书局,1959年,第264页注3。

[3] 近年出土了一件这类车马的古青铜模型,现展于陕西省的秦始皇帝陵博物院。参见王学理:《秦陵彩绘铜车马》,西安:陕西人民出版社,1988年;彭卫、杨振红:《中国风俗通史:秦汉卷》,上海:上海文艺出版社,2002年,第265页后。

[4] 《史记卷六·秦始皇本纪》,北京:中华书局,1959年,第264页;《史记卷八十七·李斯列传》,北京:中华书局,1959年,第2548页。

到李斯“仰天而叹”。他垂泪太息道:“嗟乎！独遭乱世,既以不能死,安托命哉?”[1]于是他听从了赵高。

现代读者可能会对李斯的叹息和反问感到疑惑,不管“既以不能死,安托命哉?”的潜台词是什么,我们都很难相信他的行为不是背叛。相比于李斯,这段话可能更多地告诉了我们关于作者司马迁的信息。有好几次,司马迁都曾让传记人物在历史的关键时刻仰望天空,以此来寓意在难以捉摸的人生兴衰之后有不可逆转的天意。[2] 我们必须记住:司马迁的《史记》是写给汉朝皇帝的,若没有秦朝的灭亡,汉朝的兴起是不可能的。对于一位汉朝的读者来说,沙丘阴谋是历史的必然。李斯的反抗是勇敢但无谓的:无论他选哪条路,天意注定要让这个阴谋得以实施。由李斯仰天,我们就能理解他认可并接受了命运赋予他的角色。

074 秦二世胡亥的统治完全是场灾难。接踵而至的是李斯和赵高之间的权力斗争:这两个宠臣都知道胡亥完全无法自立,所以都在争夺幕后统治的机会。这场争斗李斯注定会失败,因为赵高更擅长操纵无知的秦二世。在赵高的怂恿下,秦二世开启了恐怖统治,处死朝廷重臣,并没收他们的家产。这场混乱

---

[1] 《史记卷八十七·李斯列传》,北京:中华书局,1959 年,第 2550 页。

[2] 关于司马迁历史观的深入讨论,见普鸣:《创造的歧路:古代中国的革新与诡计之辩》,斯坦福:斯坦福大学出版社,2001 年,第 172—212 页;杜润德:《雾镜:司马迁著作中的紧张与冲突》(*The Cloudy Mirror: Tension and Conflict in the Writings of Sima Qian*),1995 年,第 123—143 页。另一位在意识到了自己即将大难临头的时候仰天长叹的人物是流亡的将军樊於期,见《史记卷八十六·刺客列传》,北京:中华书局,1959 年,第 2532 页;同样记载此事的有《战国策卷三十一·燕太子丹质于秦亡归》,上海:上海古籍出版社,1978 年,第 1134 页。与此相似,另外两位失去君主宠信的秦国将军,即白起和之前提到过的蒙恬,都曾在自尽之前发问:“我何罪于天?”(《史记卷七十三·白起王翦列传》,北京:中华书局,1959 年,第 2337 页;《史记卷八十八·蒙恬列传》,北京:中华书局,1959 年,第 2570 页)参见卜德:《中国古代的政治家、爱国者和大将军:三篇〈史记〉秦代人物列传》,纽黑文:美国东方学会,1940 年,第 63 页。在这些共同场景背后的深层含义是:秦朝的兴衰是遵循了某些早已注定的神秘天意。悲喜交加的高潮一幕出现在荆轲(卒于公元前 227 年)的故事中,这位剑客在试图行刺秦王(后来的秦始皇)的最后一刻功亏一篑。没有侍卫挡道,荆轲却遭遇了最为始料不及的对手:一个侍从医官。他将药囊砸向荆轲,拖延了足够长的时间,好让秦王准备好武器。在那一刻,天下的未来取决于一个弱小的医官和他的一包药。见《史记卷八十六·刺客列传》,北京:中华书局,1959 年,第 2535 页;《战国策卷三十一·燕太子丹质于秦亡归》,上海:上海古籍出版社,1978 年,第 1139 页。参见兰尼·菲尔茨(Lanny B. Fields):《夏无且:秦始皇御医》(*Hsia Wu-chü: Physician to the First Ch' in Emperor*),载《亚洲史学报》(*Journal of Asian History*)1994 年第 28 期,第 97—107 页。

成了秦二世的娱乐消遣,但对于他所能掌握的任何权力基础来说,注定是毁灭性的结局。[1]

随后,著名的陈涉、吴广起义在楚地爆发了。朝廷一片混乱,帝国的军队无力镇压起义。当起义军到达三川时,李斯的儿子李由还在该地做郡守,他也无法阻止起义军继续向西朝首都进军。赵高马上利用这个机会指控李斯和他的儿子勾结叛乱。不久,丞相就入狱受审。他再一次无望地仰天长叹,把自己比作蒙冤获罪的古代名相。[2]

《史记·李斯列传》的最后部分着重讲了他为求自保的种种懦夫行径。他写了一份阿谀奉承的长篇奏折,规划出他自认为能迎合秦二世意图的残酷的统治原则。在这篇论述中,他称引的其中一位权威就是韩非,一位作茧自缚的伟大思想家。[3] 以这样的方式追忆当年的主要竞争对手,李斯一定备感屈辱,但这就是他所沦落到的屈辱境地。然后,他抨击了赵高的人品,一度断言这个太监的低下出身使他贪得无厌。[4] (就辩论来说,这是注定的方法;然而,李斯也是平民出身,他自己的野心也是史无前例的。)其后李斯破釜沉舟,从狱中上书给秦二世,详述自己对秦国的功劳,乞求施恩宽恕。但赵高拦截了这封信,也没有把信给皇帝看。公元前 208 年的夏天,李斯和他的儿子被处死,并被诛连九族。

司马迁所记李斯的遗言,还是一如既往的虚伪。在赶赴刑场的路上,据称李斯转过身对儿子说:"吾欲与若复牵黄犬,俱出上蔡东门逐狡兔,岂可得乎!"[5]这句话由此出名,但就像他反复的仰天而叹,也只是表达一种虚伪的悲怅。当年还住在上蔡时,李斯只感到想逃离那里的强烈愿望,对当时那个灰头土脸的郡小吏来说,田园生活很难令他满足。但奉献给逐狡兔的人生也许不会被侩子手的砍刀斩断。

[1] 《史记卷六·秦始皇本纪》,北京:中华书局,1959 年,第 268 页;《史记卷八十七·李斯列传》,北京:中华书局,1959 年,第 2551 页。
[2] 《史记卷八十七·李斯列传》,北京:中华书局,1959 年,第 2560 页。
[3] 同上,第 2555 页后。
[4] 同上,第 2559 页。
[5] 同上,第 2562 页。

最后,我们必须承认古代中国帝制的主要缔造者李斯的目光影响了整个东亚大陆的历史轨迹。多数后来的学者谴责他是个背信弃义的投机者,但毫无疑问,后世历代的帝国体制都得益于李斯的中央集权模式。若如一些历史学家所称,中华文明是个官僚文明[1],那么其"开国元勋"的位置上一定有李斯的一席之地。

---

〔1〕 如白乐日(Etienne Balazs):《中国文明与官制:一个主题的变化》(*Chinese Civilization and Bureaucracy: Variations on a Theme*),纽黑文、伦敦:耶鲁大学出版社,1964年。

五、《战国策》的修辞与计谋

《战国策》是一部由刘向(前79—前8)编撰的不同于以往的故事集,该书被公认很难读。马伯乐(1883—1945)证明了《战国策》中的大部分材料都是虚构的[1],因此大多数历史学家也就不再把该书视为主要史料来源,尽管有人认为《战国策》可能和司马迁的《史记》有一些共同的文献来源[2],但学界普遍认为《战国策》作为史书是非常不可靠的,可能就不是为记录历史而作的。

其他人认为《战国策》是演讲手册,充满了作为高级修辞典范的辩论和演说。[3] 但是这部书的"手册"价值很可疑。没有证据表明刘向(或者是那些未留下姓名的作者们)有意地根据风格和主题对不同的故事加以分类。只是根据这些逸事所出的国别进行了草率的排序。《战国策》的读者们可能意识

[1] 《苏秦传奇》(*Le Roman de Sou Ts' in*);《中国宗教历史杂考》(*Mélanges posthumes sur les religions et l' histoire de la Chine*)第3卷,第52—62页。不该把《战国策》当作是历史的一般观点,至少可以追溯到晁公武(卒于1171年)。见何晋:《〈战国策〉研究》,载《国学研究丛刊》14,北京:北京大学出版社,2001年,第133页。

[2] 参见郑良树的经典研究,即《〈战国策〉研究》,新加坡:学术出版社,1972年,尤其是第177—212页;何晋:《〈战国策〉研究》,载《国学研究丛刊》14,北京:北京大学出版社,2001年,第24—59页(何氏对其文本的历史也有研究,第132—154页);杜润德:《雾镜:司马迁著作中的紧张与冲突》,1995年,第101页后。鲍格洛(Timoteus Pokora)在《先汉文学》(*Pre-Han Literature*,第28页)评论:《战国策》中"流露出的不少信息"(much information given en passant)可以从其他文献中得到佐证。亦见瓦西列夫(K. V. Vasil' ev):《战国策:研究与翻译》(*Plany srazhaiushchikhsia tsarstv: Issledovanie i perevody*),1968年,第20页后和第90页后。(鲍格洛引用。)

[3] 参见华兹生:《中国古代文学》,纽约、伦敦:哥伦比亚大学出版社,1962年,第75页。亦见让-保罗·雷丁[Jean-Paul Reding,《希腊论辩家与中国诡论辩家的修辞哲学基础》(*Les fondements philosophiques de la rhétorique chez les sophistes grecs et chez les sophistes chinois*),第341页],他认为《战国策》是"广泛收集的修辞作品,无疑用于学校练习"(une vaste collection depièces rhétoriques, des exercises d' école sans doute)。

到他们知悉了一些修辞策略的宝典,能在出现特定情况时使用,但是读者既没有发现适用于各种情况的统一的修辞理论,也没有一个可用以平时查阅的系统论述。[1]

相比之下,最有影响力的西方经典著作,比如亚里士多德(前 384—前 322)的《修辞学》(*Rhetoric*),西塞罗(前 106—前 43)的《论雄辩家》(*De oratore*),或是不知作者的《赫伦尼修辞学》(*Rhetorica ad Herennium*)[2]——都有结构清晰这个优点:讨论和例子始终围绕主题展开。初级读本应该清晰明了,
077 直接将读者的思路引向本书想表达的观点。但《战国策》虽然可能在其他方面有价值,却不适合被当作课本。在这些说辞中,完美展示的修辞技巧都没有被清楚地定义,更别说分析和分类了。

研究《战国策》最杰出的西方学者是柯润璞(James I. Crump, Jr.),他的论著和全译本成就卓著,是奠基之作。[3] 下面这段话概括了柯氏本人对《战国策》[他称之为 *Intrigues*(《谋略》)]的理解。

> 假设中国修辞传统包括了用雄辩术这样的工具训练说辞艺术:这还不够解释关于《战国策》最令人困惑的一点吗?如果这一"家"[4]的老师或弟子的训练是这一"家"的传统之一,这就不但能解释《战国策》中的很多矛盾,而且还能解释这部令人惊喜的作品的很多其他方面。比如,为什么这么多说客经常能讲完他们整个的说辞而不被君主打断,每当说客说完,君主只说一句"善"?为什么《战国策》里的这些说辞都被华美地修饰过?而且,《战国策》里的人如何能如出一辙地在当时情况下都思考得如此正确?如果一个人为了去追求他的理想职业(谋士、使者之类的)所接受的训练包括了在特定历史情况下该提供的范例式建议,而这些又通过

---

[1] 参见罗界:《对手与权威:古希腊与中国科学研究》,剑桥:剑桥大学出版社,1996 年,第 77 页。

[2] 最后这部作品一直被认为是西塞罗所作。参见格鲁贝(G. M. A. Grube):《希腊罗马批评家》(*The Greek and Roman Critics*),1995 年,第 165—167 页(另外,见《修辞学》,第 92—102 页以及《论雄辩家》,第 168—192 页)。

[3] 《谋略:〈战国策〉研究》(*Intrigues: Studies of the Chan-kuo Ts'e*)和《〈战国策〉及其虚构》(*The Chan-kuoTs'e and Its Fiction*)。柯润璞的《战国策》全译本已出版了好几版,他还选取一些篇目编订成一部更通俗的读本《战国传奇》(*Legends of Warring States*)。

[4] 译者按:指纵横家。

某种方法成为了我们现在所说的《战国策》,那么以上的问题就能迎刃而解了。[1]

在过去的四十年里,这是第一个被普遍认可的理论构想。比如,霍克思(David Hawkes)完全赞同这个理论,他补充道:"甚至可以说《战国策》不是'战国的计策'(Intrigues of the Warring States)而是'关于战国主题的想象的说辞'(Imaginary Speeches on Warring States Themes)。"[2]对此最重要的反驳来自雅罗斯拉夫·普实克,他发现"对逸事的强调决不弱于对修辞的强调"(详见下文)。[3] 但无论是柯氏的支持者还是批评者都没有将对罗马雄辩术(Suasoria)的研究传统应用到《战国策》的修辞研究中。这就涉及中国修辞与罗马修辞之间几个方面的比较,比如语言和工具的应用,还有修辞的理论及其最终目的。

雄辩术是罗马的教育训练:提示学生一个著名的历史事件,然后让他们以其中相关历史人物的口吻写下有说服力的演说词。如果要求一个当代的(美 078
国)高中生自己拟写一份乔治·华盛顿在福吉谷的演讲,这项任务在本质上和古代的雄辩术是相似的。雄辩术也被认为是"模拟法"(prosopopoeiae)的一种,即后世的作者"模拟另一个真实或是虚构人物的说辞,该说辞应该符合在这个特定情况下完成和表达的必然性和可然性的法则"。[4] 这种体裁并不少见。现存最大的雄辩术选集中有老塞涅卡(Seneca,前54—约39)的学生所提供的训练。[5] 昆体良(Quintilian,约生于35年)在他的《雄辩术原理》

---

〔1〕 柯润璞:《谋略:〈战国策〉研究》,安娜堡:密歇根大学出版社,1964年,第103页;参见何晋(《〈战国策〉研究》,第59—82页),他强调说辞训练只是代表了《战国策》材料中的一部分。

〔2〕 霍克思:《评柯润璞〈战国策〉》("Review of Crump, Intrigues"),载《美国东方学会学报》1966年第86期,第63页。刘向本人对题目的释义反驳了这种说法:他的"策"意思是"策谋"。参见《战国策·刘向书录》,上海:上海古籍出版社,1978年,第1195页。参见何晋:《〈战国策〉研究》,载《国学研究丛刊》14,北京:北京大学出版社,2001年,第12页后。

〔3〕 《战国策新注》("A New Exegesis of Chan-kuo-ts'e"),载《东方档案》(*Archiv Orientalni*)1996年第34期,第590页。

〔4〕 唐纳德·勒芒·克拉克(Donald Lemen Clark):《希腊罗马修辞教育》(*Rhetoric in Greco-Roman Education*),纽约:哥伦比亚大学出版社,1957年,第219页。

〔5〕 参见乔治·肯尼迪(George A. Kennedy):《新编古典修辞学史》(*A New History of Classical Rhetoric*),普林斯顿:普林斯顿大学出版社,1994年,第166—172页;格鲁贝:《希腊罗马批评家》,1995年,第257—261页。

(*Institutio oratoria*)中详加论述,朱文诺(Juvenal,约卒于 140 年) 和佩尔西乌斯 (Persius,34—62) 都曾鄙夷地回忆他们在学童时期受过的这种训练。[1]

普遍认可的是《战国策》中的几百则故事完全能被归类为"模拟法"。这些故事包含了太多的史实上和年代上的内部矛盾,以至于算不上真实的历史。这些文本中的演说很有可能只是后世作者关于古人在某些历史时刻可能说了些什么的猜想。这就是为什么一些现代历史学家声称发现了《战国策》真相的核心:作者们有意选择真实的历史事件去加以雕饰。但是他们是想把这些作品写成历史小说或是演义,而不是历史的真实记录。[2]

然而,"模拟法"并不一定是雄辩术。后者是古罗马文化的一种独特形式。罗马的社会进步要求雄辩的能力,那么掌握当时复杂的修辞传统。罗马的教师们意识到风格化的语言应用是成功的演说家的典型特征,这是一种只有通过强化训练才能掌握的艺术。雄辩为历史场景的再创作提供了无限的选择,而且在古典模式下如何将年轻人培养成胜任的政治家——这个独特的罗马问题,代表了一种解决方案。

但古代中国又是另一番景象。尽管修辞能力在那个社会也能带来物质利益,但雄辩术和《战国策》之间的一些差别可归因于两者所处政治环境的差异。在希腊和罗马,修辞的主要目的是说服民众。[3] 因此最盛行和有效的修辞手法是旨在煽动广大民众的,这些手法就是学生们在雄辩术中训练的技巧。
079 这种情况与中国战国时期以君主为唯一的最终裁决者的情况迥然不同。一个想施展其计谋的大臣首先需要说服其君主,任何重大决策在实施前都必须经他批准。这就是为什么《战国策》里的大多数论述都是为了说服一位有绝对

---

〔1〕 朱文诺的论述在第 1 卷,第 16 页,佩尔西乌斯的论述在第 3 卷,第 45 页,均见于拉姆齐(G. G. Ramsay)译:《朱文诺与佩尔西乌斯》(*Juvenal and Persius*),麻省:哈佛大学出版社,1979 年。另参见邦纳(S. F. Bonner):《罗马共和国晚期和帝国早期的雄辩术》(*Roman Declamation in the Late Republic and Early Empire*),伯克利、洛杉矶:加州大学出版社,1949 年,第 22 页后。

〔2〕 参见徐中舒:《论〈战国策〉的编写及有关苏秦诸问题》,载《历史研究》1964 年第 1 期,第 134 页。

〔3〕 参见拉塞尔(D. A. Russell):《古代考证》(*Criticism in Antiquity*),1995 年,第 117—119 页。

权力的人物而量身定做。[1]

因此，中国和罗马修辞所针对的不同听众对说辞的结构和演说者的手法选择有不同的影响。亚里士多德和韩非对待这个问题的方式很有启发。亚里士多德在《修辞学》中用很大篇幅(11.12-17)来讨论心理方法，通过这些方法演说者必须迎合听众的角色：青年、老年、壮年、贵族、富人、有权势的人[2]。韩非对打造说辞以迎合听众这一点也很感兴趣，但他分析考虑的范围是君主的个性差别——鲁莽、自负、道貌岸然，等等[3]——而不是演讲者针对什么范围的社会阶层来演说，因为具有实际影响的演说只针对君主。

然而，雄辩术和《战国策》之间确实有明显的相似之处。例如，昆体良对于雄辩术所做的如下思考，也同样适合于中国材料："因此一般来说，雄辩术只是一种权衡，我们必须考虑我们能得到什么及通过什么方式，才有可能去判断我们所追求的目标是否有更大的优势，或者我们采用的方法是否有劣势。"[4]

《战国策》最容易确定的特征之一恰好是正反观点的对比，昆体良认为这是雄辩术的典型特征。比如，司马错和张仪之间著名的辩论。秦国应该进攻

---

[1] 参见罗界、席文：《道和词：早期中国与古希腊的科学和医药》，纽黑文、伦敦：耶鲁大学出版社，2002 年，第 249 页；戴梅可：《汉代及以前的文本作者》，载《古代中国》2000 年第 25 期，第 220 页；乔治 · 肯尼迪：《比较修辞学：历史与跨文化介绍》(*Comparative Rhetoric: An Historical and Cross-Cultural Introduction*)，牛津、纽约：牛津大学出版社，1998 年，第 143 页；玛丽 · 加勒特(Mary M. Garrett)：《从中国古典修辞理论的角度再思考》("Pathos Reconsidered from the Perspective of Classical Chinese Rhetorical Theories")，载《演讲学报季刊》(*Quarterly Journal of Speech*) 1993 年第 79 期，第 22 页。

[2] 参见《修辞学》第 4、29 页；乔治 · 肯尼迪：《新编古典修辞学史》，普林斯顿：普林斯顿大学出版社，1994 年，第 59 页。

[3] 最全面的讨论见于《韩非子 · 说难第十二》。参见吕行：《中国古代的修辞，公元前 5—前 3 世纪：与古典希腊修辞的比较》(*Rhetoric in Ancient China, Fifth to Third Century B.C.E.: A Comparison with Classical Greek Rhetoric*)，哥伦比亚：南加州大学出版社，1998 年，第 275—277 页；罗界：《对手与权威：古希腊与中国科学研究》，剑桥：剑桥大学出版社，1996 年，第 77 页后。亦见本书上文"韩非的自私说"部分。

[4] 《雄辩术原理》第 3 卷，第 8 章，第 34 节；巴特勒(Butler)译：《昆体良辩术》(*The Institutio Oratoria of Quintilian*)，剑桥、麻省：哈佛大学出版社，1920 年，第 497 页，略有修改。《修辞学》(*Ad C. Herennium de ratione dicendi*)，也提了类似的一点："谨慎的言论要么就是要在两个不同的行为中选择一个，要么就是在多个中选择一个。"参见哈里 · 卡普兰(Harry Caplan)译：《修辞学》，剑桥、麻省：哈佛大学出版社，1954 年，第 157 页。参见邦纳：《罗马共和国晚期和帝国早期的雄辩术》，伯克利、洛杉矶：加州大学出版社，1949 年，第 53 页。

何处？名相张仪主张进攻周室附近的韩国，最终秦取九鼎，挟周天子以号令天下。但司马错却指出如此放肆的行动会对秦国和邻国的关系产生如何恶劣的影响。

> 今攻韩劫天子，劫天子，恶名也，而未必利也，又有不义之名，而攻天下之所不欲，危！臣请谒其故：周，天下之宗室也；齐，韩、周之与国也。周自知失九鼎，韩自知亡三川，则必将二国并力合谋，以因于齐、赵，而求解乎楚、魏。[1]

080 司马错认为，与其去争夺中原沃野，不如转向蛮荒蜀地，秦国可轻取之，“譬如使豺狼逐群羊也”。他还说，他的计划能得到无量的财富和天下的敬重。此处紧张的局势被两派势力之间的巨大分歧加剧。张仪是天下最受敬重的谋士之一，司马错（尽管后世司马迁称之为先祖）[2]则名不见经传，默默无闻。但是秦王采纳了司马错的计策，根据后事可知，历史似乎也更青睐这项提议。[3] 这段记录的作者对昆体良所考虑的事同样很敏感，意识到在当时一定有好几种合理的观点。如果秦国志在天下，最明显的策略就该是直接进攻周王室，夺取九鼎——传统上天命的象征。但是如果没有其他可考虑的意见，这场辩论也就没有什么修辞价值了。因此，作者采用了和雄辩术的作者相同的方案，提出了两种相对立的意见让君王——和读者——来权衡。

然而，雄辩术和《战国策》之间的相似性只是在结构层面上反映得比较明显。这两种形式在，比如，所用修辞手法上迥然不同。古典修辞的一个最显著的特征是依赖于传统手法，涉及古代文学理论中的诸多种类：包括在很多古代

---

〔1〕《战国策卷三》，上海：上海古籍出版社，1978年，第117页；柯润璞：《战国策》，载《密歇根汉学研究专著》77，安娜堡：密歇根大学出版社，1964年，第57节。（为方便读者，下文凡引用《战国策》，均标出柯润璞译本中对应的章节号，尽管我们的理解与其译文或不相同。）

〔2〕《史记·太史公自序》，北京：中华书局，1959年，第3286页。亦见〔汉〕班固著，〔唐〕颜师古注：《汉书卷六十二·司马迁传》，北京：中华书局，1962年，第2708页。参见杜润德：《创造传统：司马迁奋斗者？》（“Creating Tradition: Sima Qian Agonistes?”），载《古代中国与古希腊思想比较》（*Early China/Ancient Greece: Thinking through Comparisons*），2002年，第287页；左景权（Dzo Ching-chuan）：《司马迁与中国史学》（*Sseu-ma Ts'ien et l'historiographie chinoise*），1978年，第168页。

〔3〕参见孟祥才：《先秦秦汉史论》，济南：山东大学出版社，2001年，第240页；史蒂文·赛奇（Steven F. Sage）：《古代巴蜀与中国之统一》（*Ancient Sichuan and the Unification of China*），1992年，第113页后，第199—210页。

理论文献中发现的分类法：回指（anaphora，指代）、跳脱（asyndeton，省略连词）、交错（chiasmus，回文）、换置［hypallage，即移位修饰（transferred epithet）］、含蓄（litotes）、重言（hendiadys）等。由于语法差异，其中的大多数都不适用于古汉语。由于古汉语是（不考虑个别语言遗存因素）一种非屈折语（分析语），仅仅用句法来表达逻辑；也就是说，词的不同用法都是由其在句子中的位置决定的。与拉丁语相比，这种类型的语言词序变化的灵活性一般就小了很多。这种差别非常重要：尽管各种文明的文学中都普遍应用的手法——比如对仗（isocolon）、比喻（simile）、对照（antithesis）、谐音（assonance）或是押韵（rhyme）——已经司空见惯，但那些适用于自由词序的手法通常只会应用于屈折语。正是由于这个原因，很多拉丁语的修辞手法，比如重言和移位修饰，在汉语修辞中就不太可能出现。

拉丁语中交错法的一个典型例子就出现在塞涅卡（Seneca the Elder）的雄辩中（VI. xxvi. 24）：nostraeque cadens ferus Annibal irae。此句中 cadens ferus Annibal（字面意思是“凶残的汉尼拔跌落了”，此处或可理解成“当凶残的汉尼拔跌落时”）是主格，因此用作主语。Nostraeque... irae（到我们愤怒）是与格。这句话合起来的意思就是“当凶残的汉尼拔跌落至我们的怒火中”（and when fierce Hannibal fell to our wrath）[1]，由于英语总体上属于非屈折语言，所以交错法在翻译中已经无法体现，也不可能用交错法的形式来安排词序。这类表达只能出现在类似拉丁语（或者希腊语、梵语等）这样有复杂的名词和形容词形态变化可以适应词序变化的语言中。

在《战国策》中同样也没有：汉语的句子通常不能被调整成交错法的形式。[2] 在汉语中讨论省略连词（asyndeton）同样也是不合适的，因为汉语语词之间通常就没有连词。比如，司马错所谈的“豺（和）狼”（jackals and wolves）字面上看来就是“豺狼”（jackals wolves）。只有在习惯使用连词的语言中才有

---

〔1〕 塞涅卡著，温特伯顿（Winterbottom）译：《塞涅卡雄辩术》（*The Elder Seneca Declamations*）第 2 卷，剑桥、麻省：哈佛大学出版社，1974 年，第 591 页。

〔2〕 但《诗经》中回文的例子，可参见《毛诗 · 七月》（第 154 篇）对逐猎的描述，《毛诗正义卷第八》（第 391 页 a）：“言私其豵，献豜于公。” 参见翁有理：《古汉语修辞》，1994 年，第 101 页。

可能讨论省略连词这种修辞手法,因为只有在这些语言中省略连词才会有特殊的表达效果。当莎士比亚写下“hang,beg,starve,die in the streets”[1](《罗密欧与朱丽叶》第三幕第五场 194)时,英语读者马上被该短语鲜明的苍凉感所震撼。而在古汉语中,用任何其他方法把一串并列的词连接起来都会让人感到别扭。

再者,重言法在《战国策》的语言中也是用不上的,因为古汉语基本上不区别词类(词性完全由句法决定)。回指、冗言(wordy)和繁复(repetitive)在《战国策》的简洁风格中通常也没有容身之地。还有,移位修饰尽管在拉丁语的五格名词系统中很容易识别,但对汉语来说是费解的。[2]

那么汉语说辞显示出了其特有的修辞手法吗?这个问题在古代汉语修辞研究领域几乎无人问津。柯润璞提出《战国策》的散文“有很强的韵律,好用

082 对照[antithesis,或互文(chiasm)]、对仗(parisosis,用字对称),韵律和谐,以及演说者所特有的、自发的(甚至有些语言过于花哨的)各种其他修辞手法”。[3]

这些很自然的都是汉语这类孤立语所适用的修辞手法。《战国策》中出现的交错法既不是语义交错,也不是句法交错(就像塞涅卡的例子),而是主题交错,即整个主题或概念的阐释形成了交错。这甚至见于希伯来《圣经》中[4],这很可能是人类表达的一个普遍特征。

古罗马演说家们所熟悉的一些其他修辞手法也出现在《战国策》中;这些

---

[1] 译者按:朱丽叶的父亲凯普莱特对她说的话,原文作:“Thursday is near;lay hand on heart,advise: An you be mine,I'll give you to my friend;An you be not,hang,beg,starve,die in the streets...”可译作:“星期四就在眼前;自己仔细考虑考虑。你倘然是我的女儿,就得听我的话嫁给我的朋友;你倘然不是我的女儿,那么你去上吊也好,做叫花子也好,挨饿也好,死在街道上也好(我都不管)……”

[2] 一些在古汉语中或可看作移位修饰的例子,见翁有理:《古汉语修辞》,1994 年,第 105—107 页。(这本参考书最大的弱点是:它是根据古希腊—罗马的修辞标准分类来安排结构的,因此没有考虑到西方传统中所没有的有中国特色的修辞方式。否则,这本书还是很有用的。)杨伯峻(《杨伯峻学术论文集》,第 104 页)也谈到了一些将定语置于并非其有意修饰的专有名词之前的例子。关于古汉语中的回指及相关修辞手法的例子,亦见翁有理:《古汉语修辞》,1994 年,第 42—65 页。

[3] 柯润璞:《谋略:〈战国策〉研究》,安娜堡:密歇根大学出版社,1964 年,第 100 页。

[4] 如《创世记》第 1 章,第 9—10 句:“神说:‘天下的水要聚在一处,使旱地露出来。’事就这样成了。神称旱地为地,称水的聚处为海。神看着是好的。”翁有理(《古汉语修辞》,第 118 页)称这种交错法为“思想修辞格”[als Gedankenfigur,与“词语修辞格”(als Wortfigur)相对]。

语言修饰在汉语中也能被有效地运用。格言(用意义深远的言辞表达的箴言或警句)就是很好的例子:简洁的话语所包含的内在力量又被古汉语精致的韵律加强了。[1] 含蓄(就像常说的"不少")和其他修饰也会出现。[2] 但是最强有力的汉语修辞手法不仅和用语有关,还关系到整个论证方法和材料的主题安排。这些可以和古典修辞的传统主题相提并论。[3] 下文予以概述。[4]

1.用典(Historical Allusion)

直接引用一个历史事件,引述其前因后果,既显示出论者的博学,又为其观点提供历史依据,一举两得。例如:(1)苏秦列举执兵刃、准备上战场的武士。[5] (2)陈轸提及孝己和(伍)子胥,古之忠臣。[6] (3)张仪斗胆谈到"往昔"。[7] 这个类型非常普遍,而且西方人心中坚信这是和汉语修辞有关的,以至于被边沁(Jeremy Bentham,1748—1832)在其著名的谬论编目中冠以"中国式论证"的称号。[8]

---

〔1〕 如:"必无独知",见《战国策卷二·司寇布为周最谓周君》,上海:上海古籍出版社,1978年,第60页(柯润璞:《战国策》,载《密歇根汉学研究专著》77,安娜堡:密歇根大学出版社,1964年,第4节)。翁有理(《古汉语修辞》,第119—120页)称这种方法为"省略"(brachylogia)。

〔2〕 翁有理:《古汉语修辞》,1994年,第34—35页。

〔3〕 参见库尔提乌斯(Ernst Robert Curtius):《欧洲文学与拉丁中世纪》(*European Literature and the Latin Middle Ages*),1953年,第79页后。亦见莎伦·布林(Sharon B. Blinn)、玛丽·加勒特:《亚里士多德的主题:跨文化分析工具》("Aristotelian Topoi as a Cross-Cultural Analytical Tool"),载《哲学与修辞》(*Philosophy and Rhetoric*)1993年第26期,第93—112页;托马斯·科尔(Thomas Cole):《古希腊修辞的起源》(*The Origins of Rhetoric in Ancient Greece*),巴尔的摩:约翰·霍普金斯大学出版社,1991年,第88页;邦纳:《罗马共和国晚期和帝国早期的雄辩术》,伯克利、洛杉矶:加州大学出版社,1949年,第60页后。

〔4〕 史嘉柏的《模式化的历史:中国古代史学的模式和思想》(第43页后)在《左传》言辞中找到了不少类似的用法。

〔5〕 《战国策卷三·苏秦始将连横》,上海:上海古籍出版社,1978年,第81页;柯润璞:《战国策》,载《密歇根汉学研究专著》77,安娜堡:密歇根大学出版社,1964年,第47节。

〔6〕 《战国策卷三·张仪又恶陈轸于秦王》,上海:上海古籍出版社,1978年,第127页;柯润璞:《战国策》,载《密歇根汉学研究专著》77,安娜堡:密歇根大学出版社,1964年,第54节。

〔7〕 《战国策卷三·张仪说秦王》,上海:上海古籍出版社,1978年,第99页;柯润璞:《战国策》,载《密歇根汉学研究专著》77,安娜堡:密歇根大学出版社,1964年,第107节。

〔8〕 杰里米·边沁:《边沁政治谬论手册》(*Bentham's Handbook of Political Fallacies*),巴尔的摩:约翰·霍普金斯大学出版社,1952年,第43—53页。

2.引经(Literary Allusion)

称引典籍,与引用历史典故的作用相同。例如:(1)引《诗经》。[1] (2)引《尚书》。[2] (3)引《易经》。[3] (4)引《老子》[4]。

3.引谚(Apophthegm)

引用一句谚语,意谓传统智慧可以支持论者的观点。例如:(1)“毛羽不
083 丰满者不可以高飞。”[5](2)“三人成虎”(如果他们都声称见到了虎)。[6](3)“骐骥之衰也,驽马先之;孟贲之倦也,女子胜之。”[7]

4.诱导(Induction)

问对方问题以引导他赞同一些前提,然后自己的观点就变得无可反驳,因为对方本身已经认同了一些决定性的命题。例如:(1)苏秦劝齐王攻宋(尽管这次进攻的益处并不明显)。[8] (2)苏代劝魏王任用田需,尽管他明显已是一个失宠的封臣,但这样做目的是监视另外两个连魏王自己都承认其信不过的大臣。[9]

---

[1] 如《战国策卷五·谓秦王》,上海:上海古籍出版社,1978年,第266页;柯润璞:《战国策》,载《密歇根汉学研究专著》77,安娜堡:密歇根大学出版社,1964年,第75节。

[2] 如《战国策卷五·秦客卿造谓穰侯曰》,上海:上海古籍出版社,1978年,第172页;柯润璞:《战国策》,载《密歇根汉学研究专著》77,安娜堡:密歇根大学出版社,1964年,第89节。

[3] 如《战国策卷十一·齐宣王见颜斶》,上海:上海古籍出版社,1978年,第409页;柯润璞:《战国策》,载《密歇根汉学研究专著》77,安娜堡:密歇根大学出版社,1964年,第130节。

[4] 同上,第410页。

[5] 《战国策卷三·苏秦始将连横》,上海:上海古籍出版社,1978年,第80页;柯润璞:《战国策》,载《密歇根汉学研究专著》77,安娜堡:密歇根大学出版社,1964年,第47节。

[6] 《战国策卷五·秦攻邯郸》,上海:上海古籍出版社,1978年,第209页;柯润璞:《战国策》,载《密歇根汉学研究专著》77,安娜堡:密歇根大学出版社,1964年,第105节。亦见《战国策卷二十三·庞葱与太子质于邯郸》,上海:上海古籍出版社,1978年,第845—846页;柯润璞:《战国策》,载《密歇根汉学研究专著》77,安娜堡:密歇根大学出版社,1964年,第302节。参见何莫邪:《语言与逻辑》(*Language and Logic*),载《中国科学技术史》(*Science and Civilisation in China*),剑桥:剑桥大学出版社,1998年,第246页;何莫邪:《中国古代的知识概念》,载《中国古典哲学的认识论问题》,1993年,第13页;罗伯特·T.奥利弗:《古代印度与中国的交流与文化》,雪城:雪城大学出版社,1971年,第226页。

[7] 《战国策卷十二·苏秦说齐闵王》,上海:上海古籍出版社,1978年,第433页;柯润璞:《战国策》,载《密歇根汉学研究专著》77,安娜堡:密歇根大学出版社,1964年,第158节。关于孟贲,见本书下文第六部分相关注释。

[8] 《战国策卷十一·苏秦谓齐王》,上海:上海古籍出版社,1978年,第424—445页;柯润璞:《战国策》,载《密歇根汉学研究专著》77,安娜堡:密歇根大学出版社,1964年,第157节。

[9] 《战国策卷二十三·苏代为田需说魏王》,上海:上海古籍出版社,1978年,第819—820页;柯润璞:《战国策》,载《密歇根汉学研究专著》77,安娜堡:密歇根大学出版社,1964年,第325节。

5.二难推理(Dilemma)

这种通用的普遍手法一般有三种形式。

第一种:把备选方案的数量缩减至两种,然后否定其中一种,从而确认另一种。例如:(1)张仪和司马错之间的辩论(上文已述)。(2)张丏劝说鲁国暂时保持中立,因为现在参战和之后参战均可,而之后参战优于现在参战。[1]

第二种:说明某个行为将与一系列可能的事件产生相同的后果。例如:(1)秦宣太后不该坚持让她的情夫魏丑夫陪葬。如果死后无生,她的情夫就毫无用处;而如果死后有生,她就要忙着平息丈夫的愤怒,根本无暇顾及魏丑夫。[2] (2)任齐相的成侯邹忌(前385—前319)[3]通过推荐他的政敌田忌去发动战争,从而“战胜”了后者。因为如果田忌获胜,齐王会奖励邹忌的知人善用;而如果田忌战败,邹忌就少了一个棘手的竞争者。[4] (3)楚国的使臣郑申通过割让土地给处于危急中的韩国太子,从而把事情掌握在自己手中。通过一系列复杂的谋算,郑申已经确信,无论太子胜败,楚王都会获利。[5]

第三种(进退两难):通过操纵两个明显不可调和的阻碍,给上述第二种二难推理找到一个巧妙的解法。例如:(1)惠施是张仪的敌人,却是宋国君的

---

〔1〕《战国策卷八·楚将伐齐》,上海:上海古籍出版社,1978年,第330—331页;柯润璞:《战国策》,载《密歇根汉学研究专著》77,安娜堡:密歇根大学出版社,1964年,第117节。

〔2〕《战国策卷四·秦宣太后爱魏丑夫》,上海:上海古籍出版社,1978年,第167页;柯润璞:《战国策》,载《密歇根汉学研究专著》77,安娜堡:密歇根大学出版社,1964年,第98节。这一则说明了典型务实的中国人对人死后这一问题的态度。比较《春秋左传注卷三》,第1013页(襄公十四年,即公元前559年):卫献公欲欺骗祖先神灵,但被其嫡母定姜劝阻下来,定姜曰:“无神,何告?若有,不可诬也。”参见尤锐:《儒家思想的基础:春秋时期的思想生活》,檀香山:夏威夷大学出版社,2002年,第86页;史嘉柏:《模式化的历史:中国古代史学的模式和思想》,载“哈佛东亚专著”205,2001年,第129页。

〔3〕关于邹忌的年代,见钱穆:《先秦诸子系年》,台北:东大图书公司,1990年,第617页。

〔4〕《战国策卷八·成侯邹忌为齐相》,上海:上海古籍出版社,1978年,第318页;柯润璞:《战国策》,载《密歇根汉学研究专著》77,安娜堡:密歇根大学出版社,1964年,第118节。

〔5〕《战国策卷十四·韩公叔有齐魏》,上海:上海古籍出版社,1978年,第496页;柯润璞:《战国策》,载《密歇根汉学研究专著》77,安娜堡:密歇根大学出版社,1964年,第207节。柯润璞在《战国策》(第42页后)进一步引用了关于这个话题[他称之为“双重说服”(doubled persuasion)]的例子。亦见罗界:《对手与权威:古希腊与中国科学研究》,剑桥:剑桥大学出版社,1996年,第76页;瑞丽(Lisa Raphals):《知言:中国与希腊古典传统中的智慧与狡猾》(*Knowing Words: Wisdom and Cunning in the Classical Traditions of China and Greece*),纽约、伦敦:康奈尔大学出版社,1992年,第120页;克罗利(J. L. Kroll):《中国古代文化之争》(“Disputation in Ancient Chinese Culture”),载《古代中国》(*Early China*)1985—1987年第11—12期,第125页。

朋友。那么楚王要怎么做呢？如果他善待惠施，就会得罪张仪；但如果他对惠施不好，就会得罪宋君。谋士冯郝想到一条妙计：善待惠施，然后把他送往宋国。这个做法就同时取悦了张仪和宋君。[1]（2）一个不忠的妻子计划毒死
084 自己的丈夫，丈夫的妾知道了这个阴谋。她如何同时避免背叛其男主人和女主人呢？这个妾假装跌倒碰翻了毒酒，因此而遭责打，但成功地摆脱了两难困境。[2]（3）没有媒人，女孩就嫁不出去。如果她的父亲不为她说媒，她就会因为无人提亲而成为一个老姑娘；但如果父亲不用媒人而自行夸耀其女，她就会掉了身价而无人愿娶。因此媒人是唯一的选择。[3]

二难推理，尤其是最圆滑的第三种，是《战国策》中一个丰富的主题，而且在其他中国古代文学作品中也普遍应用。[4]

6.比较省略推理（Enthymeme of Comparison）

这是驳论的一种：引用一项提议失败的例子，尽管这项提议的成功率比目前所考虑的建议的成功率还要高。这种类型的常见形式是："假定 X 发生的概率小于 Y，那么如果 X 发生，则 Y 一定发生。"例如：（1）即使是曾参[5]（孔

---

〔1〕《战国策卷十六·张仪逐惠施于魏》，上海：上海古籍出版社，1978 年，第 543—544 页；柯润璞：《战国策》，载《密歇根汉学研究专著》77，安娜堡：密歇根大学出版社，1964 年，第 198 节。

〔2〕《战国策卷二十九·苏代谓燕昭王》，上海：上海古籍出版社，1978 年，第 1073 页；柯润璞：《战国策》，载《密歇根汉学研究专著》77，安娜堡：密歇根大学出版社，1964 年，第 459 节。

〔3〕《战国策卷二十九·燕王谓苏代》，上海：上海古籍出版社，1978 年，第 1075 页；柯润璞：《战国策》，载《密歇根汉学研究专著》77，安娜堡：密歇根大学出版社，1964 年，第 460 节。

〔4〕比如，思考《左传》开篇那个著名的故事：一个懊悔的儿子（郑庄公）和他的母亲（武姜）和解了，尽管他曾任性地发誓"不及黄泉，无相见"（黄泉是想象的死者之所），他"阙地及泉"，与他母亲在隧道中相见，载杨伯峻：《春秋左传注卷一》，北京：中华书局，1981 年，第 14 页（隐公元年，即公元前 722 年）。参见史嘉柏：《模式化的历史：中国古代史学的模式和思想》，载"哈佛东亚专著"205，2001 年，第 184 页；史嘉柏：《早期中国史学与哲学中的社会愉悦》，载《史学的局限：古代历史文本的体裁与故事》，1999 年，第 5 页后。《孟子·离娄下》第 24 节中有另一则这类主题的故事：庾公之斯奉君命追杀子濯孺子。但庾公之斯的老师却是子濯孺子的弟子。庾公之斯不能违背他的君主，但也不能杀他老师的老师。他的解决办法是在射子濯孺子之前去掉了箭头。亦见于杨伯峻：《春秋左传注卷三》，北京：中华书局，1981 年，第 1012 页（襄公十四年，即公元前 559 年）。

〔5〕关于曾子之名正确发音的争论已经有几百年了。方以智（1611—1671）和王引之（1766—1834）都主张应读作 Can（而不是更通行的 Shen），见泷川龟太郎：《史记会注考证卷六十七》，东京：东方文化学院，1932—1934 年，第 32 页。洪恩波（活跃于 1897 年前后，出处同上）指出：许慎在《说文解字》中显然是遵从的另一种读法，因为他说"森"（shen）这个字"读若曾参之参"（现代汉语普通话中"森"的发音是不合规律的，理应读作 shen）。亦参见顾立雅：《孔子与中国之道》（*Confucius and the Chinese Way*），纽约：哈珀出版社，1960 年，第 305 页注 8。关于曾子的年代，见钱穆：《先秦诸子系年》，台北：东大图书公司，1990 年，第 29、48 节。

子的重要弟子)的母亲,在听到三次谣言后,也最终相信了,认为自己的儿子是杀人犯。因为秦王对甘茂的信任还比不上曾参母亲对曾参的信任,而对甘茂怀恨在心的人远不止三个,那么甘茂的处境得有多危险啊?[1] (2)如果连邹忌都被谄媚之人所愚弄,那么高高在上的齐王只怕被愚弄得更多。[2] (3)如果有三个人说"市场上有只老虎",魏王就会动摇而相信这种荒谬的事,那么他就几乎不可避免地会听信针对庞葱的谗言,因为诋毁庞葱的人绝不少于三个。[3]

7.狐假虎威(Tiger and Fox)

揭露隐藏在一个现象的表面原因背后的根本原因。或者相反,通过强调表面原因来掩盖根本原因。例如:(1)邹忌被赞美,不是因为他的英俊,而是因为他的地位。[4] (2)通过昭告天下保护饥寒者,齐襄王把田单所做的非凡善举都归于自己名下。之后,人们就会认为田单只是响应了齐襄王行善的号召。[5] (3)一只老虎准备吃掉一只狐狸,狐狸说自己是天下最强大的动物,问老虎敢不敢跟着自己转一圈亲眼看看。老虎照做了,当看到所有其他的动物都逃走时,老虎相信了。老虎不知道动物们害怕的是它自己,而不是狐狸。[6]

8.画蛇添足(Adding Feet to the Snake)

说明好的东西过量了也会适得其反。例如:(1)神射手养由基应该在百

---

[1] 《战国策卷四·秦武王谓甘茂》,上海:上海古籍出版社,1978年,第150页;柯润璞:《战国策》,载《密歇根汉学研究专著》77,安娜堡:密歇根大学出版社,1964年,第66节。

[2] 《战国策卷八·邹忌修八尺有余》,上海:上海古籍出版社,1978年,第324—326页;柯润璞:《战国策》,载《密歇根汉学研究专著》77,安娜堡:密歇根大学出版社,1964年,第119节。

[3] 《战国策卷二十三·庞葱与太子质于邯郸》,上海:上海古籍出版社,1978年,第845—846页;柯润璞:《战国策》,载《密歇根汉学研究专著》77,安娜堡:密歇根大学出版社,1964年,第302节。正如我们在"引谚"部分所见,"三人成虎"显然后来成了一个成语。

[4] 《战国策卷八·邹忌修八尺有余》,上海:上海古籍出版社,1978年,第324—325页;柯润璞:《战国策》,载《密歇根汉学研究专著》77,安娜堡:密歇根大学出版社,1964年,第119节。

[5] 《战国策卷十三·燕攻齐齐破》,上海:上海古籍出版社,1978年,第460—462页;柯润璞:《战国策》,载《密歇根汉学研究专著》77,安娜堡:密歇根大学出版社,1964年,第162节。

[6] 《战国策卷十四·荆宣王问群臣》,上海:上海古籍出版社,1978年,第482页;柯润璞:《战国策》,载《密歇根汉学研究专著》77,安娜堡:密歇根大学出版社,1964年,第176节。正如在"狐假虎威"典故的例子中,宣王误以为邻国畏惧他的大将昭奚恤,其实他们怕的是宣王的大军。

发百中之后就收手,以免万一错失就前功尽弃。[1] (2)一群伙伴商议用一种新颖的方式来决定一杯酒归谁。他们每人要画一条蛇,谁先画完这杯酒就归谁。其中一人说画完了,一手举着酒杯,得意扬扬地用另一只手给蛇添画足。但之后另一个竞争者画完了自己的那条蛇,把酒杯夺了过来:因为一条蛇若有了足就不算是蛇了。[2]

9.二虎相争(Dueling Tigers)

说明两强相争相互削弱对方,因此最好的策略就是等到双方都筋疲力竭的时候再一举拿下。例如:(1)管庄子遇到两只老虎为了腐肉而争斗。他准备去猎杀它们,但管与劝他等到两只虎一死一伤的时候再出手。那样管庄子能赢得斗杀二虎的美名,却只用了比战胜一只健全老虎还要少的气力。[3] (2)一只蚌夹住了来啄食它的鹬的喙。两只动物都不肯让步,最后都被一位路过的渔翁捉住了。[4]

10.背信弃义(Bad Faith)

用将来给予互利帮助的承诺从对手那里得到有价值的让步(比如财产或领土),但当对方发觉对其不利进而抱怨或是要求赔偿的时候,就马上食言。背信弃义的谈判代表从一开始就没把协议当一回事。例如:(1)周王朝的使者颜率,通过承诺交出九鼎以求与齐国结盟。但颜率从未交送九鼎,说周到齐的路途不安全。齐国也不敢让他们送来。[5] (2)秦国的使者张仪承诺楚王六百平方里的土地来诱使楚国和它最强大的盟友齐国决裂。尽管大臣陈轸对此提出质疑,但楚王不予理睬。如陈轸所料,当张仪确认楚国和齐国的同盟关

---

[1] 《战国策卷二・苏厉谓周君》,上海:上海古籍出版社,1978 年,第 56 页;柯润璞:《战国策》,载《密歇根汉学研究专著》77,安娜堡:密歇根大学出版社,1964 年,第 13 节。

[2] 《战国策卷九・昭阳为楚伐魏》,上海:上海古籍出版社,1978 年,第 356 页;柯润璞:《战国策》,载《密歇根汉学研究专著》77,安娜堡:密歇根大学出版社,1964 年,第 134 节。

[3] 《战国策卷四・楚绝齐齐举兵伐楚》,上海:上海古籍出版社,1978 年,第 140 页;柯润璞:《战国策》,载《密歇根汉学研究专著》77,安娜堡:密歇根大学出版社,1964 年,第 59 节。

[4] 《战国策卷三十・赵且伐燕》,上海:上海古籍出版社,1978 年,第 1115 页;柯润璞:《战国策》,载《密歇根汉学研究专著》77,安娜堡:密歇根大学出版社,1964 年,第 468 节。

[5] 《战国策卷一・秦兴师临周而求九鼎》,上海:上海古籍出版社,1978 年,第 1—3 页;柯润璞:《战国策》,载《密歇根汉学研究专著》77,安娜堡:密歇根大学出版社,1964 年,第 20 节。

系已经破裂后,就拒绝割让土地。楚王大怒——再次不顾忠臣陈轸的反对——攻打秦国,但被强大的秦、齐(之前的楚国盟友)联盟打败。[1]

11.是非颠倒(Subreption)

利用伪证、假文书,或者贿赂腐败的官吏。通常的目的是在君主面前诋毁政敌,但有时候君主本人成了受害者。例如:(1)秦国丞相甘茂得知秦王密谋用公孙衍接替他。甘茂便开始大张旗鼓地宣扬称赞秦王的圣明之选。在秦王询问时,他谎称是公孙衍自己告诉他这个消息的。公孙衍由此被逐。[2] 086 (2)邹忌的臣属安排了一个奸细去市场,让他假装说是邹忌的政敌田忌的下人。这个奸细公然宣称他所谓的"主人"田忌在密谋篡位,而且还找来一个卜者来占卜胜算几何。这个正直的卜者迅速去禀告齐王,田忌被迫出奔。[3] (3)赵王夺取了周王室的祭祖之地,但后被诱骗放弃了这片领地。在赵王生病的时候,已被收买的太卜告诉他:是周之祭地作祟害得他生病。[4] (4)天真断送了一位年轻的美丽嫔妃的鼻子。(该故事在下文另有深入讨论。)[5]

这样的例子举之不尽。其他的主题还包括处死不忠的亲信、提醒国王勿信谗言,以及对付卑鄙小人的各种方法。《战国策》还谈及了战国时期常谈的名实关系问题。鼓励君王用一件独特的首饰作为礼物来认定他们最宠爱的妃子[6],或者赐予功绩显赫的大臣一片封地或是尊贵称号,以便让天下人都知

---

〔1〕《战国策卷四·齐助楚攻秦》,上海:上海古籍出版社,1978年,第133—138页;柯润璞:《战国策》,载《密歇根汉学研究专著》77,安娜堡:密歇根大学出版社,1964年,第58节。陈轸提出了一个摆脱困境的方法,是第三种类型的二难推理。楚王应该奉上一座城池给秦国,与秦交好。这样楚和秦就可以攻打被孤立的齐国,楚国就能在对齐的战争中得到一座与其献给秦国的城池相当的城池。楚王没有听从此计。

〔2〕《战国策卷四·甘茂相秦》,上海:上海古籍出版社,1978年,第161页;柯润璞:《战国策》,载《密歇根汉学研究专著》77,安娜堡:密歇根大学出版社,1964年,第73节。

〔3〕《战国策卷八·成侯邹忌为齐相》,上海:上海古籍出版社,1978年,第318页;柯润璞:《战国策》,载《密歇根汉学研究专著》77,安娜堡:密歇根大学出版社,1964年,第118节。

〔4〕《战国策卷一·赵取周之祭地》,上海:上海古籍出版社,1978年,第32页;柯润璞:《战国策》,载《密歇根汉学研究专著》77,安娜堡:密歇根大学出版社,1964年,第32节。

〔5〕《战国策卷十七·魏王遗楚王美人》,上海:上海古籍出版社,1978年,第553—554页;柯润璞:《战国策》,载《密歇根汉学研究专著》77,安娜堡:密歇根大学出版社,1964年,第200节。

〔6〕比较《春秋左传注卷一》的情节,在第269页(闵公二年,即公元前660年),说一位太子穿了不合适的衣服,预示其失去父亲的宠爱。太子的一位随从说:"衣,身之章也。"见史嘉柏:《模式化的历史:中国古代史学的模式和思想》,载"哈佛东亚专著"205,2001年,第63、225页。

道谁受宠——谁不受宠。这些故事都可以看作是同一个主题的各种版本:透过迷惑人的表象来辨别现实,即狐假虎威之类。

《战国策》中出现的多个主题至少以某种形式在古希腊—罗马修辞中也出现过。用典、引经和引谚是权威的论证方式,相当于亚里士多德所称的"根据先例"(ek kriseōs)[1],而"比较省略推理"又与亚里士多德的命题"根据多寡"(ek tou mallon kai hētton)[2]相似。西塞罗(Cicero)的《论创造力、论最优秀的演说家、论题术》(*De inventione. Do optimo genere oratorum. Topica*)是一部后来被他本人批判的作品,但仍为他所处时代流行的修辞手法提供了可靠的资料来源。其中他列举了几种常见的方法——包括归纳法,这正是《战国策》中的说客所用的手段。[3] 这些通用的修辞技巧若不能说为全人类所共有,那也至少在很多文化中是普遍的。

然而,《战国策》的其他主题就对修辞所起作用的场合在整体上提出了更深层次的问题。这些策略是如何完成的呢?在用典、引经和引谚时,演说者只是从公认的智慧库中找到一段合适的引文。对他们自己来说,这些话是无用的,因为任何听众在此之前都听过(而且其中有些还可能是相互矛盾的,比如"三思而后行"和"岁不我与")。说客的难点是把这些话恰如其分地加到演说中,而且还不能因过度使用而适得其反。

---

[1] 《修辞学》第2卷,第23章,第12节;约翰·亨利·弗里兹(John Henry Freese)译:《洛布古典丛书》193,剑桥、麻省:哈佛大学出版社,1944年,第309页。关于罗马的例子,参见邦纳:《罗马共和国晚期和帝国早期的雄辩术》,伯克利、洛杉矶:加州大学出版社,1949年,第61页。这些与诉诸权威(argumentum ad verecundiam)相似,都是常见的谬论。参见欧文·柯匹:《逻辑学入门》,纽约:麦克米伦出版社,1972年,第80—81页。

[2] 《修辞学》第1卷,第2章,第21节;第2卷,第23章,第4节。S. F. 弗里兹译:《洛布古典丛书》193,剑桥、麻省:哈佛大学出版社,1944年,第31、301页。与之相似,亚里士多德用来阐释"阐明假象的原因"(to legein ten aitian tou paradoxou,见《修辞学》第2卷,第23章,第24节;S. F. 弗里兹译:《洛布古典丛书》193,剑桥、麻省:哈佛大学出版社,1944年,第319页)的一些例子也可以归入"狐假虎威"这一类。

[3] 西塞罗:《论创造力、论最优秀的演说家、论题术》(第1卷),剑桥、麻省:哈佛大学出版社,1949年,第31—33节。在其他处,西塞罗讨论了困境(complexio)或是二难推理的优点[《论创造力、论最优秀的演说家、论题术》(第1卷),第29节]:"二难推理是一种辩论形式,无论你在其中选择哪一种,都会被驳倒,就像:'如果他是个恶棍,你为什么和他发生关系呢?如果他是个老实人,你为什么指责他呢?";H. M. 哈贝尔(H. M. Hubbell)译:《洛布古典丛书》386,剑桥、麻省:哈佛大学出版社,1949年,第85页。

关于进退两难的一般观点在"二难推理"的罗马和中国"版本"中都存在。关于二难推理的一般论述,参见欧文·柯匹:《逻辑学入门》,纽约:麦克米伦出版社,1972年,第237—241页。

归纳法、二难推理和比较省略推理是完全不同的，这些主题可能应用的范围是无限的。它们是可以反复使用且不会失效的论证模板，因为可以在各种语境中出现。狐假虎威、画蛇添足和二虎相争介于权威论证和更宽泛的主题（如归纳法和二难推理）之间。它们不是简单地背诵谚语，同时也不是随处可用的。相反，它们是作例证的老生常谈：只能在某些情况下使用，但也可以根据不同的比喻和例子而改变。 087

但是"背信弃义"和"是非颠倒"与这些主题有何关系呢？这两者根本就不是修辞主题，因为它们不是把语言用作唯一的工具——甚至都不是主要的工具。确实，它们证明了把《战国策》归为修辞练习之类是不合适的：这种理解只会贬低这部著作的价值，而且没有考虑到这本选集中有大部分的非修辞篇章。比如，来看下面这则故事：

> 魏王遗楚王美人，楚王说之。夫人郑袖知王之说新人也，甚爱新人。衣服玩好，择其所喜而为之；宫室卧具，择其所善而为之。爱之甚于王。王曰："妇人所以事夫者，色也；而妒者，其情也。今郑袖知寡人之说新人也，其爱之甚于寡人，此孝子之所以事亲，忠臣之所以事君也。"郑袖知王以己为不妒也，因谓新人曰："王爱子美矣。虽然，恶子之鼻。子为见王，则必掩子鼻。"新人见王，因掩其鼻。王谓郑袖曰："夫新人见寡人，则掩其鼻，何也？"郑袖曰："妾知也。"王曰："虽恶，必言之。"郑袖曰："其似恶闻君王之臭也。"[1]王曰："悍哉！"令劓之，无使逆命。[2]

这是个令人难忘的诡计，不是修辞。然而没有人会说这则故事在文章中不合适。但这是哪种文章呢？ 088

《战国策》是一部产生于战乱时期的文献，是关于诸多非常手段的想象的记录，聪明人可用这些手段来获取他们所渴望之物：地位、名誉、报复、荣誉等。

---

〔1〕 注者鲍彪（1106—1149）认为楚王一定是得了某种会散发臭味的病。

〔2〕 《战国策卷十七·魏王遗楚王美人》，上海：上海古籍出版社，1978 年，第 553—554 页；柯润璞：《战国策》，载《密歇根汉学研究专著》77，安娜堡：密歇根大学出版社，1964 年，第 200 节。这个故事另有两个版本，见陈奇猷：《韩非子新校注卷十·内储说下第三十一》，上海：上海古籍出版社，2000 年，第 634 页。亦见康达维：《中国早期（汉代及以前）文学中的机智、幽默和讽刺》，载《华裔学志》第 29 期，第 89 页。

因为《战国策》中的谋士们通常发现诸侯王是最好的财源，于是很自然地致力于用甜言蜜语来怂恿君王采取一些行动，这些行动有时是有利于君王及其国家的，但通常谋士们自己是更大的受益者。这些篇章确立了《战国策》作为最精彩的修辞集的声望。对这些材料的批评解释了为什么在古代中国那些因修辞而出名的人物都普遍被认为是诡辩家且不守原则。[1]（这种批驳也揭示了和古罗马的另一点差别，在古罗马，最伟大的演说家就像他们文化中的太阳神一样是不朽的。）但《战国策》中还有其他类型的故事：这些人物通常会对修辞兼而用之，而且还使用阴谋、间谍或诬告这样的手段。

那么，其整个内容主要都是关于阴谋诡计的。这些生动的、独立的叙述勾勒出了关于战国时期政治的一致的、龌龊的画面。狡猾的谋士以其才智为生，因足智多谋而沉浮，而君主则总是被其大臣所蒙骗。有些君主——像孟尝君[2]，在可控的范围内，容忍甚至鼓励，而不是无谓地反对他的宾客们狡辩。但大多数君主对此没有一个开明的态度，从始至终都被蒙蔽。说客们的处境就像是一个法庭、一个战场，在这里各方利益碰撞，多谋的大臣可以凭借出谋
089 划策和花言巧语而得到封赏。这是一个危机四伏的世界，最伟大的修辞家韩非崛起于此——直到他自己也被一个诡计多端的对手置于死地。

在此值得记住的是，在传统上《战国策》并不被看作是修辞手册或是学派训练的读本，而是阐明阴谋和伪装这类危险艺术的故事集，也因此含蓄地支持了一种和正统儒家思想相悖的世界观。[3] 正在于此，奠定了这本书在古代读者心目中的价值。[4] 用编者自己的话来总结就是：

---

〔1〕 尽管孟子（《孟子·滕文公下》第9节；〔清〕焦循：《孟子正义卷十三》，北京：中华书局，1987年，第446页）不得已回应了别人对他"好辩"的严厉批评，但这或能反映出来他曾扭曲事实。参见罗界、席文：《道和词：早期中国与古希腊的科学和医药》，纽黑文、伦敦：耶鲁大学出版社，2002年，第63页；张振华：《中欧修辞：基本特点比较》(*Chinesische und europäische Rhetorik: Ein Vergleich in Grundzügen*)，载《欧洲大学》(*Europäische Hochschulschriften*)，1991年，第35页。亦参较王弼本《老子》第81章，以及高明著《帛书老子校注》(第155页)："善者不辩，辩者不善。"

〔2〕 参见《战国策·孟尝君出行国至楚》，上海：上海古籍出版社，1978年，第385—387页；柯润璞：《战国策》，载《密歇根汉学研究专著》77，安娜堡：密歇根大学出版社，1964年，第153节。

〔3〕 柯润璞讨论了文本的早期接受，见其《战国策》，第28页后。

〔4〕 这个观点在曾巩[1019—1083，被杜润德的《雾镜：司马迁著作中的紧张与冲突》误读作"曾固"，第102页]的序言中已明确提出，见《战国策·曾子固序》，上海：上海古籍出版社，1978年，第1200页。

战国之时，君德浅薄，为之谋策者，不得不因势而为资，据时而为[1]。故其谋，扶急持倾，为一切之权，虽不可以临国教化[2]，兵革救急之势也。皆高才秀士，度时君之所能行，出奇策异智，转危为安，运亡为存，亦可喜。皆可观。[3]

---

〔1〕此处可能脱了一个字；缪文远（《战国史系年辑证》，第 3 页）据别本补“画”字，未明出处。

〔2〕正如刘向之前所释，道德教化是周朝前期的一项重要政策。

〔3〕《战国策·刘向书录》，上海：上海古籍出版社，1978 年，第 1198 页。参较司马迁在甘罗（之前提到的甘茂的孙子）传后“太史公曰”所评论的话：“甘罗年少，然出一奇计，声称后世。虽非笃行之君子，然亦战国之策士也。方秦之强时，天下尤趋谋诈哉。”

六、《淮南子》政治哲学的潜在融合

一个政府可能建立在对民众的仁爱之上,就像父亲对孩子一样。在这样的家长式政府中,臣民就像是还不能辨别是非的幼稚的孩子,其行为是完全被动的,依赖于政府首脑所作出的判断:他们应该怎样过得幸福,且依赖于一国之主的恩泽以赐予他们幸福。这样的政府是所能想象得到的最大的独裁。[1]

伊曼纽尔·康德(Immanuel Kant, 1724—1804)

当今学术界的观点支持关于《淮南子卷九·主术》的两个互补的看法。其一,该卷据说是推崇一种新颖、可行、以"利民"的仁政理想为中心的伦理。其二,通过融合先秦儒家、道家和法家的思想元素,《主术》代表了《淮南子》集大成的"杂家"特色。[2]

---

[1] 《关于这句话:在理论上可能正确,但在实践上行不通》("Über den Gemeinspruch: Das mag in der Theorie richtig sein, taugt aber nicht für die Praxis",1793),载《作品集》(*Gesammelte Schriften*)第8卷,第290页;康德著,H. B. 尼斯贝特(H. B. Nisbet)译:《政论集》(*Political Writings*),剑桥:剑桥大学出版社,1991年,第74页。参见弗莱施哈克尔(Samuel Fleischacker):《自由的第三个概念:康德和亚当·斯密的判断与自由》(*A Third Concept of Liberty: Judgment and Freedom in Kant and Adam Smith*),普林斯顿:普林斯顿大学出版社,1999年,第4页。亦见康德:《人类历史起源臆测》("Muthmaßlicher Anfang der Menschengeschichte",1786),载《作品集》第8卷,第121页:"我们只需要看看中国,该国的地理位置将其暴露于偶尔无法预见的袭扰中,但没有来自强大敌手的攻击,于是我们可以发现:正是出于这样的原因,它已经失去了所有自由的遗迹。"(转译自H. B. 尼斯贝特所译之英文版,第232页)

[2] 除以下所引的文献来源外,参见金春峰:《汉代思想史》,北京:中国社会科学出版社,1997年,第244—245页;陈启天:《中国法家概论》,台北:台湾中华书局,1970年,第70页;宫本胜:《〈淮南子·主术训〉的政治思想及其理论构造》,载《中国哲学》1966年第4期,第9页等处;本田济:《东洋思想研究》,东京:创文社,1987年,第182—186页;吕思勉:《经子解题》,香港:太平书局,1963年,第196页。宫本胜(《〈淮南子·主术训〉的政治思想及其理论构造》,第16页后)提出《主术》应该被看作是对汉朝的控诉。

前一种评价至少能追溯到著名的批评家胡适(1891—1962),他有感于该文的民本思想而宣称道:“这些议论里很有民治主义的精神。”[1]当今的一些观点,可能更谨慎地去响应胡适的说法。金谷治把《主术》的本质描述成“一个以‘无为’和‘自然’为中心”的以及“民本政府”的政治理论。[2] 徐复观同样主张:刘安(卒于公元前122年) 及其门客[3]之类的西汉思想家们继承了先秦时期儒家、道家和墨家所共有的“天下为公”理念,并在此基础上建立了一套更先进的政治理论。[4] 而且,最近安乐哲出版了一部《淮南子》全译本, 091 他认为“民本政府的概念构成了它整个政治哲学的统一精神”(强调其根源)。[5]

笔者相信《主术》的“利民”概念远非意味着一种民主或“民本政府”的古代形式,而是呈现出一套封闭的家长式统治的清晰而缜密的思想体系。我们的基本假设——故此称为“孤独症”(autistic)——就是君主的臣民并不具有

---

[1] 胡适:《中国中古思想史长编》,上海:华东师范大学出版社,1996年,第155页。

[2] 金谷治:《老庄的世界:〈淮南子〉的思想》,东京:平乐诗书店,1959年,第215页。

[3] 《淮南子》是受托于淮南王刘安而编纂。参见方丽特(Griet Vankeerberghen):《〈淮南子〉与刘安的道德权威》(*The Huainanzi and Liu An's Claim to Moral Authority*),2001年;坎德尔(Kandel):《谋反未遂——淮南王刘安》(“Der Versuch einer politischen Restauration—Liu An von Huainan”),载《东亚自然与民族学学会通讯》(*Nachrichten der Gesellschaft für Natur-und Völkerkunde Ostasiens*)1973年第113期,第33—96页;华立克(Benjamin E. Wallacker):《刘安:第二代淮南王》[*Liu An, Second King of Huai-nan*(180? -122 B.C.)],载《美国东方学会学报》1972年第92期,第36—51页。关于该书文本的历史,见罗浩(Harold D. Roth):《〈淮南子〉文本源流》(*The Textual History of the* Huai-nan-tzu),载“亚洲研究学会专著”(Monographs of the Association for Asian Studies)46,1992年;于大成:《淮南论文三种》,台北:文史哲出版社,1975年,第1—56页;郑良树:《〈淮南子〉斠理》,1969年,第322—408页。

[4] 徐复观:《两汉思想史》第2卷,香港:香港中文大学,1975年,第136页。关于“天下为公”一语,见上文第三部分相关注释。

[5] 安乐哲:《主术:中国古代政治思想研究》,1994年,第164页。亦见安乐哲的《〈淮南子·主术〉:可行的道家》(*The Art of Rulership' Chapter of the Huai Nan Tzu:A Practicable Taoism*)第239页:“似乎这一章的作者……为了最大程度地保证个人自由,而试图容许最小的必要的政治结构。”那么,在该章中把“术”这个词翻译成“art”是有问题的,就更清楚了。

任何哲学意义上的思想。[1] 而且,由于中国思想史中某些僵化无用的传统,历代的注释者都没有领会文章的这个主题。学者们已经被一些相互联系的假设引入歧途,即:在西汉初的数十年间,占主导地位的思想观点是儒、道、法三家,而《淮南子》是一部标志着三家大融合的作品。

首先,这套术语已经过时;在"儒家""道家""法家"的名称中,后两者并不能指称可辨识的哲学思想,没有人自认为是这些派别的信徒。[2] "法家"的确切所指尚不清楚;[3]而至于"Daoism"这个术语,就像是司马谈(约卒于公元前110年)所谓的"道家",根本就是时代错置的。[4] 但更重要的问题还不在此,中国哲学研究绝不仅仅只是把一些像"无为"和"仁义"之类的短语确

---

〔1〕 笔者选择"孤独症"这个词是受了近期一项临床观察的启发,该观察发现严重的精神紊乱"孤独症"患者有一个重要特征,就是不能把其精神状态归因于其他人。参见S.拜伦-科恩(S. Baron-Cohen)等:《理解他人的心灵:自闭症的视角》(*Understanding Other Minds: Perspectives from Autism*),牛津:牛津大学出版社,1993年;詹妮特·怀尔德·奥斯汀顿(Janet Wilde Astington):《儿童的心灵发现》(*The Child's Discovery of the Mind*),剑桥、麻省:哈佛大学出版社,1993年,第145—149页。当然,我的意思并不是说《主术》的作者真的是当代医学意义中的"孤独症"患者——只是说他们宣称的思想观念是受抑制的。

〔2〕 尽管李零在《从简帛发现看古书的体例和分类》(第31页)中把道家(和儒家、墨家)列入了真正的古代学派。

〔3〕 参见顾立雅:《何谓道家? 兼论中国文化史》,芝加哥、伦敦:芝加哥大学出版社,1970年,第92—120页。

〔4〕 参见苏德恺(Kidder Smith):《司马谈所创造的"六家"概念》("Sima Tan and the Invention of Daoism, 'Legalism,' et cetera"),载《哈佛亚洲研究学报》2003年第62期,尤其是第145—150页;齐思敏(Mark Csikszentmihalyi):《传统分类法与汉代文献》("Traditional Taxonomies and Revealed Texts in the Han"),载《道家身份:历史、世系与仪式》(*Daoist Identity: History, Lineage, and Ritual*),檀香山:夏威夷大学出版社,2002年,第88页;桂思卓(Sarah A. Queen):《历史存目:〈淮南子〉的学派归属再考》("Inventories of the Past: Rethinking the 'School' Affiliation of the Huainanzi"),载《亚洲专刊》2001年第11期,第5—11页;安乐哲:《返"德"归"道"》("Putting the *Te* back into Taoism"),载《亚洲思想传统中的自然:环境哲学论文集》(*Nature in Asian Traditions of Thought: Essays in Environmental Philosophy*),1989年,第123页。司马谈著名的文章(《六家之要旨》)把所有古代思想分为六类,称之为"家",见于《史记·太史公自序》,北京:中华书局,1959年,第2288—2293页。在这些语境中,"家"这个词的意义是有争议的;彼得森在《秦始皇焚了哪些书? 论中国古文献中"百家"的意义》(第34页后)中认为在古时候它指的是"专家"。一些作者(例如,罗界、席文:《道和词:早期中国与古希腊的科学和医药》,纽黑文、伦敦:耶鲁大学出版社,2002年,第53页)错误地认为"六家之要旨"是首次运用"家"的这层意思的文章。然而更早的这种用法见于〔清〕王先谦:《荀子集解卷十五·解蔽第二十一》,北京:中华书局,1988年,第393页。正如彼得森所论(《秦始皇焚了哪些书? 论中国古文献中"百家"的意义》,第38页),这种意思的用法在《荀子》中很常见。亦参见戴君仁:《戴静山先生全集》(第2卷),台北:戴顾志鹓,1980年,第885页。

关于是否是司马谈——而不是他的儿子司马迁写了今存的《六家之要旨》,还有一些争议。如见王蘧常:《诸子学派要诠》,载《中华文史经刊》,上海:中华书局、上海书店,1987年,第159页注1;然而,傅武光(《中国思想史论集》,第111页)推测该文作于司马谈生前。

定并归类为“道家”或是“儒家”的。学者们急于去指出哪些术语和观点对应于中国古代思想之“六家”中的哪一家,好像这种筹划代表了研究的终极目标。但是一位现代研究者的真正任务是去思考这些论述本身,以及思想家们如何提出新观点、回应旧观点。《主术》就是一个非常恰当的例子。如果仅仅是对其文献来源进行归类,那么只会得出一个狭隘的结论,即:这篇文章是代表了多家学派的大杂烩。[1] 越有启发的,一定越险恶。只有我们认真对待这篇文章观点的诸多层面,才能解释清楚《主术》。

《主术》以一句对人主之恰当统治术的描述开篇,语言庄重而朴实:

> 人主之术,“处无为之事,而行不言之教”[2]。清静而不动,一度[3]而不摇,因循而任下,责成而不劳。(L 9.269;S 9.1a)[4]

公元前2世纪的读者能很容易地认出这个成语。当时,“无为”是一个明 092
确的政治概念:它表示以“道”统治,而不用任何带目的性的可能会违反宇宙

---

〔1〕 这是徐复观的描述,见徐复观:《两汉思想史》第2卷,香港:香港中文大学,1975年,第146页后。译者按:原文称其“融合儒、道、法以为言”云云。

〔2〕 此处引用《老子》第2章,见高明:《帛书老子校注》,北京:中华书局,1996年,第231页。根据我们的研究目的,笔者尽量列举刘安宾客编者们有可能知道的时代较古的相关古籍中的重要文段。若时代稍近的相关文段对《淮南子》文本可能有启发,且常被忽略,则我们亦予以列举。传世本《文子》中常有《淮南子》的异文,我们不予引用,因为几乎可以肯定该书的编纂晚于《淮南子》。这一点首先由顾观光(1799—1862)在其《〈文子〉校勘记》中指明(第1页);亦见丁原植:《〈淮南子〉与〈文子〉考辨》,台北:万卷楼图书公司,1999年,尤其是第145—202页;坎德尔:《文子——对道家文献一个问题的贡献与理解》(*Wen Tzu—ein Beitrag zur Problematik und zum Verständnis eines taoistischen Textes*),载“维尔茨堡汉学与日本学”(Wurzburger Sino-Japonica)1,1974年,第6页后,另外第323—332页列出了《淮南子》和《文子》两部书的相关文段,很实用。近年在河北省定县出土的《文子》古本使得有人推测其可能实际上早于《淮南子》。关于最近的讨论,见白光华(Charles Le Blanc):《历史与考古发现中的〈文子〉》(*Le Wen zi à la lumière de l'histoire et de l'archeologie*),蒙特利尔:蒙特利尔大学出版社,2000年,第1—10页;陈丽桂:《试就今本〈文子〉与〈淮南子〉的不重袭内容推测古本〈文了〉的几个思想论题》,载《道家文化研究》第18辑,2000年,第200—231页;曾达辉:《今本〈文子〉真伪考》,载《道家文化研究》2000年第18期,第251—263页;张丰乾:《试论竹简〈文子〉与今本〈文子〉的关系——兼为〈淮南子〉正名》,载《中国社会科学》1998年第2期,第117—125页。

〔3〕 《群书治要卷四十一》(第714页)中的异文,“度”作“动”,即:“一动……”。

〔4〕 此处《淮南子卷九·主术》的引文依据两种版本。“L”代表的是刘文典《淮南鸿烈集解》;“S”代表的是流通更广的《四部丛刊》本。读者亦可参较安乐哲的翻译,因为他在其译本每页边白处标明了在“S”中对应的页数;然而,我们的理解与安乐哲的译文常有较大出入。来自《淮南子》其他卷的引文用的是刘文典的版本。

秩序的行为手段去干预。[1]

下文接着讲：人主最重要的一点在于"任下"。

是故心知规而师傅谕导，口能言而行人称辞，足能行而相者先导，耳能听而执正[2]进谏（即谋）[3]。（L 9.269；S 9.1a）

古代读者仍然能发现这是他们比较熟悉的内容。"无为"思想的基本准则是统治者必须把职责派给他的下属，根据他们的表现来加以奖惩，而不是亲力亲为、独揽繁重的行政任务。[4] 韩非的著作中有一个这种思想的著名例证：

郑子产晨出，过东匠[即巷][5]之闾，闻妇人之哭，抚其御之手而听之。有间，遣吏执而问之，则手绞其夫者也。异日，其御问曰："夫子何以知之？"子产曰："其声惧。凡人于其亲爱也，始病而忧，临死而惧，已死而哀。今哭已死，不哀而惧，是以知其有奸也。"或曰："子产之治，不亦多事乎？奸必待耳目之所及而后知之，则郑国之得奸者寡矣。不任典成之

---

〔1〕 参见王爱和：《中国古代宇宙观与政治文化》（*Cosmology and Political Culture in Early China*），剑桥：剑桥大学出版社，2000 年，第 194 页。亦见上文"韩非的自私说"。

〔2〕 从孙诒让（1848—1908）注。译者按："正"通"政"，"执正"谓"执政者"（his ministers）。

〔3〕 从高诱注，他称"谏"或作"谋"也；安乐哲在《主术：中国古代政治思想研究》（第 239 页注 2）中认为"谋"（与"辞"）押韵。而且，"进谏"在古汉语中通常用作复合词，因此"进谋"符合"难读"（lectio difficilior）原则。

这一段基本上是出自慎到（谭朴森：《〈慎子〉佚文》，牛津：牛津大学出版社，1979 年，第 111 节）："足能行而相者导进，口能言而行人称辞"；原文来自《太平御览卷七十六》，载《四部丛刊》，上海：商务印书馆，1929 年，第 9 页 a。王应麟（1223—1296）也多次引用这一段，如《〈汉艺文志〉考证》第 6 卷，第 15 页 b，见《玉海》，台北：华文书局，1964 年。更多参见安乐哲：《主术：中国古代政治思想研究》，檀香山：夏威夷大学出版社，1983 年，第 239 页注 2；阮廷焯：《论〈淮南子〉与先秦诸子佚书之关系》，载《饶宗颐教授南游赠别论文集》，1970 年，第 73 页。（然而最后这篇文章所遗漏的引用比它谈到的还要多。）

〔4〕 参见顾立雅：《何谓道家？兼论中国文化史》，芝加哥、伦敦：芝加哥大学出版社，1970 年，第 79—91 页。令人惊讶的是，森舸澜（Edward Slingerland）研究"无为"的新书却故意将韩非排除在其视野之外[《无为之为：中国先秦概念隐喻与精神理想——"无为"》（*Effortless Action: Wu-wei as Conceptual Metaphor and Spiritual Ideal in Early China*），第 288 页注 9]；他的这个决定极大地限制了该书对研究后世文本（比如《淮南子》）的参考价值，因为后世文献的"无为"观念直接源自早期文献。

〔5〕 从陈奇猷在《韩非子新校注卷十六》（第 913 页注 1）中的意见；多数注者赞同"东匠"（或"东巷"）指的是地点。然而，《论衡》中相似的段落称"东匠之宫"；"东匠"或被看作是这个被害的丈夫的名字。见黄晖：《论衡校释卷第十·非韩第二十九》，北京：中华书局，1990 年，第 444 页；参见佛尔克译：《论衡》（上卷），纽约：模范出版社，1962 年，第 443 页。

吏〔1〕,不察参伍之政,不明度量,恃尽聪明,劳智虑,而以知奸,不亦无术乎?且夫物众而智寡,寡不胜众,智不足以遍知物,故因物以治物。下众而上寡,寡不胜众〔2〕者,言君不足以遍知臣也,故因人以治人。是以形体不劳而事治,智虑不用而奸得。"〔3〕

韩非说子产的治理方法需要"多事",因为它恃尽"聪明"——更不要提实际情况了。子产必须恰好在当天早晨经过妇人的住所,而且必须有不可思议的能力来察觉其伪装,才能发现她的罪行。韩非给了子产一个讽刺的赞扬:他太聪明智慧以至于连专业的官吏都无望能察觉他所察觉的。子产之治缺乏"术",因为他的方法需要的是像他那样的天才,能抓获全国所有的恶人。凭借敏感的耳力,子产把犯罪学提升为一种艺术形式,但韩非对艺术没什么兴趣。韩非感兴趣的是"技术",是普通的、没什么非凡技能的官吏都能重复的程序。〔4〕 093

"术"理论的创建者是申不害,他因一句格言而知名:"圣君任法而不任智,任数而不任说。"〔5〕《吕氏春秋》中有一段据称是申不害的论述,与韩非的 094

〔1〕 从太田芳(卒于1829年)注。译者按:"典成",专司刑罚(laws and punishments)。

〔2〕 参较《慎子》(谭朴森:《〈慎子〉佚文》,牛津:牛津大学出版社,1979年,第92节):"众之胜寡,必也";原文出自《六臣注文选卷五十七》(第3页b)的李善注(谭朴森错标作了第57卷,第2页b)。

〔3〕 陈奇猷:《韩非子新校注卷十六·难三第三十八》,上海:上海古籍出版社,2000年,第913页。

〔4〕 参见板野长八:《中国古代社会思想史研究》,东京:献文舍,2000年,第226页后;乐唯的《神圣官吏:中国古代的政治、专制与神秘主义》(第57页后、第38页),在该处将子产当作孔子的一个弟子,尽管孔子比子产年轻一代。有趣的是,同样的错误也出现在了伊万·P. 卡美诺维奇(Ivan P. Kamenarović)的《〈荀子〉译介》[*Xun Zi*(*Siun Tseu*)*introduit et traduit du chinois*,第235页]中,以及其《王符》第286页。(参见弗朗索瓦·马丁:《子产之例:儒法之间》,巴黎:法兰西远东学院,1997年,第69页注1。)《孟子·离娄下》第2节对子产有一个类似的批评:子产大度地用自己的乘舆济人渡河,但是如果能修一座桥,那将更有效,(每次渡河时)也不需要那么多人力了。然而在其他语境中,韩非却欣赏子产,见陈奇猷:《韩非子新校注卷十九·显学第五十》,上海:上海古籍出版社,2000年,第1147页;亦参见萧公权《中国政治思想史》,载"普林斯顿亚洲译丛",1979年,第390页。其实在《左传》中,子产这个人物是以知人善任而著称的,就像"术"所称的那样,参见杨伯峻:《春秋左传注卷三》,北京:中华书局,1981年,第1191页(襄公三十一年,即公元前542年)。华兹生的《〈左传〉选译》(*The Tso chuan*:*Selections from China's Oldest Narrative History*,第154—163页)翻译了《左传》中关于子产的几篇。

〔5〕 顾立雅:《申不害:公元前4世纪的中国政治哲学家》,第356页,第6段;原文出自汪绍楹:《艺文类聚卷五十四》,北京:中华书局,1965年,第967页;《太平御览卷六百三十八》,载《四部丛刊》,上海:商务印书馆,1929年,第4页b。引文参较《慎子·任法》(谭朴森:《〈慎子〉佚文》,牛津:牛津大学出版社,1979年,第64节);《群书治要卷三十七》,载"国学基本丛书",上海:商务印书馆,1937年,第639页。相同文句亦见于〔清〕戴望:《管子校正·任法》,南京:大中书局,1933年,第255页。

观点非常像：

> 韩昭釐侯(约前362—前333年在位)[1]视所以祠庙之牲，其豕小，昭釐侯令官更之。官以是豕来也，昭釐侯曰："是非嚮(饗)者之豕邪？"[2]官无以对。命吏罪之。从者曰："君王何以知之？"君曰："吾以其耳也。"申不害闻之，曰："何以知其聋？以其耳之聪也。何以知其盲？以其目之明也。何以知其狂？以其言之当也。故曰：去听无以闻则聪，去视无以见则明，去智无以知则公。去三者不任则治，三者任则乱。以此言耳目心智之不足恃也。耳目心智，其所以知识甚阙，其所以闻见甚浅。以浅阙博居天下，安殊俗，治万民，其说固不行。十里之间，而耳不能闻；帷墙之外，而目不能见；三亩之宫，而心不能知。"[3]
>
> 所以，君主需要的不是耳聪目明，而是术。

《主术》用了很多方法来引导读者思考申不害的哲学。首先，最明显的一点，题为"主术"，意思不只是通常所认为的"人主之术"，也可以是"以'术'为
095 人主"("主"的意动用法)，即"崇术"。作者甚至可能有意暗仿《韩非子》知名
的一章《主道》，该题目既可以指"人主之道"，同样也可以指"崇道"。[4]

其次，《主术》间接引述申不害的文章。比如，上文所引《主术》开篇首句

---

〔1〕关于韩昭釐侯的生卒年，见顾立雅：《申不害：公元前4世纪的中国政治哲学家》，芝加哥、伦敦：芝加哥大学出版社，1974年，第370页注4。

〔2〕尽管上条(《申不害：公元前4世纪的中国政治哲学家》中读如本字，第371页注6)，但笔者以为"嚮(向)"可读为"饗(飨)"。

〔3〕顾立雅：《申不害：公元前4世纪的中国政治哲学家》，芝加哥、伦敦：芝加哥 大学出版社，1974年，第370页后，第17(2)和17(3)段。原文出自陈奇猷：《吕氏春秋校释卷十七・任数》，上海：学林出版社，1984年，第1065页。参较汪德迈：《法家的形成：中国古代政治哲学特征的构成研究》，载"法兰西远东学院丛书"56，1965年，第227页；卫礼贤(Richard Wilhelm)：《吕氏春秋》(*Frühling und Herbst des LüBu We*)，1928年，第270页。亦参见浅野裕一：《黄老道家的起源与发展》，东京：创文社，1992年，第233页；沼尻正隆：《〈吕氏春秋〉思想的研究》，东京：汲古书院，1997年，第273页。

译者按：中文原典至"三者任则乱"已完结，后面的引文为金鹏程认为此处原仍有的内容。

〔4〕参见乐唯：《神圣官吏：中国古代的政治、专制与神秘主义》，1989年，第180页；张舜徽：《周秦道论发微》，北京：中华书局，1982年，第11页。"主"的用法亦参较《论语・子罕》第25节；《论语集释卷十八》(第618页)："主忠信，毋友不如己者，过则不惮改。"

中有“因循而任下”一语。“因循”一词在古代与申不害密切相关。[1] 例如在《新序》中，刘向称：“《申子》之书言‘人君当执术无刑，因循以督责臣下’。”[2]

最后，《主术》中所提出的行政建议与申不害的自然主义哲学相符。《主术》主张：为了正名和定事，人一定不能干扰名和事自我发展的自然趋势。“名各自名，类各自类，事犹自然，莫出于己。”(L 9.270；S 9.1a)我们知道，申不害在《大体》篇中也表达了这样的观点：“名自正也，事自定也。是以有道者，自名而正之，随事而定之也。”[3]由于这种“不言而喻”的自然主义——应为之事自为之——申不害的理想君主只需留于宫中，让周围的世界自然地自我治理。

关键是《主术》认同申不害所说的：君主一定不使用自己的能力，而应该利用其下属的能力。

> 得用人之道，而不任己之才者也。故假(即驾)[4]舆马者，足不劳而致千里；乘舟楫者，不能游而绝江海。(L 9.294；S 9.12a)

---

〔1〕 金谷治在其研究中忽略了这一点，见《无为与因循》，载《金谷治中国思想论集》第2卷，第353—365页。“因循”也是《慎子》中的题目；见《群书治要卷三十七》，载“国学基本丛书”，上海：商务印书馆，1937年，第636页。参见戴君仁：《戴静山先生全集》第2卷，台北：戴顾志鹓，1980年，第859页。

〔2〕 顾立雅：《申不害：公元前4世纪的中国政治哲学家》，芝加哥、伦敦：芝加哥大学出版社，1974年，第391页，第27段；原文出自裴骃(活跃于5世纪)《史记集解》，载《史记卷六十三》，北京：中华书局，1959年，第2146页注2；亦见梅约翰：《法家的“形名”观：用考古证据对传世文献做新证之例》，载《华裔学志》1990—1991年第39期，第90页。这段文字不见于今本《新序》；参见赵仲邑：《新序详注》，北京：中华书局，1997年，第384页。“督责”一词，见顾立雅：《申不害：公元前4世纪的中国政治哲学家》，芝加哥、伦敦：芝加哥大学出版社，1974年，第391页注6；卜德：《中国的首位统一者：李斯生平所见秦朝研究》，1938年，第205页。需要补充说明的是，“督责”在秦代以后就成了个不受欢迎的词，秦代时因李斯上书，秦二世把它用作增加赋税、处决叛匪的委婉说法(《史记卷八十七》，第2557页)。参见町田三郎：《秦汉思想史研究》，东京：创文社，1985年，第117页；萧公权：《法家思想与中国古代专制》(*Legalism and Autocracy in Traditional China*)，1977年，第126页。

〔3〕 顾立雅：《申不害：公元前4世纪的中国政治哲学家》，芝加哥、伦敦：芝加哥大学出版社，1974年，第349页，第1(6)段，译文与我们的理解略有不同。原文出自《群书治要卷三十六》，载“国学基本丛书”，上海：商务印书馆，1937年，第630页。见“韩非的自私说”。安乐哲在《主术：中国古代政治思想研究》(第239页注6)中指出了一些与这一段有关的早期文献，但他和阮廷焯都忽视了最古的来源，即：申不害。见鲁纳：《道之道：古代中国伦理思想》，载“莱顿汉学”42，1998年，第161页注28。

〔4〕 从高诱注。

096 “用众”是这篇最受欢迎的主题之一。[1] “人主者,以天下之目视,以天下之耳听,以天下之智虑,以天下之力争。”(L 9.293;S 9.12a)[2]《主术》称“群臣辐凑”(L 9.293;S 9.12a)[3],又与申不害暗合。此外:

勇力不足以持天下矣。智不足以为治,勇不足以为强,则人材不足任,明也。而君人者不下庙堂之上,而知四海之外者,因物以识物,因人以知人也。故积力之所举,则无不胜也;众智之所为,则无不成也。(L 9.279;S 9.5a)

君王只要恃众人之力,就可以居庙堂之上,一动不动,还能掌控天下。[4]他通过了解每个下属的不同才能来实现这样的统治。君主一定要发现那些有专业才能的臣子。通过给臣子部署适合他们才能的职责,君主就能确保国家统治的有效运行。

鹿之上山,獐不能跂也,及其下,牧竖能追之,才有所修短也。是故有

---

〔1〕参见徐复观:《两汉思想史》第2卷,香港:香港中文大学,1975年,第142页。胡适:《读〈吕氏春秋〉》(1930),载《胡适文存》第3卷,台北:远东图书公司,1953年,第240页后。其证明了治国术的概念在《淮南子》的一个重要来源——《吕氏春秋》——中已经被详细地描绘了。亦参见詹姆斯·塞尔曼:《〈吕氏春秋〉中的时机与权谋》,2002年,第103—115页;田凤台:《吕氏春秋探微》,台北:学生书局,1986年,第139页后、第244页后。关于《吕氏春秋》和《淮南子》的整体比较,参见赤冢忠:《诸子思想研究》,东京:献文舍,1987年,第613页后、第630页后。

〔2〕对比《老子》第49章;《帛书老子校注》(第63页):“百姓皆注其耳目焉,圣人皆孩子。”

〔3〕同样的表达“辐凑”,被《群书治要卷三十六》(第629页)称为申不害语。顾立雅:《申不害:公元前4世纪的中国政治哲学家》,芝加哥、伦敦:芝加哥大学出版社,1974年,第343页第1(1)节。参见浅野裕一:《黄老道家的起源与发展》,东京:创文社,1992年,第235页。王念孙在其注中(刘文典著,冯逸、乔华点校:《淮南鸿烈集解卷九·主术》,北京:中华书局,1989年,第293页)指出该词亦见于《管子校正·任法》,第256页(又郭沫若,闻一多,许维遹:《管子集校》,北京:科学出版社,1956年,第759页)及陈奇猷:《韩非子新校注卷十五·难一第三十六》,上海:上海古籍出版社,2000年,第852页。安乐哲在《主术:中国古代政治思想研究》(第249页注158)中称《慎子》中有相近的段落,但没有在其参考文献中注明版本,笔者没能在今存《慎子》佚文中找到这句话。然而,对人民因材施用的观念得到了很好的证明:“下之所能不同而上之用也。是以大君因民之能为资。”(谭朴森:《〈慎子〉佚文》,牛津:牛津大学出版社,1979年,第34节;《群书治要卷三十七》,载“国学基本丛书”,上海:商务印书馆,1937年,第637页)参见王永祥等:《燕赵先秦思想家:公孙龙、慎到、荀况研究》,保定:河北大学出版社,2002年,第93页后(包括最近对慎到的极少量研究之一)。

〔4〕参见霍华德(Jeffrey A. Howard):《淮南子的综合性观念与历史变迁》(“Concepts of Comprehensiveness and Historical Change in the Huai-nan-tzu”),载《中国宇宙论探研:1976年8月哈佛大学中国古典思想研讨会论文集》(*Explorations in Chinese Cosmology: Papers Presented at the Workshop on Classical Chinese Thought Held at Harvard University August 1976*),加利福尼亚:学者出版社,1984年,第123页。

大略者，不可责以捷巧；有小智者，不可任以大功。人有其才，物有其形，有任一而太重，或任百而尚轻。(L 9.292；S 9.11b)

然而，仅仅将国事尽托于臣子然后就隐退，是不够的；君主必须小心翼翼 097
地建立起自己符合天道原则的官僚体系。他的方法要符合于“道”。“国有亡主，而世无废道，人有困穷，而理无不通。”(L 9.277；S 9.13a)更直白地说：

古之置有司也，所以禁民，使不得自恣也；其立君也，所以剬有司，使无专行也；[1]法籍礼义者，所以禁君，使无擅断也。人莫得自恣，则道胜；道胜而理达矣，故反于无为。无为者，非谓其凝滞而不动也，以其言莫从己出也。(L 9.295；S 9.13a)

“莫从己而出”，因为如果“道”得以兴盛，则名自正，事自定。君主必须让万事自己完成；他不能把个人的动机强加于这个精致的系统之上。[2]

法者，天下之度量而人主之准绳也。悬法者，法不法也；设赏者，赏当赏也。法定之后，中程者赏，缺绳者诛，尊贵者不轻其罚，而卑贱者不重其刑，犯法者虽贤必诛，中度者虽不肖必无罪。是故公道通而私道塞矣。(L 9.295；S 9.13a)

同样还有： 098

夫民之好善乐正，不待禁诛而自中法度者，万无一也。下必行之令，从之者利，逆之者凶，日阴未移，而海内莫不被绳矣。(L 9.304；S 9.16b)

但“名自正，事自定”的说法又如何呢？难道这个严苛而残酷的规定性政治理论不是完全和申不害所持的“清静无为”相抵触吗？这不是根据《主术》。我们已了解到“无为”不是消极地无所作为，也不是不可知论；在此篇中“无

---

[1] 对比《春秋左传注卷三》(第1016页，襄公十四年，即公元前559年)中提出的方案：“有君而为之贰，使师保之，勿使过渡。”参见史嘉柏：《模式化的历史：中国古代史学的模式和思想》，载“哈佛东亚专著”205，2001年，第150页。《淮南子》不赞成大臣在道德上自主到如此程度。

[2] 参见刘笑敢：《无为：从〈老子〉到〈淮南子〉》[“Wuwei (Non-action)：From *Laozi* to *Huainanzi*”]，载《道藏》1991年第3期，第54页后；宇野茂彦：《〈淮南子〉的整合主义管见》，载《名古屋大学文学部研究论集》1989年第105期，第154页；胡适：《中国中古思想史长编》，上海：华东师范大学出版社，1996年，第70页。

为”指的是对个人行动有意识地压制。确实,无为从最开始可能就有了这层含义[1],甚至在申不害那里也有,但《主术》将强制压抑这一点提升到了一个新的,也许是无法想象的层面。“悬法者,法不法也。”刘安的这篇文章在其创造理想的王国时,将重要的关键词从它们原本的哲学语境中分离出来,揭示出其对不受制于国家的独立美德的彻底蔑视。

而且,此篇竭力指出“法”和“准绳”不是非自然的。相反,我们知道,只有“人不得自恣”,才能“道胜”。实施严厉的措施就像给牛配轭一样,需要利用
099 牛的自然力量作为自身的优势。如果牛站定不动,费劲去拉它是毫无意义的,但“若指之桑条以贯其鼻,则五尺童子牵而周四海者,顺也”(L 9.305;S 9.16b)[2]。能动性——如果是那种恰当的能动性——是自然而为的。

> 夫防民之所害,开民之所利,威行也,若发城决唐(即塘)[3]。故循流而下易以至,背风而驰易以远。(L 9.305;S 9.17a)

---

〔1〕 森舸澜(《无为之为:中国先秦概念隐喻与精神理想——“无为”》,第109页后)反对他所称的《老子》等文献中“无为”思想的“法家解读”,否认这个概念可被当作是一位独揽大权之君主的“专制手法”。

〔2〕 该例出自陈奇猷:《吕氏春秋校释卷一·重己》,上海:学林出版社,1984年,第34页(参见安乐哲《主术:中国古代政治思想研究》,檀香山:夏威夷大学出版社,1983年,第252页注231),但这个意象的原型似乎可追溯到《庄子集释卷六下·秋水第十七》(第590页):“牛马四足,是谓天,落(即络)马首,穿牛鼻,是谓人。故曰:无以人灭天。”将“落”读作“络”,笔者从成玄英(活跃于631—652年)注。

毋庸置疑,在这个表述中,在牛鼻子上穿绳有违“顺其自然”。因此,尽管近来有人提出《庄子》文本可能曾经过刘安朝廷的重新编辑,但我们必须牢记:在撰写与《庄子》完全不和的观点时,《淮南子》的作者仍然可以任意称引《庄子》中的段落。(一例更接近《秋水》原意的称引,见刘文典著,冯逸、乔华点校:《淮南鸿烈集解卷一》,北京:中华书局,1989年,第20页。)《庄子》和《淮南子》的联系,参见罗浩:《是谁编辑的〈庄子〉?》(“Who Compiled the Chuang-tzu?”),载《汉语文本与哲学语境:葛瑞汉教授纪念文集》,1997年,尤其是第118页后;白光华:《从本体论到宇宙起源:〈庄子〉与〈淮南子〉注释》(“From Ontology to Cosmogony:Notes on *Chuang Tzu* and *Huai-nan Tzu*”),载《中国自然与社会观念:卜德先生纪念文集》,香港:香港大学出版社,1987年;克里斯托弗·兰德(Christopher C. Rand):《〈庄子〉:文本与主旨》(“Chuang Tzu:Text and Substance”),载《中国宗教学报》1983年第11期,第7页;戴君仁:《戴静山先生全集》(第2卷),台北:戴顾志鹓,1980年,第898页后;楠山春树:《〈淮南子〉与〈庄子〉联系之成立》,载《哲学》(*Firosofia*)1961年第41期,第41—68页;王叔岷:《淮南子与庄子》,载《淮南子论文集》,台北:西南书局,1976年;周骏富:《〈淮南子〉与〈庄子〉之关系》,载《淮南子论文集》,台北:西南书局,1976年。白光华在《〈淮南子〉:前汉思想的哲学综合》(*Huai-nan Tzu:Philosophical Synthesis in Early Han Thought*,第83页)中指出:《淮南子》最常引用的文献是《庄子》。

〔3〕 从庄逵吉(1760—1813)注。

传说中的御者造父深知驾驭全天下资源的好处。[1] 这位主人公从给牛鼻穿孔的画面得出了合乎逻辑的结论：[2]

> 圣主之治也，其犹造父之御，齐辑之于辔衔之际，而急缓之于唇吻之和，正度于胸臆之中，而执节（即策）[3]于掌握之间，内得于心中，外合于马志。是故能进退履绳，而旋曲中规，取道致远，而气力有余，诚得其术也。（L 9.297；S 9.13b）[4]

然而，正如很多注释者所指出的：政府的明确目的——为什么这些令人敬畏的“术”合情合理——不是让君权最大化，而是让利于民。[5] “法生于义，义生于众适，众适合于人心。此治之要也。”（L 9.296；S 9.13a）[6]高诱注（“要，约也”）说明“治之要”意味着社会契约；[7]君主被授予权力决定他可怕 100
的“法”，但这些反过来必须要顺应“人心” 。即便如此——这里也没有一处明确说明了这一点——根据《主术》，我们清楚的是：君主不应沉迷于声色以至于百姓穷困。

> 高台层榭，接屋连阁，非不丽也，然民有掘穴狭庐所以托身者，明主弗乐也。[8] （L 9.305；S 9.17a）

圣王尧是君主正确态度的典型范例：

---

[1] 造夫是周穆王的御者，参见《史记卷五》，北京：中华书局，1959 年，第 175 页；《穆天子传卷一》，载《四部备要》，上海：中华书局，第 4 页 a。亦参见马蒂厄译：《〈穆天子传〉：译注及考证》，1978 年，第 185—186 页；葛兰言：《中国古代的舞蹈和传说》，载“东方文库”，巴黎：法兰西大学出版社，1994 年，第 363 页后。

[2] 参见白光华：《〈淮南子〉：前汉思想的哲学综合》，香港：香港大学出版社，1985 年，第 36 页、第 99 页后。

[3] 从高诱注。

[4] 这一段可能是受《吕氏春秋校注卷十九·适威》（第 1280 页）启发：“先王之使民，若御良马，轻任新节。”亦参较《庄子集释卷七上·达生第十九》（第 660 页后）中的一则故事，其亦见于不少文献，包括［清］王先谦：《荀子集解卷二十·哀公第三十一》，北京：中华书局，1988 年，第 545 页后。

[5] 参见金谷治：《老庄的世界：〈淮南了〉的思想》，东京：平乐寺书店，1959 年，第 213 页；金谷治：《秦汉思想史研究》，东京：平乐寺书店，1992 年，第 519 页；宫本胜：《〈淮南子·主术训〉的政治思想及其理论构造》，载《中国哲学》1966 年第 4 期，第 7 页后。

[6] 宇野茂彦：《〈淮南子〉的整合主义管见》，载《名古屋大学文学部研究论集》1989 年第 105 期，第 155 页；徐复观：《两汉思想史》第 2 卷，香港：香港中文大学，1975 年，第 140 页；胡适：《中国中古思想史长编》，上海：华东师范大学出版社，1996 年，第 82 页。

[7] 更多关于中国古代政治盟约，见陆威仪：《早期中国的合法暴力》，1990 年，第 68 页后。

[8] 文章接下来又举了两个起同样作用的例子。关于“掘穴”一词有不少异文，详情参见王念孙和陶方琦（1845—1884）的注。

> 尧之有天下也，非贪万民之富而安人主之位也，以为百姓力征，强凌弱，众暴寡，于是尧乃身服节俭之行，而明相爱之仁，以和辑之。是故茅茨不翦，采[1]椽不断（即斲）[2]，大路不画，越[3]席不缘，大羹不和[4]，粢食不毁，巡狩行教，勤劳天下，周流五岳。岂其奉养[5]不足乐哉？举天下而以为社稷，非有利焉。（L 9.290；S 9.10b）

尧"勤劳天下"，而他自己却生活简朴，因为他知道一个仁君必须利用自己的身份来为民造福。然而，尧的行为之所以值得称赞还另有原因：通过树立一个正确行为的模范，他影响了自己的人民。因为改变习俗的能力是君主尊位的自然结果。

> 101 故灵王好细要（即腰），而民有杀食自饥也；越王好勇，而民皆处危争死。[6] 由此观之，权势之柄，其以移风易俗矣。（L 9.287；S 9.8b）

这种观点的结果就是人主的行为必须与他所希望的民众之行为相一致；因为民众必然会以人主为榜样，然后据此修正自己的行为。尧饮不和之羹，食不毁之粢，目的就是鼓励民众节俭。与这种独特的观点最相符的古代哲学要归于所谓的农家。[7] 这个学派把神农视为他们的文化英雄，其教义包括人主必须与臣民共同劳动。《孟子·滕文公上》（第4节）载，一个名叫许行的"为

---

〔1〕 采：装饰（pattern）。从高诱注。

〔2〕 从王念孙注。

〔3〕 越：结（knot）。从高诱注："结蒲为席。"

〔4〕 大羹是尧生活节俭的标志，见路易·拉卢瓦（Louis Laloy）：《〈淮南子〉与音乐》（*Hoaî-nân tzè et la musique*），载《通报》1914年第15期，第507页后。高诱注"不和"为"不致五味"。俞越（1821—1907）亦指出《左传》中的相关文段作"大羹不致"，意思相近，见杨伯峻：《春秋左传注卷一》，北京：中华书局，1981年，第86页（桓公二年，即公元前710年）。在杨伯峻：《春秋左传注卷四》，北京：中华书局，1981年，第1419页（昭公二十年，即公元前522年），同样也用了调味汤羹的例子作为关于"和"与"同"区别之哲学讨论的一部分；相关文段亦见吴则虞：《晏子春秋集释卷第七》，北京：中华书局，1962年，第442页。参见康达维：《文学的盛宴：早期中国文学中的食物》（"A Literary Feast：Food in Early Chinese Literature"），载《早期中国的宫廷文化与文学》（*Court Culture and Literature in Early China*），2002年，第51页。

〔5〕 这是对其时代背景所决定情况的大致说法。"奉养"通常暗指孝行，但亦可只表示"生活方式"。

〔6〕 楚灵王和越王勾践的例子在哲学文献中是老生常谈。见上文"郭店楚简视角下的《荀子》"相关注释。

〔7〕 关于这个称号及该问题的重要研究，见葛瑞汉：《中国哲学与哲学文献研究》，新加坡：东亚哲学研究所，1986年，第67—110页。亦见葛瑞汉：《论道者：中国古代哲学论辩》，1989年，第64—74页；陆威仪：《早期中国的合法暴力》，1990年，第176页后；大岛利一：《神农与农家者流》，载《羽田博士颂寿纪念东洋史论丛》，第353—381页。

神农之言者”称:“贤者与民并耕而食,饔飧而治理。”[1]

《主术》的作者了解这个传统,以称颂神农的形式,表面上表现出对此的赞同(L 9.271;A 9.1b)。但我们不能认为提及神农就意味着《主术》一定赞同许行所阐述的农家理想。毕竟,《主术》中的君主绝不会耕于田野,而是被鼓励隔绝于深宫之内,远离尘世,用我们上文所述的别具一格的“无为”方式来统治国家。文章以修辞之便暗引神农,但当神农的平均主义与作者欲提出的其他理论相抵牾时又马上被丢弃一边。[2]

这种修辞上的机会主义在该章后段对孔子的美好赞颂中也是很明显的。

> 孔子之通,智过于苌弘,勇服于孟贲[3],足蹑郊菟(即兔),力招城关,能亦多矣。然而勇力不闻,伎巧不知,专行教道,以成素王,事亦鲜 102
> 矣……围于匡[4],颜色不变,弦歌不辍,临死亡之地,犯患难之危,据义行理而志不慑,分亦明矣。然为鲁司寇[5],听狱必为断,作为《春秋》,不道鬼神,不敢专己。(L 9.312;S 9.20b)

---

[1] 〔清〕焦循:《孟子正义卷十一》,北京:中华书局,1987年,第367页。关于“饔”和“飧”二字,见赵岐(卒于201年)注。译者按:作“饔飧,熟食也。朝曰饔,夕曰飧”。孟子随后的反驳很著名;亦参见《孟子·尽心上》第32节;〔清〕焦循:《孟子正义卷二十七》,北京:中华书局,1987年,第925—926页。更多关于许行的讨论,除了葛瑞汉的文章,亦见佛尔克:《中国古代哲学史》,1927年,第559页;冯友兰著,卜德译:《中国哲学史》(第1卷),普林斯顿:普林斯顿大学出版社,1952年,第144页;钱穆在《先秦诸子系年》(第113节)中认为他是许犯,《吕氏春秋校释卷二·当染》(第96页)称此人曾就学于墨者禽滑厘;亦见钱穆:《墨子》,载《万有文库》,1930年,第56页;最近的王利器:《吕氏春秋注疏卷二》,成都:巴蜀书社,2002年,第236页。这个观点曾多次遭反驳。尤其见方授楚:《墨学源流》,上海:中华书局,1937年,第143页;萧公权:《中国政治思想史》,载“普林斯顿亚洲译丛”,1979年,第61页注86、第220页注21;杨俊光:《墨子新论》,南京:江苏教育出版社,1992年,第304页。

[2] 尽管乐唯在《神圣官吏:中国古代的政治、专制与神秘主义》第188页等处(看法不同)。

[3] 关于苌弘和孟贲的情况,参见陶方琦注。苌弘,见于杨伯峻:《春秋左传注卷四》,北京:中华书局,1981年,第1622页(哀公二年,即公元前492年),是《国语卷三》(第144页后)中一段描述的主角;亦参见杨伯峻所引的文献,以及安乐哲:《主术:中国古代政治思想研究》,檀香山:夏威夷大学出版社,1983年,第253页注267。陶方琦引述了许慎《淮南子》注的一段佚文(见于《群书治要》),认为孟贲来自卫国;应劭在其《汉书》注(第44卷,第2139页注6)中表示认同。亦参见王蘧常:《秦史》,上海:上海古籍出版社,2000年,第181页。安乐哲在《主术:中国古代政治思想研究》(第253页注268)中称其来自齐国。

[4] 见《论语·子罕》第5节,程树德著,程俊英、蒋见元点校:《论语集释卷十七》,北京:中华书局,1990年,第576页后。

[5] 因此(见)贺凯(Charles O. Hucker):《中国古代职官辞典》(*A Dictionary of Official Titles in Imperial China*),斯坦福:斯坦福大学出版社,1985年,第5671页。

在别处也是,作者在篇中到处使用那些只可能是旨在暗引孔子及儒家的措辞,(如):“人主贵正而尚忠。”(L 9.286;S 9.8a)特别是后面的文段提及“仁”“义”之处如此之多,以至于很多学者都倾向于认为《主术》接受了儒家的基本理想。[1]

一些段落甚至直接引用儒家经典。“有诸己不非诸人,无诸己不求诸人。”(L 9.296;S 9.13b)这句话近乎一字不漏地出现在被认为是曾参所作的《大学》注中:“君子有诸己而后求诸人,无诸己而后非诸人。”[2]也就是说:君子不能是伪君子,不能是那种对他人所要求的道德水准比自己所能达到的还要高的人。在《论语》的语境中,这个原则被认为是“恕”;“己所不欲,勿施于人”是孔子哲学中最重要的概念之一。[3]

但我们要如何看待这类措辞呢?当《主术》的人主以“术”和“法”协调天下之时,他是不是还想践行儒家“忠”和“恕”的美德呢?作者想表达的不是这
103 样的意思,有若干理由如下。理由一:作者反复把孔子和墨子作为古代圣哲并称。[4] 据我所知,任何儒家文献都没有在同一句中同时称颂孔子和墨子;[5]相反,进入公元前3世纪,儒家和墨家的传人都把对方看作是其最老练的思想论敌。当然,儒墨(儒家和墨家)这个词在《淮南子》之前就存在已久了,但这

---

〔1〕 如方丽特:《〈淮南子〉与刘安的道德权威》,2001年,第89页;金谷治:《老庄的世界:〈淮南子〉的思想》,东京:平乐寺书店,1959年,第148页;徐复观:《两汉思想史》第2卷,香港:香港中文大学,1975年,第146页后;林聪舜:《西汉前期思想与法家的关系》,台北:大安出版社,1991年,第122页。徐复观(《两汉思想史》第2卷,第150页)的观点大胆,提出“主术”中明显的儒家思想可以溯源至子思和孟子。

〔2〕 《礼记正义卷第六十》,上海:上海古籍出版社,1990年,第1674页c。我还不知道有哪位注者对这段文句作过注解。佛尔克在《中国古代哲学史》(第44页注3)中指出其与《尸子卷上·恕》(第370页)开头的一句相似。然而,《尸子》的真实性尚存疑(尽管葛瑞汉在《论道者:中国古代哲学论辩》中积极对待这部文献,第495页)。见张西堂:《〈尸子〉考证》,载《古史辩》(4),第646—653页;特别是金德建(《〈尸子〉作者与〈尔雅〉》),他列举了大量证据说明《尸子》的大部分文本“存于”3世纪甚至更迟。

〔3〕 见本书“绪论”部分相关注释。

〔4〕 除了下文所举之例,另见L 9.302、S 9.16a,及L 9.313、S 9.21a。

〔5〕 在《墨子校注卷十二·公孟第四十八》(第707页)中,据称墨翟引用了孔子。参见葛瑞汉:《论道者:中国古代哲学论辩》,1989年,第37页。

个词的使用者通常自认为不属于其中任何一派,且在文段中同时讥讽两者。[1] 比如,庄周在其《齐物论》中谈及“儒墨”,称他们是蔽于自我见解的钻牛角尖的人,他们的争论都毫无用处,因为哲学讨论的双方从他们各自的角度来看,都是正确的——因此从公平的“道”的角度来看,也都是错误的。[2]

更重要的是,《主术》中称“儒墨”的语境显示了一种对待传统学术及其在恰当的世界秩序中所处地位的独特态度。

> 汤、武,圣主也,而不能与越人乘干舟而浮于江湖;伊尹,贤相也,而不能与胡人骑骠[3]马而服騊駼[4];孔、墨博通,而不能与山居者入榛薄险阻也。(L 9.278;S 9.5a)

尽管孔子、墨子有广博的专业知识,但他们的价值并不是无限的。就像所有其他学科一样,儒墨也都有各自的才能。它们可能擅长任何它们所擅长的(文章不愿在此问题上多作阐述),但都不擅长追踪和爬山之类,要用它们来完成这样的任务那是愚蠢的。那么,孔子和墨子都只不过是君主必须学会恰

---

[1] 最著名的例子之一是陈奇猷:《韩非子新校注卷十九·显学第五十》,上海:上海古籍出版社,2000 年,第 1124 页后。亦见陈奇猷:《韩非子新校注卷十九·五蠹第四十九》,上海:上海古籍出版社,2000 年,第 1096 页;《史记卷八十七》,北京:中华书局,1959 年,第 2550 页(上文“天朝丞相李斯”讨论过),赵高劝李斯立胡亥为秦二世——而废掉秦始皇临终前指定的公子扶苏——并告诉李斯,若依其计,就可以实现“孔墨之智”。参见卜德:《中国的首位统一者:李斯生平所见秦朝研究》,1938 年,第 32 页。卜德也把引用孔子解释成《史记》所描述的不可能是当时所发生实情的证据,因为“这些引用……非常符合汉代的精神,当时儒家思想已经成为正统,而孔子被看作是一切行为的终极裁判”(93 页)。相反,赵高将孔子与墨子相提并论,显然并没有将孔子视为“终极裁判”。赵高开诚布公地鄙视孔子学说,体现在他反复劝诱胡亥坚持义、孝这种过时的观念(尽管雷蒙·道森之见不同,《司马迁:〈史记〉》,牛津:牛津大学出版社,1994 年,第 158 页)。他说辞的目的是把孔子说成是自作聪明者之一,这些人留名百世,李斯只要孤注一掷,获得成功,便也能成为这样的人。最早如此谈及孔、墨者,似乎见于《吕氏春秋卷十二·不侵》(第 640 页):“孔墨布衣之士也,万乘之主、千乘之君,不能与之争士也。”亦参见《新语校注卷下·思务第十二》(第 173 页):“墨子之门多勇士,仲尼之门多道德。”

[2] 《庄子集释卷一下·齐物论第二》(第 63 页):“道隐于小成,言隐于荣华。故有儒墨之是非,以是其所非而非其所是。”成玄英疏解释“小成”为不能包含“道”的小德行(译者按:原文作“小道而有所成得者”),释“荣华”为“浮辩之辞,华美之言”。

[3] 一个因产良马而闻名之地,据陶方琦所引许慎注。

[4] 高诱注騊駼是一种野马,对应《尔雅注疏卷第十·释畜》(第 2652 页 b)中的定义。在汉代的常规用法中,这个词指一匹来自草原的马(如,《史记卷一百一十》,北京:中华书局,1959 年,第 2789 页),此处显然就是这个意思。然而,騊駼亦可用作一种状如马的青色神兽之名,见袁珂:《山海经校注卷八·海外北经》,成都:巴蜀书社,1996 年,第 294 页。参见石听泉译:《古代中国动物寓言——〈山海经〉中的精怪》,伯克利:加州大学出版社,2002 年,第 250 节。

当地运用的众多工具中的两种。[1] 他们的哲学兴趣在政治上毫无用处,他们的教育也仅当其能促进君主统治时才有价值,他们的遗产必须服从国家利益。

104 那么,孔子和墨子很重要不是因为深刻的道德教化,而是因为其知识可能会对君主有用。这样看来,这个观点就不足为奇,因为《主术》的作者们已经阐明了,他们认为再优秀的道德也是模棱两可的。对于身居宫中之君主的绝对统治权来说,有德者,若有任何不同的话,就是个威胁。正如我们所见,评价一个人唯一的方法就是看他(或她)的行为是否符合"法":"犯法者虽贤必诛。"当然,正统的儒家不会说出这样的话,因为这种想法从根本上是与儒家思想格格不入的,与墨家思想也是背道而驰的。但《主术》既不是儒家的文章,也不是墨家的文章——也不是二者的融合。

相反,该篇的基本前提之一就是:人主必须通过利用各种资源独特的优缺点,从而使它们得到充分的利用。孔子和墨子也是资源,如果统治者运用不当——比如,不加思考就把其教义用于统治——那就成了以戈舂米。把任务指派给能力不符的人就是"犹以斧儆毛,以刀抵(即伐)[2] 木也,皆失其宜矣"。(L 9.293;S 9.12a)

但是如果就连对孔子和墨子都不需要作特殊考虑,对人主的普通臣民们还考虑什么呢?这些篇章把哲学、伦理和学术描述成等待人主来利用的材料,对"利民"的理念持完全不同的理解。利民可以涵盖"牧民",但只在一个人"牧羊"的意义上。人主必须善待人民,教授他们农、牧之道,但仅仅是因为这些行业能让国家繁荣。确切地讲,对任何精神生活毫无关注。民以食为天。[3]

> 食者,民之本也;民者,国之本也;国者,君之本也。是故人君者,上因天时,下尽地财,中用人力。(L 9.308;S 9.18b)

---

〔1〕 这种修辞手法可以追溯到《吕氏春秋》;见顾史考:《〈吕氏春秋〉与哲学争论的解决》,载《哈佛亚洲学刊》2002 年第 62 期,第 316 页、第 322 页注 39。

〔2〕 从王念孙注。

〔3〕 参较余英时对反智主义的深刻讨论,见余英时:《历史与思想》,台北:联经出版事业公司,1976 年,尤其是第 10 页后。

我们记得下面这句格言:“法生于义,义生于众适,众适合于人心。此治 105
之要也。”但“适合于人心”的仅仅是一个提供日常食宿的仁君。确实,对“人心”,我们必须保留“hearts of men”(人之心脏)的翻译——而不是“minds of men”(人之心智)——因为显然《主术》不承认存在所谓“minds”(思想),尽管读者已因孟子和其他古代思想家的论著而对这个概念习以为常了。

为什么《主术》不承认呢?因为人是由物质(文中称为“气”)构成的,而一切物质都遵循某种物理规律。显然,这个说法简直就是现代观念的古典表达。而且对《主术》——以及对于《淮南子》的其余部分——首要的物理规律就是“感应”:如果气在一处受到刺激,其他地方的气也会有所反应。[1] 这个观点在音乐中被充分阐明:

> 今夫调弦[2]者,叩宫宫应,弹角角动,此同声相和者也。[3] (L6.200)

声音代表被激发的气,而当人听到震动时,震动就必然以相同的方式激发了听者的气。因此,音乐奏响时,听者的情绪一定会和演奏者所表达的情绪相合。

---

[1] 参见白光华:《〈淮南了〉:前汉思想的哲学综合》,香港:香港大学出版社,1985 年,第 191—206 页。

[2] 有些注者提出“弦”应读如“瑟”,见白光华:《〈淮南子〉:前汉思想的哲学综合》,香港:香港大学出版社,1985 年,第 138 页注 86。

[3] 参较白光华:《〈淮南子〉:前汉思想的哲学综合》,香港:香港大学出版社,1985 年,第 138 页。这种思考方式,包括其具体例子,来自《吕氏春秋校释卷二十・召类》,第 1360 页。“宫”和“角”分别位列于五音系统中的第一、第三位。这种观点导致了“候气”的出现,即借助十二个调整好的管律来观测气的运动。见何四维:《望气:中国古代预言技术》(“Watching the Vapors:An Ancient Chinese Technique of Prognostication”),载《东亚自然与民族学学会通讯》1979 年第 125 期,第 40—49 页;卜德:《中国文明文集》(*Essays on Chinese Civilization*),普林斯顿:普林斯顿大学出版社,1981 年,第 351—372 页。

> 甯戚[1]商[2]歌车下，桓公喟然而寤，至精入人深矣！故曰："乐听其音则知其俗，见其俗则知其化。"（L 9.275；S 9.3b）

真诚的音乐打动听者的情绪，以同样的原因，也反映演奏者内心的真实状态，因为人人都由"气"构成。

106 故古之为金石管弦者，所以宣乐也；兵革斧钺者，所以饰怒也；觞酌俎豆，酬酢之礼，所以效善也；衰绖菅屦，辟踊哭泣，所以谕哀也。此皆有充于内而成像于外。[3]（L 9.306；S 9.17b）

换言之，音乐就像是哭泣和献祭——是一个人内在感情状态的外在表现；

---

〔1〕在桓公经过甯戚的车时，甯戚唱歌，从而获得了桓公注意，关于该故事的来源，见安乐哲：《主术：中国古代政治思想研究》，檀香山：夏威夷大学出版社，1983 年，第 242 页注 43。有的说法称甯戚击牛角以奏乐，传统上认为他是相牛大师，这个细节或许与之有关。有一部后世的论著在讨论这个问题时谈到了他，见胡司德：《古代中国的动物与灵异》，2002 年，第 26 页。但在甯戚这个故事中，将牛车理解成贫穷的象征恐怕更可信：若是更富裕的人则应该有匹马（胡司德：《古代中国的动物与灵异》，2002 年，第 49 页）。

〔2〕"商"是五音系统中的第二音。陶方琦引述许慎对"商"的模糊解释（"金声清"），一定是旨在说明其宇宙观上的重要意义。在其他处也曾引许慎之说称"商"指"秋声"，如陶方琦所注。亦参见路易·拉卢瓦：《〈淮南子〉与音乐》，载《通报》1914 年第 15 期，第 422 页。根据《淮南子》著名的宇宙论，"金"与"秋"相应。在一条《新论》佚文中，桓谭（前 43—28）认为五音分别与五行、四季相对应（宫居中）；"商"对应"秋"。见鲍格洛：《〈新论〉及桓谭的其他著作》[*Hsin-lun* (*Neiw Treatise*) *and Other Writings by Huan T' an*]，载"密歇根汉学研究论集"（Michigan Papers in Chinese Studies）20，1974 年，第 124 条，原文出自《太平御览卷七百一》，载《四部丛刊》，上海：商务印书馆，1929 年，第 3 页 b 和《北堂书抄卷一百三十二》，清光绪十四年（1888）南海孔氏 33 万卷堂影宋刊本，第 10 页 b。与之相似，《六韬卷第三》（第 24 页 a）认为"商"是与金相应的音律；参见杜志豪：《歌之一二：音乐与中国早期的艺术概念》，载"密歇根中国研究论文"42，1982 年，第 76 页。许慎恐怕是说甯戚歌声之悲切。

然而，注者们忽视了"商"在该语境中的重要意义。"商"可表示封臣（"宫"对应于君主），而甯戚努力接近桓公左右。见《礼记正义卷第三十七·乐记》，上海：上海古籍出版社，1990 年，第 1528 页 a。亦参较《风俗通义校注卷六》（第 275 页）关于"商"的评论。参见马绛：《〈淮南子〉的天体周期与数字和谐》（"Celestial Cycles and Mathematical Harmonies in the Huainanzi"），载《远东与泰西》1994 年第 16 期，第 122 页。

最后，在《淮南子卷十二》（L 12.389）的描述中，甯戚与一群商旅到齐国（参见陈奇猷：《吕氏春秋校释卷十九·举难》，上海：学林出版社，1984 年，第 1311 页），想把车卖给齐桓公（译者按：原文作"将任车以商于齐"），恐怕与此有联系。

〔3〕相似的观点在《淮南子·本经》（L 8.265）中阐述得更全面。关于各种古代乐器，参见栗原圭介：《中国古代乐论研究》，东京：大东文化大学东洋研究所，1978 年，第 542—584 页。

一则出处有争议的佚文持相同的看法，认为乐器能响应演奏者的感情。因此人们必须更加善于接纳这些刺激："钟鼓之声，怒而击之则武，忧而击之则悲，喜而击之则乐。其意变，其声亦变。意城感之，达于金石，何况人乎！"该段保存在两部类书中：《太平御览卷五百七十四》，载《四部丛刊》，上海：商务印书馆，1929 年，4b（称原文来自《尸子》），及《北堂书抄卷一百八十二》，清光绪十四年（1888）南海孔氏 33 万卷堂影宋刊本，2a（称其出于《尹文子》）。亦见《尸子卷下》，载〔清〕汪继培：《二十二子》，上海：上海古籍出版社，1985 年，第 380 页 b。《说苑校证卷十九·修文》（第 497 页）记载了一段孔子的话，与之相似。参见陆威仪：《早期中国的合法暴力》，1990 年，第 220 页。

用《主术》的话说："此皆有充于内，而成像于外。"这个观点立足于对音乐的传统认识，在本书"郭店楚简视角下的《荀子》"与荀子有关的内容中已探讨过。[1]《主术》的作者甚至直接引及荀子的文章。上引这段，关于古人表达喜悦、掩饰愤怒，本身就是一个言辞的修饰，荀子也有相似的表达。[2]

《吕氏春秋》中也用类似的语言阐述了一个类似的主题，关于这一点，《主术》的作者们应该也希望读者们了解。

> 凡音者，产乎人心者也。感于心则荡乎音，音成于外而化乎内。[3]是故闻其声而知其风，察其风而知其志，观其志而知其德。盛衰、贤不肖、君子小人，皆形于乐。[4]

然而，《吕氏春秋》中关于音乐的几篇文章对荀子所暗示的层面做了进一步阐述。[5]

> 音乐之所由来者远矣。生于度量，本于太一，太一出两仪[6]，两仪出阴阳。阴阳变化，一上一下，合而成章。浑浑沌沌，离则复合，合则复离，是谓天常。天地车轮，终则复始，极则复反，莫不咸当。日月星辰，或疾或 107
> 徐，日月不同，以尽其行[7]。四时代兴，或暑或寒，或短或长，或柔或刚，万物所出，造于太一，化于阴阳。萌芽始震，凝寒以形。形体有处，莫不有声。声出于和，和出于适，先[8]王定乐，由此生。[9]

这段论述的意义在最后才说出来："莫不有声。"在创世之时，阴阳变化、天

---

[1] 参见朱谦之：《中国音乐文学史》，上海：商务印书馆，1935年，第16页。

[2] 《荀子集解卷十四・乐论第二十》（第380页）："且乐者，先王之所以饰喜也，军旅鈇钺者，先王之所以饰怒也。"

[3] 从高诱注，参用陈昌奇（1743—1820）的校正。译者按：即"化生内心"（transform the hearer inside）。

[4] 陈奇猷：《吕氏春秋校释卷六・音初》，上海：学林出版社，1984年，第335页。参较顾史考：《〈吕氏春秋〉与哲学争论的解决》，载《哈佛亚洲学刊》2002年第62期，第338页；杜志豪：《歌之一二：音乐与中国早期的艺术概念》，载"密歇根中国研究论文"42，1982年，第87页；卫礼贤：《吕氏春秋》，1928年，第73页。

[5] 有关《吕氏春秋》和荀子关于音乐概念相似之处的讨论，见沼尻正隆：《〈吕氏春秋〉思想的研究》，东京：汲古书院，1997年，第61—73页。

[6] 从高诱注。译者按：即"天地"。

[7] 从高诱注："以尽其行度也"。

[8] 从毕沅（1730—1797）等人注。

[9] 陈奇猷：《吕氏春秋校释卷五・大乐》，上海：学林出版社，1984年，第255页。参较顾史考：《〈吕氏春秋〉与哲学争论的解决》，载《哈佛亚洲学刊》2002年第62期，第169页；杜志豪：《歌之一二：音乐与中国早期的艺术概念》，载"密歇根中国研究论文"42，1982年，第55页；卫礼贤：《吕氏春秋》，1928年，第56页。

旋地转都伴随着声音,标志着世界和“道”的和谐统一。其结果就是当我们今天创作音乐时,我们再创了宇宙的模式。这就是《吕氏春秋》用了这么大篇幅来区别适音(和乐)和侈乐的原因。音乐是宇宙的表现,不当的演奏只会产生恶果。[1]

这些“术数、措施、宇宙论和天文学之间的联系”[2]明显要求《淮南子》的作者们在文集的第3卷(《天文训》)里提出一个类似的宇宙谱系:

> 道始[3]于一,一而不生,故分而为阴阳,阴阳合和而万物生。故曰:
> “一生二,二生三,三生万物。”[4]天地三月而为一时,故祭祀三饭以为
> 礼,丧纪三踊以为节,兵重三罕以为制。以三参物,三三如九,故黄钟之律
> 108 九寸而宫音调。因而九之,九九八十一,故黄钟之数立焉。黄者,土德之
> 色;钟者,气之所种也。[5] 日冬至德气为土,[6]土色黄,故曰黄钟。律之
> 数六,分为雌雄,故曰十二钟,以副十二月。十二各以三成,故置一而十
> 一,三之,为积分十七万七千一百四十七,黄钟大数立焉。[7] (L 3.112)

该篇又沿此脉络论述了几行冗长的文段。[8] 最重要的观点只是顺带提

---

〔1〕参见普鸣:《成神:早期中国的宇宙论、献祭与称圣》,“哈佛-燕京专著丛书”57,2002年,第174—175页。亦见陈奇猷:《吕氏春秋校释卷六·明理》,上海:学林出版社,1984年,第357—359页。这种观点在《国语卷三》中就有所预示(如:“单穆公谏景王铸大钟”,第128页),尽管其并不认同一个严格的物质体系,但也在自然秩序中为音乐保留了一个中心地位。参见史嘉柏:《模式化的历史:中国古代史学的模式和思想》,载“哈佛东亚专著”205,2001年,第113页后;詹姆斯·哈特(James Hart):《〈国语〉中“无射”钟的讨论》(*The Discussion of the Wu-yi Bells in the Kuo-yü*),载《华裔学志》1970—1971年第29期,第391—418页。

〔2〕马绛:《西汉思想中的天与地:〈淮南子〉的三、四、五卷》,1993年,第112页。

〔3〕从王念孙注。

〔4〕引自《老子》第42章;高明:《帛书老子校注》,北京:中华书局,1996年,第29页。

〔5〕此处用声训:除了声调不同,“钟”和“种”在古汉语中基本上是同音词,在现代汉语中也是。

〔6〕关于“五行”的基本情况,见席文:《当代中国的传统医学》(*Traditional Medicine in Contemporary China*),安娜堡:密歇根大学中国研究中心,1987年,第70页后;马绛:《主旨、过程、阶段:〈淮南子〉中的五行》(“Substance, Process, Phase: Wuxing in the Huainanzi”),载《汉语文本与哲学语境:葛瑞汉教授纪念文集》,1991年。

〔7〕参见马绛:《西汉思想中的天与地:〈淮南子〉的三、四、五卷》,1993年,第108—110页。亦见马绛:《〈淮南子〉的天体周期和数字和谐》,载《远东与泰西》1994年第16期,第125页。

〔8〕更多关于《天文》章的讨论,尤其参见马绛:《西汉思想中的天与地:〈淮南子〉的三、四、五卷》,1993年,第55—139页,该书包括该章的翻译和注释。参见泷辽一:《中国音乐再发现:思想篇》,载“新亚学术丛书”7(Academic Series New Asia 7),1992年,第17—54页;冯友兰:《中国哲学史》(第1卷),卜德译,普林斯顿:普林斯顿大学出版社,1952年,第396页;杨没累:《淮南子的乐律学》,载《淮南子论文集》,台北:西南书局,1976年;路易·拉卢瓦:《〈淮南子〉与音乐》,载《通报》1914年第15期,第514页。

出来的：黄钟之度符合土德之气。五声音阶中的每一个音对应于一种气。其结论很关键：因为万物——包括人类——都是由气构成的，音乐就能用来调节整个宇宙。[1]

这就是《主术》用乐的背景。一个人若能熟练地调音和演奏，就能让听众感受到任何想让之感受的情绪：

> 故君人者，其犹射者乎！于此豪末，于彼寻常矣。[2] 故慎所以感之也。夫荣启期一弹，而孔子三日乐，感于和；邹忌一徽，而威王终夕悲，感于忧。[3] 动诸琴瑟，形诸音声，而能使人为之哀乐。（L 9.275；S 9.3b）

正如《淮南子》在其他篇所称："皆象其气，皆应其类。"（L 4.141） 109

就像《主术》中的其他文段，关于音乐的段落也引用了经典文献中的语言，这些经典为当时的读者所熟知。然而，我们应该提高警惕，以免被误导以为《主术》借用这些熟悉的术语，旨在论证与原文相同的观点。[4] 比如，此处把荀子描绘成一个唯物主义决定论的辩护者。但荀子这位思想家心里有很清楚的概念，他不可能接受"人类只是气的容器"这个想法，尽管《主术》经常暗引他的著作。在其中一个很罕见的例子中，荀子甚至用了"气"这个术语，谨慎地强调无论一个人（气）的身体状态如何，其心智均可正常活动。这段出现在关于擅（即禅）让的讨论中：

> 曰："（王）老衰而擅（即禅）。"[5]是又不然。血气筋力则有衰，若夫

---

〔1〕参见马绛：《西汉思想中的天与地：〈淮南子〉的三、四、五卷》，1993年，第27页；杜志豪：《早期中国音乐与美学术语的起源》（"Early Chinese Music and the Origins of Aesthetic Terminology"），载《中国艺术理论》（*Theories of the Arts in China*），普林斯顿：普林斯顿大学出版社，1983年，第194页；杜志豪：《歌之一二：音乐与中国早期的艺术概念》，载"密歇根中国研究论文"42，1982年，第37页。

〔2〕"寻"和"常"都是距离单位（1"常"即为2"寻"）；对于射手来说，二者都被理解成重大失误。参见方丽特：《〈淮南子〉与刘安的道德权威》，2001年，第190页注4。

〔3〕这两则故事的经典来源，见安乐哲：《主术：中国古代政治思想研究》，檀香山：夏威夷大学出版社，1983年，第242页注40。

〔4〕尤其见乐唯：《中国古典文学中之颠覆性引用若干例》（"Quelques examples de détournement subversif de lacitation dans la littérature classique chinoise"），载《远东与泰西》1995年第17期，第44—55页。

〔5〕术语"擅"首见于〔清〕王先谦：《荀子集解卷十二·政论第十八》，北京：中华书局，1988年，第331页，此从杨倞注。

智虑取舍则无衰。[1]

从哲学上来说,荀子世界观的问题不见得比淮南子的少;因为此时他谈到了一些近乎于西方哲学终极难题的东西,即"身心问题"。在荀子的体系中,气和心似乎是相互独立地盛衰变化。他没有解决这个明显的难题,即:心(精神)是由什么物质构成的?

不过,要解决这个大问题就必须郑重对待它,而不是忽略它。最终,没能深究"心"的概念成了《淮南子》最大的缺憾。根据荀子,人支撑到最后的两种能力是"取、舍"的力量。它们正是《淮南子》的人性概念所否认的品质。在那个天下太平的世界里,君主只要拨对了弦,其臣民便心领神会、尽忠竭力。这些观点的陈述都丝毫没有考虑人民拒绝这种形式束缚的能力——甚至意愿。
110 文章只承认民众如果受虐待,可能会不满且滋生事端。《主术》拒绝接受的观点是:人民可以有任何形式的精神生活,有仅被感受所激发的以外的(主动的)好恶,有道德进步的能力和责任。

而且,如果人不过是气的聚集体,只会对刺激做出可预知的反应,那为什么君主就全然不同呢?君主一定有办法把他自己和其他人区分开,否则,该篇就必须考虑到民众也可能开始通过演奏他们自己有影响力的音乐来控制君主!

从申不害那里可以发现如何解决这个矛盾,他说:

上明见,人备之;其不明见,人惑之。其知见,人惑之;不知见,人匿之;其无欲见,人司(即伺)[2]之(即了解君主之所欲)[3];其有欲见,人

---

〔1〕〔清〕王先谦:《荀子集解卷十二·政论第十八》,北京:中华书局,1988年,第333页。参见金鹏程:《〈庄子〉的形神问题?》("A Mind-Body Problem in the *Zhuangzi*?"),载《藏天下于天下:对〈庄子〉不齐之论说》(*Hiding the World in the World: Uneven Discourses on the Zhuangzi*),2003年;陆威仪:《早期中国的合法暴力》,1990年,第224页;泽田多喜男在《〈荀子〉和〈吕氏春秋〉中的气》(第85页)都讨论了这一段,但都没有考虑它与身心问题的关系。参较王志民译:《荀子:全译及研究》(第3卷),斯坦福:斯坦福大学出版社,1994年,第41页。

〔2〕从陈奇猷注。

〔3〕从顾立雅之说,见《申不害:公元前4世纪的中国政治哲学家》,芝加哥、伦敦:芝加哥大学出版社,1974年,第365页。

饵之。故曰:“吾无从知之,惟无为可以规之。”[1]

至此,问题就变得很熟悉了:君主一定不能显露自己,否则就会被大臣们抓住弱点。《主术》通过把这段话和“气”的概念相结合,从而使之与自己的操控本体论相一致。“古圣王至精形于内,而好憎忘于外。”[2]最直白的表述是:

> 昔者齐桓公好味,而易牙烹其首子而饵之;虞君好宝,而晋献以璧马钓之;胡王好音,而秦穆公以女乐诱之。[3] 是皆以利见制于人也。故“善建者不拔”[4]。夫火热而水灭之,金刚而火销之,木强而斧伐之,水流而土遏之,唯造化者,物莫能胜也。(L 9.300;S 9.15b)

这段以列举“气”之五行结束。五行彼此循环相克。“造化者”依照我们 111
的理解指的是圣人,通过停止自身气的发散,从而让自己跳出永恒的物质循环。这种神仙般的状态就是统治者追求的目标。《主术》没有说明这要如何才能做到,但《淮南子》其他章节中又谈到了这个问题。[5]

最后,我们重新思考本文开篇提出的问题:《主术》一篇属于哪家学派?这其实是一篇颠覆所有学派的文章。[6] 在《主术》中所遇到的一些动机和策略亦见于司马谈对道家的总结中:

> 其为术也,因阴阳之大顺,采儒墨之善,撮名法之要,与时迁移,应物

---

[1] 顾立雅:《申不害:公元前4世纪的中国政治哲学家》,芝加哥、伦敦:芝加哥大学出版社,1974年,第364页,第16条;原文出自陈奇猷:《韩非子新校注卷十三·外储说右上第三十四》,上海:上海古籍出版社,2000年,第775页。参见浅野裕一:《黄老道家的起源与发展》,东京:创文社,1992年,第235页。

[2] 后文有相似的一段:“喜怒形于心,者(即耆)欲见于外,则守职者离正而阿上。”(L 9.299;S 9.15a)将“者”校订为“耆”,见王念孙注。

[3] 关于这些传说的经典来源,见安乐哲:《主术:中国古代政治思想研究》,檀香山:夏威夷大学出版社,1983年。

[4] 引自《老子》第54章;高明:《帛书老子校注》,北京:中华书局,1996年,第85页。

[5] 参见方丽特一篇很有见地的文章:《圣人的情与行:〈淮南子〉对有序之心的建议》(“Emotions and Actions of the Sage:Recommendations for an Orderly Heart in Huainanzi”),载《东西方哲学》1995年第45期,第527—544页;方丽特:《〈淮南子〉与刘安的道德权威》,2001年,第105页后。另见罗浩:《早期道家思想中的心理与修养》(“Psychology and Self-Cultivation in Early Taoistic Thought”),载《哈佛亚洲研究学报》1991年第51期,第308页。

[6] 尤其参见桂思卓:《历史存目:〈淮南子〉的学派归属再考》,载《亚洲专刊》2001年第11期,第20页,她的结论为:这一部分从根本上说是认同(非颠覆)的。

变化,立俗施事,无所不宜。[1]

司马谈在作此论述时,很可能想到了《淮南子》。[2]道家以“采儒墨之善”和“撮名法之要”,暗中批评了所有前辈。它的融合不是简单地从所有可能之处搜集观点。它所吸取的观点听起来像是来自每个可能之处,但却将之融会贯通,成为治国之理,以此平息了所有哲学争论。《淮南子》自成一家:它是一个一意孤行的、刚愎自用的、反智者的学派。

---

〔1〕《史记·太史公自序》,北京:中华书局,1959年,第3289页。译者按:《六家之要旨》。

〔2〕参见罗浩:《是谁编辑的〈庄子〉?》,载《汉语文本与哲学语境:葛瑞汉教授纪念文集》,1991年,第83页后;张舜徽:《周秦道论发微》,北京:中华书局,1982年,第5页后、第302页;戴君仁:《戴静山先生全集》(第2卷),台北:戴顾志鹓,1980年,第892页后;关于相反的观点,见桂思卓:《历史存目:〈淮南子〉的学派归属再考》,载《亚洲专刊》2001年第11期,第10页。

七、今夕所见之班昭 112

在过去的十年里[1]，备受争议的《女诫》(*Admonitions for Women*，或译为*Lessons for Women*)一书的作者班昭(约卒于116年)，已经成了好几部全英文出版物的主角。其中有两部是更早作品的再版：孙念礼(Nancy Lee Swann)的《班昭传》(*Pan Chao*：*Foremost Women Scholar of China*，初版于1932年)和高罗佩(R. H. van Gulik)的《中国古代房内考：中国古代的性与社会》(*Sexual Life in Ancient China*：*A Preliminary Survey of Chinese Sex and Society from ca. 1500 B. C. till 1644 A. D.*，1961)。出版商想重印这些作品的愿望证明了他们察觉到对中国性别研究的普遍兴趣，尤其是对班昭。值得一问的是为什么班昭成了格外关注的焦点，笔者将在下文讨论：其答案与性别研究开始成为学术探究的正式分科有关。但笔者还有一个目的：指出那些致力于这些主题的研究者们已经高估了班昭作品的史料作用。

在20世纪的大部分时期，关于班昭的学术讨论大致可以分为三类。第一类称赞她是女性教育的先驱，是值得现代女性效仿的楷模。孙念礼是这种观点最著名的支持者。在晚清时期，中国的批评家们推崇班昭，把她看作带给中国女性现代化开端的重要信息的绝佳范例："作为女性，你必须接受教育！"[2]孙念礼也影响了不少西方人的观点，最明显的是艾思柯(Florence Ayscough，1878—1942)，在她广受欢迎的《中国女性：昨天和今天》(*Chinese*

---

〔1〕 译者按：约指1995—2005年，本书初版于2005年。

〔2〕 参见夏晓虹：《古典新义：晚清人对经典的解说——以班昭与〈女诫〉为中心》，载《中国学术》2000年第1期，第87—89页，转引自孙念礼书(《班昭传》)中曼素恩(Susan Mann)的序，第xi页。

Women: Yesterday and To-Day）中，她把班昭置于"教育家"类之首，总结道："她的事例照耀后世。"[1]廖天琪（Tienchi Martin-Liao）同意此说："班昭当之无愧女性教育桂冠的荣誉。"[2]

第二类常见的观点和第一类截然相反。作者如陈东原和高罗佩谴责班昭是女性事业的强敌。陈氏甚至说她"毒害"了女性，是被剥夺了爱情的中国式
113 婚姻的罪魁祸首。[3] 高罗佩称她的"妻子行为守则"（指《女诫》）为"中国古代文学中最偏执的书"。[4] 西格弗里德·恩勒特（Siegfried Englert）持近似的观点：班昭的观念"意味着……加在女性身上沉重的负担"[5]。在这些批评家看来，班昭也许是个出色的老师，但是她教给女性的全是错的。

最后，有作者认为班昭既非英雄也非恶棍，只是她所处时代的一个小孩子。比如，榎一雄（Kazuo Enoki）认为，该书"告诉我们在班昭那个时代——也就是1世纪，妻子在丈夫家里的地位"[6]。韩德琳（Joanna F. Handlin）的观点与之类似："虽然乍看起来是压迫性的，但（班昭的《女诫》）应该被放到更广阔的'礼'的背景下去理解。'礼'就是正当行为的规范，男孩被要求遵循的礼并不亚于女孩。"[7]第三类的学者把班昭当作忠实的记录者，记录关于两性关系和女性得体行为的传统观点。

上文所述的观点中，最晚的在1984年（廖天琪），但没有任何一种观点在今天能被完全接受。第三类乍看起来似乎可信，但现在可能是最站不住脚的，

---

[1] 艾思柯：《中国女性：昨天和今天》，1937年，第263页。

[2] 廖天琪：《中国古代女性教育：女性书籍研究》（*Frauenerziehung im alten China: Eine Analyse der Frauenbücher*），1984年。亦见廖天琪：《传统妇女教育手册》（*Traditional Handbooks of Women's Education*），1984年，第171页。

[3] 陈东原：《中国妇女生活史》，北京：商务印书馆，1937年，第49页。

[4] 高罗佩：《中国古代房内考：中国古代的性与社会》，载"莱顿汉学"57，2003年，第97页。

[5] 西格弗里德·恩勒特：《古今中国妇女及房中事文献资料》（*Materialien zur Stellung der Frau und zur Sexualität im vormodernen und modernen China*），载"海德堡东亚研究资料"（Heidelberger Schriften zur Ostasienkunde）1，1980年，第52页（"bedeuteten ... eine gewaltige Last für die Frauen"）。

[6] 榎一雄：《理论与现实中的儒家妇女》（"Confucian Women in Theory and in Reality"），载《古今中国妇女》（*La donna nella Cina imperiale e nelia Cina repubblicana*），1980年，第11页。他还认为《列女传》"是一部儒家女性实际行为的描述"（第5页）。

[7] 韩德琳：《吕坤的新观众：女性识字对十六世纪思想的影响》（*Lü K'un's New Audience: The Influence of Women's Literacy on Sixteenth-Century Thought*），斯坦福：斯坦福大学出版社，1975年，第13页。

因为如果当前对班昭的研究能够取得一点共识的话，那么就是：她这套“惯例”即使放在她所处的时代也是特例。萧虹（Lily Lee）已经从三个方面有力地证明了这一点：(1)班昭“不鼓励女性在任何领域表现突出，而是劝告她们趋于平庸”，然而班昭自己的弟子邓太后（卒于121年），却“很难说是谦逊女性的典范”；(2)萧虹没有找到更早的文献“规定不允许女性表达自己的想法，尤其是当她们被误解时”，而且，“男女之间社会交往的禁令似乎在先秦时期并不存在，或是没有严格执行”；(3)主要基于杜敬轲（Jack L. Dull）的开拓性研究，萧虹提醒我们“女性再婚在中国古代并非罕见的现象”，并且女性要和丈夫离婚，甚至是在没有正式离婚的情况下就离开自己的丈夫，都是可能的。[1] 笔者近来也提出了类似的主张：班昭以传统的名义发展出的价值观其实是她自己的教化创造。[2]

最常被引用的研究之一是陈幼石（Yu-shih Chen）的《班昭〈女诫〉的历史范本》（*The Historical Template of Pan Chao's Nü Chieh*）。最近出版的两本出 114
版物高度评价了这篇文章。在孙念礼著作的再版前言中，曼素恩称：“陈氏对班昭作品中道家语言彻底的重新解读将《女诫》带入了一个全新的视角。”[3]韩献博（Bret Hinsch）也称陈氏的文章为“《女诫》的一篇激动人心的替代读物”，并补充说，“对这部作品语言的深入分析揭示出与同样兴盛于汉代的黄老及兵家文献之间显著的相似性”。[4]

《班昭〈女诫〉的历史范本》不只研究班昭的语言；这篇文章的前面三分之二都用来讲述班氏家族的运势，还呈现了汉代史中的各种趣事，目的是说明在应对权势强大的上层时，适应——而非公然抗争，常被认为是政治上的权宜之

---

[1] 萧虹[《阴之德——中国妇女研究论文集》（*The Virtue of Yin: Studies on Chinese Women*），第13页后]依据杜敬轲。亦见吕思勉：《吕思勉读史札记》，上海：上海古籍出版社，1982年，第549—555页。

[2] 金鹏程：《中国古代性文化》，檀香山：夏威夷大学出版社，第99页后。班昭对传统的创造似乎与艾瑞克·霍布斯鲍姆（Eric Hobsbawm）对这种现象的普遍观察是一致的[《引言：创造传统》（*Introduction: Inventing Traditions*），第4页]：“当一场迅速的社会变革削弱或是摧毁了‘旧’传统所设计的社会模式，并产生出新的却不适用的模式时，或是当这些旧传统及其机构载体与其传播者显得不再有足够的适应性和灵活性时，则我们应该希望（传统的创造）发生得更频繁些。”

[3] 见孙念礼：《班昭传》，载“密歇根汉学研究经典”5，2001年，第xiv页注12。

[4] 韩献博：《中华帝国早期的妇女》（*Women in Early Imperial China*），载“亚洲之声”（Asian Voices），2002年，第123页。

计。但这篇文章的核心确实是由对“《女诫》所用的关键概念”彻底的重新解读构成的,并将其与《老子》《孙子》这样的作品相对比。

陈氏的文章立足于《女诫》“不是儒家说教的作品之一”。她力图表明班昭不是“儒家卫道士”,而是像她著名的兄长班固(32—92)一样,保持着和“道家”相近的心态。[1] 这里对“儒家”和“道家”两个术语是“歪曲”借用。实际上,陈氏的意思是:班昭把“自保与生存看作一个人的首要任务”。但道家——无论其含义是什么——都一定和“自保与生存”不是一回事。(因为这会让托马斯·霍布斯(Thomas Hobbes)[2]都成了道家!)陈氏似乎是说在中国汉代,有两个组织严密、广受认可的思想学派,被称为“儒家”和“道家”,而一但忠于其中一家,就不会受另一家的影响。这是个过时的、过于简单化的模式。

陈氏最显著的观点是班昭用影射的语言来雕琢她的《女诫》:她的规范是有意暗指《老子》和《孙子》,她的潜台词是要给年轻的妻子们提供一套必要的技能,以便在婆家充满敌意的世界中生存。[3] 因此,顺从婆婆成了生死攸关之事,而无关道德是否端正:“这里的建议似乎是:‘始终保持安全距离。’……班昭似乎根本不是在建议女人屈从于别人的命令,不管是在思想上还是在行动上。但她认为让自己抗击强势是愚蠢而危险的。”[4]其后陈氏引用了《老子》第 22 章[“Those that bend remain intact”(曲则全),陈氏硬译作“bowed
115 down then preserved”],并认为:“如果我们细读文章……我们就会看到班昭并没有表示当践行‘曲从’时,媳妇就不再有自己的是非判断。班昭所说的是,尽管媳妇可能有时候知道她的婆婆不对,但为了保全她自己,她还是应该

---

〔1〕 陈幼石:《班昭〈女诫〉的历史范本》,载《通报》1996 年第 82 期,第 233、243 页。

〔2〕 译者按:托马斯·霍布斯(1588—1679),英国政治家、哲学家。他提出“自然状态”和国家起源说,认为国家是人们为了遵守“自然法”而订立契约所形成的。

〔3〕 这个观点的原创性被曼素恩和韩献博等学者夸大了;一个类似的观点在几年前出版的一本德文书籍中曾提出过,但陈氏没有引用尤特·弗里克(Ute Fricker):《错觉与现实:中国古代女性思想的历史变迁》(*Schein und Wirklichkeit: Zur altchinesischen Frauenideologie aus männlicher und weiblicher Sicht im geschichtlichen Wandel*),载《东亚自然与民族学学会通讯》1988 年第 112 期,第 190 页后、第 273 页。

〔4〕 陈幼石:《班昭〈女诫〉的历史范本》,载《通报》1996 年第 82 期,第 246 页。

"'曲从'顺命。"[1]

换言之,陈氏所称的"曲从"是个蓄意的策略,受《老子》启发而来,为的是防止和无法避开的婆婆之间发生灾难性的冲突。需要注意的是,班昭自己没说过这样的话。她唯一表明的担忧是如果她粗鄙的女儿们没有学习得体的礼仪,则可能会辱没其祖先和宗族[2],而不是她们必须为了安抚可能的敌人而学习伪装。

更重要的是,并不确定班昭的读者是否已经具备了识别这类典故所需的教育。《女诫》的文字并不属于学术文风。它通常运用的语言风格只能被看作是口语。第5章有一个很好的例子:

> 若夫动静轻脱,视听陕输,入则乱发坏形,出则窈窕作态,说所不当道,观所不当视,此谓不能专心正色矣。[3]

已出版的《女诫》译本通常乱解"陕输",这是一个晦涩的词,写法和讲法各异,在"见异思迁"和"水性杨花"的语义范围内,通常指一个狐媚的女人。("陕"可能和"闪"有关,就像星星闪烁、变化。)这个词在方言中历史悠久。

有知识的中国读者立刻就能意识到"窈窕"是《诗经》第一首《关雎》中形容所描写的那位"淑女"的词。在这样的背景下,"窈窕"的意思自古以来就类似于"害羞、文静"。现代读者可能反对这种注解所包含的教训意味,但很显然,无论怎样来解释这个词,"窈窕"都被理解成一个值得称赞的特性。然而,班昭的意思却是贬义的,注释者们通常强调这个词,解释它是类似于"放荡"的意思。一个在《关雎》中用以形容淑女的词怎么就变成表示"放荡"了呢? 116
"窈窕"是一个古老、多义的联绵词,其基本意思是"美女";在《诗经》中,它是个褒义词,但到了班昭的时代,它似乎又有了一个更粗鄙的意思。早在《楚辞》里,"窈窕"就有了不雅的内涵——不是"放荡",但也不是"文静"。[4]

---

〔1〕 陈幼石:《班昭〈女诫〉的历史范本》,载《通报》1996年第82期,第254页。

〔2〕 〔宋〕范晔著,〔唐〕李贤等注:《后汉书卷八十四》,北京:中华书局,1965年,第2796页。

〔3〕 同上,第2790页。

〔4〕 如"子慕予兮善窈窕",见〔宋〕洪兴祖:《楚辞章句补注卷二·九歌·山鬼》,台北:世界书局,1989年,第46页。这一句可能是有意呼应《关雎》。

(字典辞书有时候试图去区分“害羞”和“诱人”;尽管规范定义会有些辞书学的价值,但是用习惯用法以外的任何范畴来解释这些细微的差别都是误导人的。)[1]

无论如何,这里我们所关注的是班昭明显不是在暗引《诗经》,也不关注她的读者可能因其他想法而受影响。一个无法意识到所引用的是《关雎》这样著名文句的读者,可能很难理解陈氏所主张的深奥典故。在任何情况下,班昭都不习惯于模糊的引用:当她确实引用古文献时,她都明确标出,而文献书目几乎没有道家著作:《论语》《礼》《诗》《易》,还有一种佚书,大概属于家庭指南之类,叫《女宪》。

最后一个难题:陈氏没有考虑班昭的其他作品。曼素恩感叹道:“到目前为止,对班昭作品其他部分的关注非常少。”[2]但公平地讲:如果保存至今的班昭的全部作品只是其他那些部分,而不是《女诫》,那么她现在就会被认为是个平淡无奇的作者,写了些关于勤劳和端庄的训诫小诗。但此例中提及的班昭的其他作品还是值得参考的,因为它们透露出了班昭的创作习惯。这些作品包括:(1)两篇刻板而没什么实质内容的上疏;(2)咏蝉、咏针线,以及关于她兄长(班超)从安息国带回来的一些异域珍禽的诗歌;(3)一篇充满了博学典故的中篇颂词,题为《东征赋》。最后一篇最有用,因为我们可以考察班昭的用典是否能支持陈氏的理论,即班昭根据道家的“范本”来写作。

这些用典并不能支持陈说。康达维已经仔细地翻译和注解了《东征赋》。[曼素恩在她的批评中没有谈及康达维——或者她当时所能见到的,更早的查赫(Erwin von Zach)的翻译本。][3]从康达维的作品中我们能看到班昭《东
117 征赋》中所引用的典籍和《女诫》几乎是一样的:《论语》《诗经》《中庸》《左传》。(唯一一篇引用的非儒家典籍是《楚辞》,这在一篇关于“出征”的典型赋作中是很普遍的。)而且《东征赋》所表现的显著精神与“自保和生存是人的

[1] 参见弗朗索瓦·马丁:《〈诗经〉的引用:可用的意义》,载《远东与泰西》1995年第17期,第33页。

[2] 参见孙念礼:《班昭传》,载“密歇根汉学研究经典”5,2001年,第x页。孙氏描述和翻译了全部这些片段(第74—81页、第100—130页)。

[3] 查赫译:《中国文集:〈文选〉翻译》(*Die chinesische Anthologie: Übersetzungen aus dem Wen hsüan*)第1卷,载“哈佛-燕京学社专著”18,1958年,第133—135页。

首要任务”的观点不相容和：

知性命之在天，由力行而近仁。

勉仰高而蹈景兮，尽忠恕而与人。

好正直而不回兮，精诚通于明神。

庶灵祇之鉴照兮，佑贞良而辅信。[1]

人的首要任务是培养品德。生死全听天命。

《女诫》所用的语言可能令人想到《老子》，但不是因为作者想灌输道家思想。相反，班昭用了在传统上与女性有关的关键词，比如“弱”“柔”“卑”“顺”。《老子》将类似的词汇转化进了一个统一的统治哲学中，包括在外表上显示柔弱，以使自身合于强大的“道”，由此掌控一切对抗自然秩序的脆弱之物。赞颂那些通常与卑微、阴柔相联系的特征是一个强有力的修辞手法：《老子》将“弱”和“柔”重新定义为深奥的哲学概念。相比之下，班昭在说“柔弱”时，想表达的就是“柔弱”。不是所有关于阴柔的讨论都能被理解成引用《老子》。

《女诫》以传统道德的名义，把被奉为圭臬的典籍中复杂的性别讨论简化成一套束缚严格的礼仪条款，长久以来都是中国传统伦理的耻辱。那么为什么近年来关于班昭的研究有如此之多——为什么陈氏试图为班昭平反的努力得到了如此之多的学术赞同呢？

曼素恩已经谈及了关键的一点：“对渴望重温中国经典、历史和儒家思想的那些中国和欧美的女性主义历史学家们来说，班昭和她的《女诫》再一次回到了历史的真实，以性别作为一种分析的范畴。”[2] 118

这里的前提假设是：女性历史学家应该用班昭来开启“重温中国经典”的课题。她在加强女性教育事业方面的作用已经被过分夸大了——比如，碧翠斯·斯佩德(Beatrice Spade)的文章表明，南朝的女性教育与班昭的细致指令

---

[1] 《六臣注文选卷九》，载《四部丛刊》，上海：商务印书馆，1929 年，第 28 页 a；康达维译：《文选》第 2 卷，第 177 页(但其措辞或许太过于基督徒式了)；亦见其《汉赋中的纪行赋》(“Poetic Travelogue in the Han fu”)，收入《早期中国的宫廷文化与文学》(*Court Culture and Literature in Early China*)，第 142 页后。

[2] 见孙念礼：《班昭传》，载“密歇根汉学研究经典”5，2001 年，第 xii 页。

没有什么相似之处[1]——就像她对自己时代和后世朝代的家庭关系也没什么影响。对性别感兴趣的历史学家会在真正的经典中发现更多的沃土:《左传》《国语》,尤其是《诗经》。像充满了传奇色彩的通俗小说《三国演义》,也有着揭示关于女性社会地位的更丰富的视角,因此读来也更有趣。

---

[1] 碧翠斯·斯佩德:《中国南朝时期的妇女教育》(*The Education of Women in China during the Southern Dynasties*),载《亚洲历史学报》1979年第13期,第15—41页。

八、言者不知：不通中文者所译之《老子》

美国人探索道家思想,体现出了“浅度描写”最为明显的弊端。据说,《老子》(或《道德经》)的译本种类仅次于《圣经》。[1] 但这个例外可能不久就会被突破[2]:在当今美国书店的书架上,一般会陈列着好几种不同版本的《道德经》,美国人购买此中国经典著作的数量超过了歌德、莫里哀,甚至是亚里士多德的著作。[3] 这个趋势并不值得惊讶:《道德经》的翻译在近期猛增,只是大众对亚洲思想的广泛兴趣日益增长的结果。然而令人震惊的是,在由各种出版商发行的定价合理的诸多精品译作旁边,还出现了另外一些译本,其译者毫不羞耻地声称自己不懂中文,遑论《道德经》里的古代成语了。[4]

---

〔1〕 如陈金梁(Alan K. L. Chan):《道德经及其传统》(“The *Daode jing* and Its Tradition”),载《道家思想手册》(*Daoism Handbook*),2000 年,第 1 页;梅维恒:《道德经》(*Tao Te Ching*),1994 年,第 xi 页。

〔2〕 译者按:指超过《圣经》。

〔3〕 关于这个问题详见下文,1988 年,罗纳德·里根(Ronald Reagan,时任美国总统)在其国情咨文中引用了《道德经》。但他没有因引用莫里哀而出名。

〔4〕 关于这个现象的讨论亦见克拉克(J. J. Clarke):《西方之道:道家思想的西化》(*The Tao of the West*: *Western Transformations of Taoist Thought*),2000 年,第 53 页。

很难想象一个人如何能有这种想法:不懂中文者也可以翻译中国著作。[1] 这种狂妄自大真令人惊骇。中国人从不妄想能够不懂英语而去翻译莎士比亚的作品。在某些情况下,比如当一个稀见文本仅被译成了某种其他语言,出版一本在其他译本——而非原文——的基础上转译的英文译本,这样的权宜之计还算情有可原。[比如,多年来明代小说《肉蒲团》一直没有英译本,于是格罗夫(Grove)出版社出版了一本在弗朗茨·库恩(Franz Kuhn)所译的德文本基础上翻译的英文本。][2] 但这类特殊情况并不适用于《道德经》。《道德经》可用的英文译本有很多。

120 这些伪翻译者标准的“作案”手法就是广泛地吸收学者们的译作,“融会贯通”,再写出他们自己的新“译本”。这种做法为人所厌恶:四处搜集各类现成的译作,然后将自己的表述控制在这些翻译范围内,其最终的“译作”只是

[1] 该问题也许是部分地由于一个长期盛行的错觉,认为汉语特别不受语法限制,因此主要依靠直接的、直觉的理解。如,诺斯罗普(F. S. C. Northrop)在《东西方之会》(*The Meeting of East and West*,第316页)中写道:“而且,汉语句子是通过把这些完全独立的符号一个接着一个地按顺序排列来构造的,在这种顺序中,其在直接经验里所表示的事物被联系了起来。”这个说法不但不对(汉语句子是根据句法规则来构造的),而且有害,因为它的意思是:读者只要与适当的“联系”相一致,就可以理解中文作品,而不必再麻烦去学习语法。[诺斯罗普的另一些说法甚至更不可思议,以至于使人怀疑他是否熟悉汉语——如在《东西方之会》第319页,他说因为(汉)语言是有声调的,所以“一个说汉语的人如果变得情绪激动,就把声音提高到比他想要表达意思所需要的调还要高,就自然能表达出与他所想表达的意思毫不相干的东西”。]同样,杰出的史怀哲(Albert Schweitzer)也有类似的观点,《中国思想史》(*Geschichte des Chinesische Denkens*),第177页;葛兰言:《中国社会学研究》,巴黎:法兰西大学出版社,1990年,第124—136页;罗思文(Henry Rosemont Jr.):《论古汉语中的抽象表达》(“On Representing Abstractions in Archaic Chinese”),载《东西方哲学》1974年第24期,第71—88页。纠正性的讨论,见苏源熙:《话语的长城:文化中国历险记》,载“哈佛东亚专著”212,2001年,第75—90页;并参见何莫邪:《语言与逻辑》,载《中国科学技术史》,剑桥:剑桥大学出版社,第85页后。罗思文的观点遭到了约翰·S.希科斯基(John S. Cikoski)的严厉批判,见约翰·S.希科斯基:《古汉语语法三论》(“Three Essays on Classical Chinese Grammar”),载《亚非语言计算分析》(*Computational Analyses of Asian and African Languages*)1978年第8期,第18页后。根据梅维恒的《马建忠与汉语语法学的诞生》(*Ma Jianzhong and the Invention of Chinese Grammar*,第6页),关于中国人没有语法的观点可以部分地追溯到一个错误范式,即认为只有词法是“语法”,而句法不是。

[2] 李渔:《肉蒲团》(*Jou Pu Tuan:The Prayer Mat of Flesh*,理查德·马丁译自弗朗茨·库恩翻译的德文本。该书目前已被韩南(Patrick Hanan)直接从中文翻译的译本所取代。

换汤不换药,华而不实,徒有其表。[1]

为了说明这个问题,下文将讨论四种这类译本:(1)陶友白(Witter Bynner,1881—1968)的《老子的生命之道》(*The Way of Life According to Lao Tzu*)[2];(2)斯蒂芬·米切尔(Stephen Mitchell)的《道德经:新英译本》(*Tao Te Ching: A New English Version*);(3)托马斯·米里(Thomas H. Miles)的《道德经:关于自然之道及其力量》(*Tao Te Ching: About the Way of Nature and Its Powers*);(4)娥苏拉·勒瑰恩[Ursula K. Le Guin,人类学家克罗伯(A. L. Kroeber之女)]的《老子道德经:道之书与道之力量》(*Lao Tzu Tao Te Ching: A Book about the Way and the Power of the Way*)[3]。这四位作者都坦率地承认他们并未掌握中文。只有勒瑰恩得到了内行[J. P. 希顿(J. P. Seaton),北卡罗莱纳大学的中国文学专家]的帮助,可想而知,她的书成为迄今为止诸多译本中的佼佼者,尽管同样存在硬伤。早先,陶友白曾请教过一位知名的中国学

---

[1] 需要牢记的是,至少托尔斯泰(Leo Tolstoy,1828—1910)也用这种方法翻译了《老子》。有两部名著谈到了这件事:希夫曼(A. I. Shifman):《列夫·托尔斯泰与东方》(*Lev Tolstoi i vostok*),1971年,第41—50页;卜德:《托尔斯泰与中国》(*Tolstoy and China*),普林斯顿:普林斯顿大学出版社,1950年,第20页后。亦参见卜弼德对后者严厉的书评,即《卜弼德选集》,伯克利:加州大学出版社,1979年,第481—493页。

不懂中文却要攻克中文诗歌的美国作家中,最早的是庞德(Ezra Pound,1885—1972);见杜润德:《包装道》("Packaging the Tao"),载《落基山语言文学评论》(*Rocky Mountain Review of Language and Literature*)1991年第45期,第77页。关于这个问题有大量相关文献;最基本的著作包括:史景迁(Jonathan D. Spence):《大汉之国:西方人眼中的中国》(*The Chan's Great Continent: China in Western Minds*),1998年,第168页后;休·肯纳(Hugh Kenner):《庞德时代》(*The Pound Era*),伯克利、洛杉矶:加州大学出版社,1971年,尤其是第192—231页、第445—459页;叶维廉(Wai-lim Yip):《埃兹拉·庞德的〈神州集〉》(*Ezra Pound's Cathay*),普林斯顿:普林斯顿大学出版社,1969年;金守拙(George A. Kennedy):《金守拙选集》(*Selected Works of George A. Kennedy*),纽黑文:远东著作,1964年,第443—462页;方志浵(Achilles Fang):《范诺罗莎与庞德》(*Fenollosa and Pound*),载《哈佛亚洲研究学报》1957年第20期,第213—238页。庞德的卓越成就被著名学者苏源熙称赞,她承认其译作教会了说英语者在欣赏中文诗歌时应该"寻求什么、看重什么、避免什么"(《话语的长城:文化中国历险记》,第62页)。

[2] 陶友白:《汉籍翻译》(*The Chinese Translations*),1978年,第329—388页。

[3] 关于勒瑰恩平生与道家思想的关系,参见赫尔曼(Jonathan R. Herman):《西方的道家环保主义:勒瑰恩对道家思想的接受与传播》,剑桥、麻省:哈佛大学世界宗教研究中心,2001年。

者江亢虎(1883—1954?)[1],但《老子的生命之道》完全是他个人的作品。米里则是请西弗吉尼亚大学不知名的中国学生带着他把中文《老子》文本中的每个字过了一遍。

在深入探讨这些书之前,值得注意的是这些作者都用他们自身表示出的歉意为他们的出版物辩护。[2] 比如,米切尔称:"我为这本书所做的最重要的准备是14年之久的禅修历程,这使我能和老子以及他真正的弟子、继承人——中国古代禅师们面对面。"[3]如此投入也许值得钦佩,但禅修历程虽然很严格,其本身却不能让一个人有资格翻译《道德经》。[4] 《道德经》不是一部佛教书籍。无论如何,只有在含混不清的象征意义上,米切尔的修禅经历才可能让他"和老子以及他真正的弟子、继承人——中国古代禅师们面对面"。请问:谁是"假的"继承人? 就此而言,谁是老子? (米切尔似乎相信很久以前有个叫"老子"的人写了一部伟大的书。)他对其翻译资格的说明非但远不能减轻读者的顾虑,而且使人对他对《老子》文本历史的独特理念提出了更多

[1] 江氏有几种中、英文著作,他曾任袁世凯(1859—1916)的秘书,袁氏窃国后,江氏予以谴责,被迫离开中国。陶氏与江氏于1918年相遇,当时二人均在加州大学伯克利分校任教。江氏后来返回中国,并接受了伪满洲国教育部长的职务。二战后江氏入狱,据称于1954年12月6日死在狱中。参见陶友白:《汉籍翻译》,1978年,第3—12页。

[2] 参见布拉德伯里(Steve Bradbury):《美国征服道家哲学》("The American Conquest of Philosophical Taoism"),载《东西方翻译:跨文化视角》(*Translation East and West:A Cross-Cultural Approach*),檀香山:夏威夷大学语言学院,1992年,第35页后。

[3] 斯蒂芬·米切尔译:《道德经:新英译本》,纽约:哈珀·柯林斯出版集团,2000年,第x页。在序言之后,米切尔的书就不再标注页数,因此下文引用时只标章节号。

[4] 参见欧阳桢(Eugene Eoyang):《论斯蒂芬·米切尔》(*Review of Stephen Mitchell*),载《哲学学报》(*Journal of Religion*)1990年第70期,第492页;拉法格(Michael LaFargue)的进一步讨论,见其《重新发现〈道德经〉原意:关于历史解释学》("Recovering the *Tao-te-ching*'s Original Meaning:Some Remarks on Historical Hermeneutics"),载《老子与〈道德经〉》(*Lao-tzu and the Tao-te-ching*),奥尔巴尼:纽约州立大学出版社,1998年,第256页、第273页注3。关于东方哲学——尤其是道教和佛教——本质上是互通的,这种观点在通俗作品中非常普遍。如卡普拉(Fritjof Capra):[《物理之道:现代物理学与东方神秘主义比较研究》(*The Tao of Physics:An Exploration of the Parallels between Modem Physics and Eastern Mysticism*),第19页]:"尽管(印度教、佛教和道教)包含大量微妙地相互交织的精神规律和哲学体系,但其世界观的基本特征是相同的。"

质疑。[1]

陶友白在译作中写道："尽管我读不懂中文，但在中国生活的两年，以及与江亢虎博士一起翻译《群玉山头》(*The Jade Mountain*)的十一年，都让我能很好地体会'中国人的精神'，还使我勤勉地去寻找与那些难以直译的中国成语相契合的英文说法。"[2]引人注目的是陶友白感到需要把"中国人的精神" 121
这个短语加上引号；他似乎也为自己这种自私的陈词滥调而感到过意不去。而且说在20世纪的中国生活过两年就能充分理解中国两千年前的思想，显然是贬低了这个世界上最具活力的文明之一。没有人会当真地认为旅居意大利就能使一个美国人有足够的素养去谈论奥维德(Ovid)和李维(Livy)。如果米切尔和陶友白的说法看起来不是那么离谱，这也只是因为他们利用了美国人普遍对东亚文化的不熟悉这一点。

最荒唐可笑的是米里的声明。在致谢词中，他感谢了"几位他不能说出名字的中国学生，因为一旦他们与我合作的事为人所知，可能他们在中国大陆的亲人会遭到报复。至少自'文革'以来，中国共产党严禁中国人民私藏或阅读儒家和道家经典，以及中国古代文学"。[3]

这段话他写于1992年，距离"文革"已经过去很久了，这个时候中华人民共和国的国营出版社已经出版、发表了数以千计的关于"中国古代文学"的书籍和文章，其中包括所有的儒家和道家经典，并且是以丛书的形式出版的。一个认为帮助外国人读《道德经》就会让中国公民遭受报复的作者要么是无知，要么是不诚实。

现在来说，上述这些伪译者们都有的第一个错误是：他们征引前人的著作，但过于随意；一般情况下，他人的观点在被取用时多被歪曲了。[4]

---

[1] 1993年考古发现的郭店本《老子》只是把本来就棘手的问题更加复杂化了。参见艾兰(Sarah Allan)、魏克彬(Crispin Williams)主编：《郭店老子：国际研讨会纪要》，2000年；韩禄伯(Robert G. Henricks)译：《老子〈德道经〉》(*Lao-tzu Te-Tao Ching*)，载"中国古代经典"，1989年。

[2] 陶友白：《汉籍翻译》(*The Chinese Translations*)，1978年，第340页。

[3] 托马斯·米里译：《道德经：关于自然之道及其力量》，1992年，第vii页。

[4] 陶友白至少参考了14种不同的译著，具体情况参见拉铁摩尔(David Lattimore)：《老子〈道德经〉入门》("Introduction to *The Way of Life According to Lao Tzu*")，载《汉籍翻译》，1978年，第311页后；亦见陶友白：《书信集》(*Selected Letters*)，1981年，第178页。

例如,今本《老子》第2章末有:

是以圣人居无为之事,行不言之教,万物作而不辞,生而不有,为而不恃,成功而弗居,夫唯弗居,是以不去。[1]

米里翻译如下:

Therefore wherever the sage is,
he dwells among affairs by not-doing.
He teaches without words.
The ten-thousand things arise, but he doesn't impel them.
122 He gives birth, but he doesn't possess.
He acts, but he doesn't rely on what he has done.
He has successes, but he doesn't *claim credit*[2].
So, by not claiming credit, he is never left empty.[3]

[所以无论圣人在何处,他都以"无为"处于事务中。他以"无言"行教。万物兴起,但他并没有驱使它们。他生产,但并不拥有。他行动,但并不依赖他所做的。他成功,但并不居(功)。因为他不居(功),所以不会失去。][4]

这里有趣的译法是"claim credit",米里用来表示"居(功)"。"居"的一般意义就是"to dwell, to reside"(居住),最新的一些译本中应用得很好。比如梅维恒的译本:"He completes his work but does not dwell on it. Now, simply because he does not dwell on them, his accomplishments never leave him."[5](他完成其工作但不居于其上,正是因为他不居于其上,故他的成就永不离开。)再如韩禄伯的译本:"He accomplishes his tasks, but he doesn't dwell on them; it

---

[1] 高明:《帛书老子校注》,北京:中华书局,1996年,第232页后。

[2] 译者按:为便于读者对比参考,我们将分析中所谈及译文中的词语标为斜体。

[3] 托马斯·米里译:《道德经:关于自然之道及其力量》,1992年,第26页。

[4] 译者按:为了反映不同译作的具体表达,我们将所列举的英文翻译再直译成中文。

[5] 托马斯·米里译:《道德经:关于自然之道及其力量》,1992年,第60页。

is only because he doesn't dwell on them that they therefore do not leave him."[1]（他完成其任务，但并不居于其上，正是因为他不居于其上，因此完成的任务不会离开他。）"居"取这层意思也解释了一个异文问题："居"当读如"处"（to reside in，to be located in，处于、位于）。[2]

那么，米里是如何得到"claim credit"（居功）这层意思的呢？"居"的引申义包括"to claim"（占有），因此也可以指"to claim"（宣布占有），就像"claim territory"（宣示领土）。"claim credit"这个短语必定可以追溯到陈荣捷的著名翻译："He accomplishes his task but does not claim credit for it. It is precisely because he does not claim credit that his accomplishment remains with him."[3]（他完成其任务，但并不居功。正因为他不居功，他的成就才属于他。）（陈氏并没有进一步解释这句特别的翻译。）米里如果没有参考陈氏的翻译，恐怕不大可能知道这样来翻译"居"。米里不具备解决文献学问题的功底，他只是浏览已有的译本，为这句话选一种他认为最合适的译法。

同样的一句（作"处"而非"居"）亦见于《老子》第77章末。米切尔在第2章处没有译作"claiming credit"，但在第77章处却译作"（she） succeeds without taking credit"[4]［（她）成功却不居功］。米里将第77章的"处"含混地译作

---

〔1〕 韩禄伯译：《老子〈道德经〉》，载"中国古代经典"，1989年，第54页。亦见迦耳斯（Paul Carus）、铃木大拙贞太郎译：［《道德经》（*The Canon of Reason and Virtue*，*Lao-tze's Tao Te King*），第75页］："Merit he accomplishes，but he does not dwell on it. Since he does not dwell on it，it will never leave him"（他虽取得功绩，但并不居功；因其不居功，故功绩不会离开他）；吴经熊（John C. H. Wu，《道德经》第5页）："He accomplishes his task，but does not dwell upon it. And yet it is just because he does not dwell on it that nobody can ever take it away from him."（他完成其任务，但并不在意；正因为他不在意，所以没有人能够将其夺走。）

〔2〕 参见高明：《帛书老子校注》，北京：中华书局，1996年，第233页注释。译者按：有几种版本"居"作"处"。

〔3〕 陈荣捷译：《老子之道：道德经》（*The Way of Lao Tzu*，*Tao-te ching*），1963年，第101页。陈氏可能受了布莱克尼（R. B. Blakney）的影响［《老子》（*The Way of Life*：*Lao Tzu*），第54页］："As he succeeds，he takes no credit. And just because he does not take it，credit never leaves him."（他成功时，却不居功，正因为他不居功；功绩不会离开他。）（陈氏了解布莱克尼的译文，并且在其通篇注释中都称引其译文。）刘殿爵在《老子〈道德经〉》（第58页）中所译也相近："It accomplishes its task yet lays claim to no merit. It is because it lays claim to no merit that its merit never deserts it."（它完成其任务，却并不以为功绩；正因为它不以为功绩，其功绩永不离它。）

〔4〕 米切尔把第2章中相关内容译为"When her work is done，she forgets it. That is why it lasts forever"（当她完成工作，她忘却它。所以它永存）。

“to take advantage”(利用)[1],却没有注意到它其实与第 2 章的“居”同义。很明显,米里和米切尔都读过陈荣捷的翻译,而且都径用了他的措辞,因为这个措辞于他们很合适。[2] 但是他们当中没有一个承认对不同章节主要选择引用或借鉴了不同的权威解释。

勒瑰恩同样借助于拣选前人的翻译,但运用得更仔细、更诚实。她在注释中,分章说明了采用各种解释的原因。而且,她总是尝试用自己的话去重述每
123 一章,而不仅仅是从前人那里抄下恰当的语句。但她仍然有缺乏个人见解的时候。例如,她在第 69 章的注释中称:“我翻译第二节参考了伟利,但我自行翻译了最后的两行。”[3]有问题的章节如:

> 是谓行无行,攘无臂,仍无敌,执无兵。祸莫大于轻敌,轻敌几丧吾宝。[4]

亚瑟・伟利(1889—1966)对此翻译如下:

> This latter is what we call to march without moving.
>
> To roll the sleeve, but present no bare arm.
>
> The hand that seems to hold, yet has no weapon in it.
>
> A host that can confront, yet presents no battle-front.
>
> Now the greatest of all calamities is to attack and find *no enemy*.
>
> I can have *no enemy* only at the price of losing my treasure.[5]
>
> (这就是我们所说的“不动”的行进。卷起袖子,却不露出手臂。手似乎握着,却没有兵器。一个人可以面对,却没有战场。现在最大的灾难就是想进攻却找不到敌人。只有失去我的财富,我才能无敌。)

今天看来,伟利的翻译恰好是值得信从的。如短语“轻敌”,伟利在 1958

---

[1] 托马斯・米里译:《道德经:关于自然之道及其力量》,第 123 页。

[2] 参见欧阳桢:《论斯蒂芬・米切尔》,载《哲学学报》1990 年第 70 期,第 492 页。

[3] 勒瑰恩译:《老子〈道德经〉:道之书与道之力量》,1997 年,第 124 页。

[4] 高明:《帛书老子校注》,北京:中华书局,1996 年,第 169 页后。

[5] 亚瑟・伟利:《道及其力量:论〈道德经〉及其在中国思想史中的地位》(*The Way and Its Power:A Study of the Tao Tê Ching and Its Place in Chinese Thought*),1958 年,第 228 页。他调换了第一节中第三、四句的顺序。

年时冒险选取了缺乏证据的“无敌”(no enemy)义。到1973年，即伟利去世几年之后，他的读法在马王堆《老子》甲、乙本中均得到了证实。然而，尽管伟利幸运地有文本直觉，但他对最后一行的翻译还是多少有些晦涩不明[1]，因此勒瑰恩想要另行翻译也在情理之中了。但她所译的也是站不住脚的：

> It's called marching without marching,
> rolling up your sleeves without flexing your muscles,
> being armed without weapons,
> giving the attacker no opponent.
> Nothing's worse than *attacking what yields*.
> To attack what yields is *to throw away the prize*.[2]
>
> (这就叫作行而无行；卷起你的袖子，而不弯曲你的肌肉；武装自己而不用兵器；让攻击者没有对手。最糟糕的是攻击时对手屈从。攻击时对手屈从就等于丢弃奖赏。)

用“to throw away the prize”(丢弃奖赏)来表达“丧吾宝”不够严谨，但却富有创造性。相比而言，“attacking what yields”(攻击时对手屈从)就完全是错的。原文说的是“祸莫大于无敌”——或者在所谓的通行本中，“祸莫大于轻敌”。“屈从”是《道德经》的一个典型主题，因此勒瑰恩可能觉得把这个词置于此处是没问题的。但这是个误译。可见，勒瑰恩只要信从伟利之说，就立得住脚；一旦舍弃伟利之说而另做翻译，便谬误百出。

这就引出了第二点：所有这些伪翻译都是不准确的。他们对《老子》第10 124
章的翻译提到了一些有价值的文献，谈及冥想和长寿之法，原文称：

> 载营魄抱一，能无离乎？专气致柔，能如婴儿乎？涤除玄览，能无疵乎？爱民治国，能无知乎？天门开阖，能为雌乎？明白四达，能无为乎？[3]

[1] 韩禄伯在《老子〈德道经〉》(第40页)中翻译得更清楚：“To think you have no rival is to come close to losing my treasures.”(你认为没有对手，那就将失去“吾宝”。)在其翻译中，“吾宝”指《老子》第67章所列的“慈”“俭”“不敢为天下先”，见高明：《帛书老子校注》，北京：中华书局，1996年，第160页。

[2] 勒瑰恩译：《老子〈道德经〉：道之书与道之力量》，1997年，第89页。

[3] 高明：《帛书老子校注》，北京：中华书局，1996年，第262页后。

陈氏翻译作：[1]

Can you keep the spirit and embrace the One without departing from them?

Can you concentrate your vital force and achieve the highest degree of weakness like an infant?

Can you clean and purify your *profound insight* so it will be spotless?

Can you love the people and govern the state *without knowledge*?

Can you play the role of the female in the opening and closing of the gates of Heaven?

Can you understand all and penetrate all *without taking any action*?[2]

（你能保持精神、拥抱"一"而不离开他们吗？你能专注你的"气"，达到像婴儿那样的最高程度的柔弱吗？你能清洁和净化你深刻的洞察力，让它毫无瑕疵吗？你能无知而热爱人民、治理国家吗？你能在天门开启和关闭时扮演女性角色吗？你能无为而理解和洞察一切吗？）

此处对这几行的翻译磕磕绊绊，没有一句是原汁原味的。米里算做得最好的，他唯一的错误出现在第一句："while *enabling* your body and soul to embrace oneness— are you able to do it *without needing to be secluded*?"[3]（尽管让你的身体和精神能拥抱"一"——你能不需要隐退就完成它吗？）"while enabling your body and soul to embrace oneness"不可能是"载营魄抱一"，因为原文没有哪个词能被译作"enable"（让……能）。让我们自身抱"一"，而不是让我们的身体和精神（营魄）能抱"一"。把"能无离"翻译成"without needing to be secluded"（不需要隐退）也是有问题的。"能无离"的字面意思是"can you be without parting?"（你能不离开吗？），陈氏把它翻译成"without departing from

[1] 在此处及下文，我们将陈氏的翻译作为讨论的基础，因为它最忠于原文，且米切尔、米里和勒瑰恩显然都以之为参考。但笔者以此而依据陈译并不意味着只有他的翻译是可取的。

[2] 陈荣捷译：《老子之道：道德经》，1963 年，第 116 页。他注解说"为"和"知"的位置在一些版本中是互换的，因此他由这两句所译成的"without knowledge"（无知）和"without taking any action"（无为）也是可以互换的。

[3] 托马斯·米里译：《道德经：关于自然之道及其力量》，1992 年，第 36 页。

them”（不离开它们），或者也可能表示“can you cause them not to part from you?”（你能使它们离开你吗？）米里的“隐居”形象是离题而不准确的。勒瑰恩也同样误解了“能无离”的意义：“Can you keep your soul in its body, *hold fast to the one*, and so learn to be whole?”[1]（你能保存精神在体内，坚持着“一”，学会成为完整吗？）“and so learn to be whole”（学会成为完整）貌似来自“hold fast to the one”（坚持“一”），但简化了原本（而且毫无依据地加入了“学习”的概念）。第三句的译文可能很生动，但却太单薄：“Can you keep the *deep water* still and clear, so it reflects without blurring?”（你能让深水平静而清澈，使它映照不模糊吗？）大概，“deep water”应该是用来翻译“玄览”，这个复合词很费解，陈氏把它翻译成“profound insight”（深奥的洞见）。但“览”的含义不太可能是“水”。

米切尔的翻译就随意得多了：

Can you coax your mind from its wandering
and keep to the original oneness? 125
Can you let your body become
supple as a newborn child's?
Can you cleanse your inner vision
until you see nothing but the light?
Can you love people and lead them
without imposing your will?
Can you deal with the most vital matters
by *letting events take their course*?
Can you *step back from your own mind*
and thus understand all things?

（你能让你的头脑从徘徊中解脱出来，保持原始的“一”吗？你能让你的身体变得像新生婴儿那样柔软吗？你能净化你的内心，直到你看到

---

[1] 勒瑰恩译：《老子〈道德经〉：道之书与道之力量》，1997 年，第 13 页。

的只有光明吗？你能热爱人民并领导他们，而不施加你的意愿吗？你能处理最重要的事情，而让事情顺其自然吗？你能跳出自己的成见，以理解万事万物吗？）

米里和勒瑰恩纠结于“能无离”，而米切尔干脆忽略了这个短语。他进而篡改了该章中最独特的形象——“天门开阖，能为雌乎？”——取而代之以新时代的陈词滥调“letting events take their course”（顺其自然）。在最后一行，米切尔用了另一个老生常谈——“step back from your own mind”（跳出自己的成见），解决了原文在“明白”和“无为”之间的矛盾。

陶友白的翻译又自成一派：

Can you hold the door of your tent
Wide to the firmament?
Can you, with the simple stature
Of a child, breathing nature,
Become, notwithstanding,
A man?
Can you continue befriending
With no prejudice, no ban?
Can you, mating with heaven,
Serve as the female part?
Can your learned head take leaven
From the wisdom of your heart?[1]

（你能让你帐篷的门敞开，看到辽阔的天空吗？尽管你是个成人，但你能拥有孩子般的柔弱身体、呼吸自然吗？你能坚持助人、不存成见、百无禁忌吗？你能与天结合、扮演女性的角色吗？你博学的头脑能从你心灵的智慧处获得灵感吗？）

这完全是首诗，和中文原文相去甚远，以至于指出其所有的“错误”都是

---

〔1〕 陶友白：《汉籍翻译》，1978年，第353页。

毫无意义的。米切尔和陶友白的翻译过于随意,以至于其译作本身都可以被看作是原创了。在这种情况下,最重要的标准不是米切尔或陶友白有多么忠实地再现中文的意思,而是他们作品的整体风格与《道德经》相比如何。[1] 126

第三点,伪翻译歪曲并简化了《道德经》的哲学思想。这是最严重的问题。

已故的葛瑞汉教授曾在 1991 年发表了一篇关于陶友白翻译的深刻评论,他的具体观点就不必在此赘述了。[2] 葛瑞汉主要批评了陶友白成系统地简化了原著的复杂性。第 5 章首的对仗句是一个典型的例子:

> 天地不仁,以万物为刍狗;圣人不仁,以百姓为刍狗。[3]

这几行很直白:"Heaven and Earth are inhumane; they treat the Myriad Things as straw dogs. The Sage is inhumane; he treats the Hundred Clans as straw dogs."陶友白翻译作:

> Nature, immune as to the sacrifice of straw dogs.
>
> Faces the decay of its fruits.
>
> A sound man, immune as to the sacrifice of straw dogs.
>
> Faces the passing of human generations.[4]
>
> (自然,免于刍狗的献祭。面对果实的腐烂。一个健全人,免于刍狗的献祭。面对人类代代相传。)

如葛瑞汉所指出,其错误没有预想的那么多。"刍狗"是祭祀用具,因此其在特定的时间和地点具有关键的作用,但用过之后就立即被遗弃。圣人就

---

[1] 参看拉法格、朱丽安·帕斯(Julian Pas):《论〈道德经〉翻译》("On Translating the *Tao-te-ching*"),载《老子与〈道德经〉》,奥尔巴尼:纽约州立大学出版社,1998 年,第 284 页。有些学者,如茱莉亚·哈蒂(Julia M. Hardy)在《西方对〈道德经〉的重要解读》("Influential Western Interpretations of the *Tao-te-ching*")第 181—185 页承认尽管道家思想的流行解释可能代表了"糟糕的学问",但作为"优秀的宗教",其本身还是有价值的。

[2] 葛瑞汉:《道家经典翻译二论》("Two Notes on the Translation of Taoist Classics"),载《翻译中的文化阐释:刘殿爵纪念文集》,香港:香港中文大学出版社,1991 年,第 119—130 页。亦见布拉德伯里:《美国征服道家哲学》,载《东西方翻译:跨文化视角》,檀香山:夏威夷大学语言学院,1992 年,第 31 页后。

[3] 高明:《帛书老子校注》,北京:中华书局,1996 年,243 页。

[4] 陶友白:《汉籍翻译》,1978 年,第 351 页。

像天地一样,以万物为刍狗;他承认万物短暂的价值,但过后却不依赖它们。[1] 用葛瑞汉的话来说:

> 这里的区别就是:陶友白习惯了一次只表达一件事,他承担不起被误解的风险,但老子从不道歉,也从不解释。"刍狗"这段极其精练、言简意赅……老子对它没有修饰,当你注意到这段与书中其他部分的对立与呼应时,他让你按照自己的方向理解。另一方面,陶友白急于直叙主题:老子主张漠视——并非针对他人的福祉,而是针对我们共同的灭亡宿命(译者按:以百姓为刍狗)。这就好像是布莱克(Blake)的诗句"宁可杀婴于摇篮之中,不可滋长未既之欲望",一位翻译者要改写其用语,以防止读者认为他纵容杀婴。[2]

127 葛瑞汉在这件事情上可能究之过深了,因为毕竟《道德经》很可能是主张漠视他人福祉的。"天地不仁"这句话在公元前 4 世纪就像在今天一样刻薄。古代读者应该已经习惯了自然的严酷力量。如果我们渴望圣人遵从天道,成为我们的楷模,那么当环境允许的时候,我们也必须做好"不仁"的准备。在中国,这个对仗句的含义是残酷的。陶友白在试图阐明其含义的过程中,让其变得轻松——若非陈腐。

1988 年米切尔的书出版后不久就出现了类似的批评。从哲学的观点来看,最严重的问题是米切尔"完全把'德'从作品中删除了"。[3] 米切尔对《道德经》中"德"的不满在全书首页就很明显了:"'道德经'(发音类似于 Dow Deh Jing)可以被译为'无所不在的道'(The Book of the Immanence of the Way)或是'世界之道及其自我证明'(The Book of the Way and How It

---

〔1〕 参见施舟人:《刍狗与纸老虎:中国传统仪式释义》(*Chiens de paille et tigres en papier: Une pratique rituelle et ses gloses au cours de la tradition chinoise*),载《远东与泰西》1985 年第 6 期,尤其是第 91 页。

〔2〕 葛瑞汉:《道家经典翻译二论》,载《翻译中的文化阐释:刘殿爵纪念文集》, 香港:香港中文大学出版社,1991 年,第 127 页。

〔3〕 大卫·辛顿(David Hinton):《评斯蒂芬·米切尔》(*Review of Stephen Mitchell*),载《民族》(*The Nation*),1989 年,第 894 页。笔者下文所列的《老子》第 51 章的例子也来自这篇书评。安乐哲的《返"德"归"道"》(第 212—131 页)认为即使是一些专家也忽略了道家哲学研究中对"德"的解释。甚至还有一位以汉语为母语者的译者的译本也删去了书名中的"德",即王柯平:《老子思想新释》(*The Classic of the Dao: A New Investigation*),北京:外文出版社,1998 年。

Manifests Itself in the World)，或者简单译作‘道经’(The Book of the Way)。”[1]

“The Book of the Way”是“道经”，而非“道德经”。诚然，阐明“德”并不容易；这是《老子》文本中最难懂的概念之一。[2] 但这也正是一个现代译者必须要坚持不懈地设法去弄懂它的原因。而米切尔却推卸了这项任务，改写了内容，以此掩盖这个问题。凡是原文“道”“德”对举之处，米切尔都删掉了“德”这个更难懂的术语。如第51章：

故道生之，德畜之、长之、育之、亭之、毒之、养之、覆之。[3]

陈荣捷的翻译如下：

Therefore the Tao produces them and virtue fosters them.
They rear them and develop them.
They give them security and give them peace.
They nurture them and protect them.[4]

(因此道产生它们，德抚育它们。道德培养它们，发展它们。道德给它们安全，给它们平静。道德养育它们，保护它们。)

鉴于“它们”具体指什么完全没有明确，故注释者对此众说纷纭。无论人 128
们如何理解这句话，关键的是要认识到“道”和“德”是不同的实体。但米切尔就没有此种认识：

The Tao gives birth to all beings,
nourishes them, maintains them,
cares for them, comforts them, protects them,
takes them back to itself.

(道生万物，滋养它们，供给它们，关心它们，安慰它们，保护它们，让

---

[1] 斯蒂芬·米切尔译：《道德经：新英译本》，纽约：哈珀·柯林斯出版集团，2000年，第vii页。

[2] 艾文贺有精辟的讨论，见其《〈老子〉中“德”的概念》[“The Concept of *de*(‘*Virtue*’) in the *Lao-zi*”]，载《老子的宗教与哲学》，奥尔巴尼：纽约州立大学出版社，1999年。

[3] 高明：《帛书老子校注》，北京：中华书局，1996年，第72页。

[4] 陈荣捷译：《老子之道：道德经》，1963年，第190页。

它们回归于道。)

每当原文有两个主体时,米切尔都只保留一个。原文的读者要多加考虑。

米切尔毫不犹豫地欣然改写了原文的内容(用他的话说:“我改述、增补、删减、钻研了文本,甚至还戏谑它,直到它呈现为一种让我感觉真实的语言。”)[1],而他的修改总能起到简化内容的效果。第39章谈到了“一”(这是另一个被米切尔融合于“道”的概念),这个神秘的生命力遍布宇宙的各个角落:

昔之得一者:天得一以清,地得一以宁,神得一以灵,谷得一以盈,万物得一以生,侯王得一以为天下正。其致之,天无以清将恐裂,地无以宁将恐发,神无以灵将恐歇;谷无以盈将恐竭,万物无以生将恐灭,侯王无以贵高将恐蹶。[2]

陈氏译作:

Of old those that obtained the One:

Heaven obtained the One and became clear.

Earth obtained the One and became tranquil.

The spiritual beings obtained the One and became divine.

The valley obtained the One and became full.

The myriad things obtained the One and lived and grew.

King and barons obtained the One and became rulers of the empire.

What made them so is the One.

If heaven had not thus become clear.

It would soon crack.

If the earth had not thus become tranquil.

It would soon be shaken.

If the spiritual beings had not thus become divine.

---

[1] 斯蒂芬·米切尔译:《道德经:新英译本》,纽约:哈珀·柯林斯出版集团,2000年,第x页。

[2] 高明:《帛书老子校注》,北京:中华书局,1996年,第8页后。

They would soon wither away.

If the valley had not thus become full.

It would soon become exhausted.

If the myriad things had not thus lived and grown.

They would soon become *extinct*.

If *kings and barons* had not thus become honorable and high in position.

They would soon fall.[1]

（从前那些得到“一”者：天得到“一”，变得晴朗；地得到“一”，变得平静；精灵得到“一”，成为神圣；山谷得到“一”，变得充盈；万物得到“一”，得以生长；王侯得到“一”，成为天子。

是“一”使他们获得成功。如果天没有这样变得晴朗，它很快将会破裂；如果地没有这样变得平静，它很快将会动摇；如果精灵没有这样成为神圣，他们很快将会幻灭；如果山谷没有这样变得充盈，它很快将会耗尽；如果万物没有这样生长，它们很快将会灭绝；如果王侯没有这样荣耀而崇高的地位，他们很快将会倒台。）

其后米切尔利用了陈氏“extinct”[2]这个词，并据此修改了整个段落： 129

In harmony with the Tao,

the sky is clear and spacious,

the earth is solid and full,

all *creatures* flourish together,

content with the way they are,

endlessly repeating themselves,

---

[1] 陈荣捷：《老子之道：道德经》，1963 年，第 170 页。

[2] 亚瑟·伟利的《道及其力量：论〈道德经〉及其在中国思想史中的地位》（第 191 页）可能也受到了米切尔的启发：“Were it not that the ten thousand creatures can bear their kind, they would soon become extinct.”（万物若不能繁衍，它们将很快灭绝。）亦参见吴经熊（《道德经》，第 79 页）：“If the ten thousand creatures were not reproductive, they would be likely to come to extinction”（若万物不再繁衍，它们将走向灭绝）；最近的艾文贺译：《老子〈道德经〉》（*The Daodejing of Laozi*，第 42 页）：“If the myriad creatures lacked what made them flourish, they might become extinct.”（若万物无法兴盛，它们就会灭绝。）汉语中的“灭”可以表示消灭一族、一国，但一般不指一个物种的灭绝——这种观念恐怕是落伍的。

endlessly renewed.

When man interferes with the Tao,

the sky becomes filthy,

the earth becomes depleted,

the *equilibrium* crumbles,

creatures become *extinct*.

（若与“道”和谐，天晴朗而广阔，地坚实而饱满，万物共同兴旺，各自满足于其道，生生不息，绵延不绝。若有人干扰“道”，天变得肮脏，地变得枯竭，平衡被打破，生物会灭绝。）

通过把《老子》文本变成环保主义者的说教[1]，米切尔再次简化了原著。巨大的宇宙轴心“天地”（Heaven and Earth）被简化成了“天空”（the sky）和“地球”（the earth），其他所有各种各样的宇宙元素，上至“神”（the spiritual beings），下至“侯王”（the kings and the barons），都被归并进了“平衡”（equilibrium）和“生物”（creatures）两个平淡的类别。《道德经》所谈论的图卷像宇宙本身那么大，而米切尔却把文本限制在了俗套的后工业社会背景下。

他也没能面对一个鲜明而棘手的问题，即：“侯王”像“天地”本身一样，对自然结构至关重要。在这种情况下，也许应该问一问为什么《道德经》认为一些人统治另一些人是天经地义的。相反，米切尔却不停地粉饰文本中那些众所周知的阴险的政治宣言。[2] 以第3章中的一句名言为例：

是以圣人之治，虚其心，实其腹，弱其志，强其骨。[3]

米切尔译作：

The Master leads

---

〔1〕米歇尔的翻译表现了其对环保事业的明显爱好，而且这些暗示有时以扎眼的文字形式被有意地强加进译文中。如第46章：“When a country is in harmony with the Tao, the factories make trucks and tractors. When a country goes counter to the Tao, warheads are stockpiled outside the cities。”（当一个国家符合“道”时，工厂生产卡车和拖拉机。当一个国家违背“道”时，炮弹在城外堆积。）

〔2〕见布拉德伯里：《美国征服道家哲学》，载《东西方翻译：跨文化视角》，檀香山：夏威夷大学语言学院，1992年，第37页。

〔3〕高明：《帛书老子校注》，北京：中华书局，1996年，第237页。

by *emptying people's minds*

and filling their cores, 130

by weakening their ambition

and toughening their resolve.

(圣人治国靠清空人们的思想和填满他们的核心,靠削弱他们的意志和增强他们的决心。)

"by emptying people's minds"译得很好;其余的也无大错,但偏于伤感。而原文的风格却应是骇人的。[1]

勒瑰恩要比陶友白和米切尔更加在意忠实于原著,但即使是她,也偶尔会删掉不合适的篇章——那些与她所称的"精神感觉"不相符的内容。[2] 这些常常涉及政治问题,如第25章:

有物混成,先天地生。寂兮寥兮!独立不改,周行不殆,可以为天下母。吾不知其名,字之曰"道",吾强为之名曰"大"。大曰逝,逝曰远,远曰反。故道大,天大,地大,王亦大。域中有四大,而王居其一焉。人法地,地法天,天法道,道法自然。[3]

陈荣捷译作:

There was something undifferentiated and yet complete,

Which existed before heaven and earth.

Soundless and formless, it depends on nothing and does not change.

It operates everywhere and is free from danger.

It may be considered the mother of the universe.

I do not know its name; I call it Tao.

If forced to give it a name, I shall call it Great.

Now being great means functioning everywhere.

---

[1] 参较金安平(Ann-Ping Chin):《评米切尔》("Review of Stephen Mitchell"),载《新共和周刊》(*The New Republic*)1989年1月2日,第38页。

[2] 勒瑰恩译:《老子〈道德经〉:道之书与道之力量》,1997年,第111页。

[3] 高明:《帛书老子校注》,北京:中华书局,1996年,第348—354页。

Functioning everywhere means far-reaching.
Being far-reaching means returning to the original point.
Therefore Tao is great. Heaven is great.
Earth is great.
And the king is also great.
There are four great things in the universe, and the king is one of them.
Man models himself after Earth.
Earth models itself after Heaven.
Heaven models itself after Tao.
And Tao models itself after Nature.[1]

(有件东西混沌而完整,它存在于天地产生之前。它无声无形,无所凭依,也不改变。它无处不在,没有危险。它可能被认为是宇宙之母。我不知道它的名字;我称之为"道"。如果必须给它起个名字,我将称之为"大"。大意味着无处不在,无处不在意味着遥远,遥远意味着返回原点。

所以道伟大,天伟大,地伟大,王也伟大。宇宙中有四种伟大的东西,而王就是其中之一。人效法地,地效法天,天效法道,而道则效法自然。)

131 尽管与第39章对宇宙的描绘相一致,但如此明显地称颂"王"似乎使勒瑰恩感到不满。她对第一部分之后的内容进行了删减:

There is something
that contains everything.
Before heaven and earth
it is.
Oh, it is still, unbodied,
all on its own, unchanging,
all-pervading,
ever-moving.

---

[1] 陈荣捷:《老子之道:道德经》,1963年,第144页。

So it can act as the mother
of all things.
Not knowing its real name,
we only call it the Way.
If it must be named,
let its name be Great.
Greatness means going on,
going on means going far,
and going far means turning back.[1]

（有个东西包含一切。在天地产生之前它就存在。哦，它静止而无形，独立存在，永恒不变。

无处不在，永不停息。所以它可以扮演万物母亲的角色。我们不知道它的真名，只能称它为“道”。

如果必须给它命名，就叫它“大”吧。大就意味着要进行，进行就意味着要远走，远走就意味着要返回。）

在补充注释中，勒瑰恩解释了为什么删掉了最后一节：“我认为是一位儒家的抄工加进了‘王’。‘王’歪曲了这首诗的意思，而且也违背了该书的精神。我‘废黜’了他（王）。”[2]通过删除那些与某人关于“该书的精神”的幻想不相符的内容来重编古代文本——而不是忍耐重新考虑个人假设的痛苦——这是麻痹式的文本批评。此处，中文原文再次显示出了一种比译者所简化的替代品要更加难以理解的图景。[3]

有些译本不加鉴别地照搬前人作品中的语句，没有对其准确性进行最基

---

[1] 勒瑰恩译：《老子〈道德经〉：道之书与道之力量》，1997年，第34页。

[2] 同上，第114页。参较赫尔曼的书评，即《评勒瑰恩》（*Review of Ursula K. Le Guin*），载《美国宗教学会学报》（*Journal of the American Academy of Religion*）1998年第66期，第687页；赫尔曼：《西方的道家环保主义：勒瑰恩对道家思想的接受与传播》（*Daoist Environmentalism in the West: Ursula K. Le Guin's Reception and Transmission of Daoism*），剑桥、麻省：哈佛大学世界宗教研究中心，2001年，第398页。

[3] 万百安的《〈老子〉的“非常道”》（*Method in the Madness of the Laozi*，第203页）评论说：我们可以赞赏《道德经》的价值，同时依然能认识到它“表达出了一种不值得我们采纳的整体景象”。

本的检验,而且还损害原著的哲学思想,为什么这些知名的出版社还要出版它们呢?一个显然的答案是有利可图。这些书准确的销售数据很难得到,但网
132 络书商亚马逊网站显示出了其所有商品的销售排名,而且允许公众分享这些信息。这些数据尽管可能不太适于严格的实证研究,但也为我们的用途勾画了一个足够清晰有用的图画。[1]

我们讨论的这四本书中,有三本排在前十万名。(公正地看:亚马逊出售超过两百万种不同的书籍。)唯一例外的是米里的书,它是由一个小型出版社出版的,想必也不指望去竞争[尽管它用了暗示性的插图——女人们坐在密林风景处,可能反映了艾弗里(Avery)出版社也想广泛推销这本书]。米切尔的译作排名最高:3489 名,这对文学书籍来说很了不起。作为参照,我们列举一些西方经典的排名:《歌德诗选》[企鹅(Penguin)出版社],419893 名;亚里士多德的《尼各马可伦理学》(企鹅出版社),195613 名;莫里哀的《吝啬鬼》(企鹅出版社),174379 名;狄更斯的《荒凉山庄》[人人(Everyman)出版社],55116 名;但丁的《神曲》(人人出版社),2323 名。这些数据表明,毫无疑问,米切尔译作六位数的预付款[2]早就赚回来了。而且销售似乎只增不减,已有的很多译本还没有使市场接近饱和。2001 年,私章出版社(Signet,属于企鹅股份有限公司)再版了布莱克尼所著的老版《道德经》,而丝毫没有受其陈腐的介绍和名誉扫地的翻译原则之影响;[3]一年以后,这本书的排名已经蹿升到 77864 名。

有着如此丰厚的收益,那么核心问题已不再是为什么出版社要出版它们,

---

[1] 以下引用的所有排名均截至 2002 年 3 月 7 日。

[2] 参见爱德温·麦克道尔(Edwin McDowell):《翻译古代〈道德经〉收入 13 万美元》(*Translation of Ancient Tao Text Brings $130,000*),载《纽约时报》1988 年 2 月 16 日,C18。

[3] 加上这次的再版加印,企鹅出版社现已出版了四种不同版次的《老子》译本:布莱克尼译《老子》,1955 年;刘殿爵译《老子〈道德经〉》,1963 年;卫礼贤译《道德经》;以及拥有最狂妄书名的乔纳森·斯塔(Jonathan Star)的《〈道德经〉:定本》(*Tao Te Ching: The Definitive Edition*)。布莱克尼的资格同样也很可疑。19 世纪 20 年代他在福州做过传教士,但似乎并没有接受过任何古汉语方面的专业训练。他所宣称的方法导致了华而不实的"流畅"(第 x 页)文风:"我相信一个最终版的译本应该免于原文语言的所有痕迹,尤其是当它们有损于英语措辞之时。如果原文有些部分晦涩难懂,那对我而言,最好是删掉它们,而不是把这种晦涩带到英文中。"刘笑敢批评了布莱克尼对"自然"的理解,见《自然,道家的核心价值:其古代含义及现代意义》[*Naturalness (Tzu-jan), the Core Value in Taoism: Its Ancient Meaning and Its Significance Today*],台北:艺文印书馆,2000 年,第 212 页。

而是为什么人们要买它们。亚马逊当然也起了作用。亚马逊自动贴出由注册的顾客所提交的评分和评价，尽管这些观点只代表了亚马逊客户群中的九牛一毛，但很能说明问题。[1] 反馈者们喜欢这些伪翻译，因为在所能获得的选择中，这些最容易适应他们的口味。学术翻译对他们而言似乎就迂腐了："作为一个诗人，陶友白看透了一些翻译的'学术狗屎'，并给了我们一个看起来毫不费力的简易改写本"；"陶友白避免了讲座式的困境，以一种向读者娓娓道来、徘徊于心的文雅方式把握住了原著的精神"。他们明确地欣赏伪翻译的简单："她语言的直率和简洁之美对我来说完全就是'道'的表达"（评论勒瑰恩）；"道家的智慧并没有什么复杂深奥的……我有幸读了她的译本，让我看到了美、奇妙、简洁、道"；"以不带性别歧视的语言和美妙诠释的例子，（米切尔）向现代西方人展示了如何真正地理解和拥抱这种博大而简单的哲学。米切尔有时候脱离了字面翻译，但总是为了更好的效果"。 133

首先，这些评论者称赞容易理解的语言："翻译者的职责就是为了他（或她）那代人，以一种他们能最好理解的语言去尝试重述一部经典"；"勒瑰恩'译本'中的日常语言令我惊叹不已，以一种全新的方式向我展示了'道'"。问题是究竟"日常语言"有什么令人如此渴望的？我们去剧场不是为了听到奥赛罗就像我们这代人一样说话。在谈论任何其他经典之前，美国人都会再三考虑，因此谈论《道德经》也应该这样。

《道德经》是古老的、陌生的，是中国的，也是难懂的。太多的读者似乎不愿意接受这些"顽固"的事实。相反，他们找寻最浅显易懂的翻译，欣赏索然无味、不求甚解的译本。这种现象至少可以部分归因于其思想惰性。大众纵然没有必要把自己束缚在学术专著中，但读者仍有责任在信从某个译本之前去审查它的价值。不用多少研究就能发现道家思想远不止是"顺其自然"，其可怕的政治隐义不能被想象成窜改者留下的"碎屑"而被忽略掉。就像所有深奥的哲学著作一样，《道德经》也是"危险"的。我们若是假装它很容易理解，那就是不公正的。被简化的中国哲学就不再是中国哲学了。

---

[1] 所有的评论都见于亚马逊网站的相应页面。

附录：先秦文献引《诗》表

（以《毛诗》序号[1]排列）

需要说明的是[2]，相关参考文献以其在下述文献中出现的章节顺序排列：《左传》，《春秋左传注》，《荀子》（王志民），《吕氏春秋》（王志民、王安国），《战国策》（柯润璞）。引用《缁衣》从郭店楚简校订本的顺序，不同于《礼记》本。引用《五行》依据池田知久本，且只涉及所谓“经”的部分，因为“说”恐怕作于汉代。最后，引用《大学》（据称为曾子所作）古注列于中括号中，因为其文真伪可疑。为方便读者，《韩诗外传》引《诗》亦列于此（也用中括号），尽管它确为汉代文献。

国风

周南

1 关雎

《论语・八佾》20

《论语・泰伯》15

《缁衣》21

[《韩诗外传》1.16]

[《韩诗外传》5.1]

2 葛覃

《缁衣》19

3 卷耳

《左传・襄公》15.3

《荀子》21.6

5 螽斯

[《韩诗外传》9.1]

---

〔1〕 译者按：原书仅标《毛诗》序号（1—305）。我们根据中文读者的习惯，加注了诗类和篇名，如“周南”条下“1 关雎”。

〔2〕 译者按：因《论语》《孟子》传统上属于“经”，其篇目对中文读者来说比较熟悉，故根据习惯，译者加以标注，如：原文作“*Analects 3*”，译者译作“《论语・八佾》”。其他古籍仅按原书体例翻译。另需说明，原书作者当年亲手编辑本表，但 2004 年香港中文大学出版社出版了何志华、朱国藩编纂的《先秦两汉典籍引〈诗经〉资料汇编》，可以替代本表的用途。

[《韩诗外传》9.2]

6 桃夭
[《大学》注 § 9]

7 兔罝
《左传 · 成公》12.4
《吕氏春秋》15/4.2

9 汉广
[《韩诗外传》1.3]

10 汝坟
[《韩诗外传》1.17]
[《韩诗外传》9.4]

召南
12 鹊巢
《左传 · 昭公》1.4

13 采蘩
《左传 · 隐公》3.3
《左传 · 文公》3.4
《左传 · 昭公》1.4

14 草虫
《五行》5
[《韩诗外传》1.18]

15 采蘋
《左传 · 隐公》3.3
《左传 · 襄公》28.12

16 甘棠
《左传 · 襄公》14.3
《左传 · 定公》9.2
[《韩诗外传》1.28]

17 行露
《左传 · 釐公》20.4
《左传 · 襄公》7.6
[《韩诗外传》1.2]

18 羔羊
《左传 · 襄公》7.7

20 摽有梅
《左传 · 襄公》8.8

21 小星
[《韩诗外传》1.1]

23 野有死麕
《左传 · 昭公》1.4

24 何彼襛矣

《左传·襄公》27.5

25 驺虞
《墨子》7

邶风
26 柏舟
《左传·襄公》31.31
《孟子·尽心下》19
《荀子》28.2
[《韩诗外传》1.8]
[《韩诗外传》1.9]
[《韩诗外传》1.10]
[《韩诗外传》1.11]
[《韩诗外传》1.12]
[《韩诗外传》9.6]

27 绿衣
《左传·成公》9.5

28 燕燕
《五行》7
《吕氏春秋》6/3.4

29 日月
[《韩诗外传》1.19]
[《韩诗外传》9.14]

32 凯风
《孟子·告子下》3

33 雄雉
《论语·子罕》27
《左传·宣公》2.3
《荀子》28.4
[《韩诗外传》1.13]
[《韩诗外传》1.14]
[《韩诗外传》1.15]
[《韩诗外传》1.20]

34 匏有苦叶
《论语·宪问》39
《左传·襄公》14.3
[《韩诗外传》1.21]

35 谷风
《左传·釐公》33.6
[《韩诗外传》1.22]
[《韩诗外传》5.2]
[《韩诗外传》9.17]

36 式微
《左传·襄公》29.4

37 旄丘
《吕氏春秋》18/2.3

[《韩诗外传》1.23]
[《韩诗外传》1.24]
[《韩诗外传》9.19]

38 简兮
《左传·襄公》10.2
《吕氏春秋》3/3.4

39 泉水
《左传·文公》2.5

40 北门
[《韩诗外传》1.25]
[《韩诗外传》1.26]
[《韩诗外传》1.27]

42 静女
《左传·定公》9.2
[《韩诗外传》1.20]

鄘风

48 桑中
《左传·成公》2.6

49 鹑之奔奔
《左传·襄公》27.5
[《韩诗外传》9.7]

51 蝃蝀
[《韩诗外传》1.20]

52 相鼠
《左传·昭公》3.4
《左传·定公》10.4
《晏子春秋》1.2
《晏子春秋》7.1
[《韩诗外传》1.4]
[《韩诗外传》1.5]
[《韩诗外传》1.6]
[《韩诗外传》1.7]
[《韩诗外传》3.22]
[《韩诗外传》5.3]
[《韩诗外传》6.20]
[《韩诗外传》9.8]

53 干旄
《左传·定公》9.2
[《韩诗外传》2.1]

54 载驰
《左传·文公》13.5
《左传·襄公》19.12
《左传·闵公》2.5
[《韩诗外传》2.2]
[《韩诗外传》2.3]
[《韩诗外传》2.4]

卫风

55 淇奥

《论语·学而》15

《左传·昭公》2.1

《荀子》17.7

《荀子》27.84

[《大学》注 § 3]

[《韩诗外传》2.5]

[《韩诗外传》2.6]

[《韩诗外传》9.9]

57 硕人

《论语·八佾》3.8

《左传·隐公》3.7

《中庸》33

58 氓

《左传·成公》8.1

[《韩诗外传》2.7]

60 芄兰

《荀子》3.2

63 有狐

[《韩诗外传》3.38,并引《毛诗》121]

64 木瓜

《左传·昭公》2.1

王风

69 中谷有蓷

[《韩诗外传》2.8]

[《韩诗外传》2.9]

71 葛藟

《左传·文公》7.3

73 大车

《晏子春秋》2.20

郑风

75 缁衣

《左传·襄公》26.7

《缁衣》1

76 将仲子

《左传·襄公》26.7

《国语·晋语》4.2

78 大叔于田

[《韩诗外传》2.10]

[《韩诗外传》2.11]

[《韩诗外传》2.12]

79 清人
《左传·闵公》2.6

80 羔裘
《左传·襄公》27.6
《晏子春秋》5.3
《管子》51.2
[《韩诗外传》1.13]
[《韩诗外传》1.14]
[《韩诗外传》1.15]
[《韩诗外传》9.10]
[《韩诗外传》9.11]
[《韩诗外传》9.12]

81 遵大路
《左传·昭公》16.3

83 有女同车
《左传·昭公》16.3

85 萚兮
《左传·昭公》16.3

87 褰裳
《左传·昭公》16.3
《吕氏春秋》22/5.5

90 风雨
《左传·昭公》16.3

94 野有蔓草
《左传·襄公》27.5
《左传·昭公》16.3
[《韩诗外传》2.16]

齐风

100 东方未明
《荀子》27.4

101 南山
《孟子·万章上》2

魏风

108 汾沮洳
[《韩诗外传》2.17]
[《韩诗外传》2.18]

109 园有桃
[《韩诗外传》9.20]

112 伐檀
《孟子·尽心上》32
[《韩诗外传》2.19]
[《韩诗外传》2.20]

113 硕鼠

［《韩诗外传》2.21］
［《韩诗外传》2.22］
［《韩诗外传》2.23］

唐风

114 蟋蟀
《左传・襄公》27.5

115 山有枢
［《韩诗外传》2.24］

116 扬之水
《左传・定公》10.5

117 椒聊
［《韩诗外传》2.25］

121 鸨羽
［《韩诗外传》2.26］
［《韩诗外传》3.38，并引《毛诗》63］

秦风

128 小戎
《荀子》30.4
［《韩诗外传》2.27］

130 终南
［《韩诗外传》2.28］

131 黄鸟
《左传・文公》6.3

133 无衣
《左传・定公》4.3

陈风

138 衡门
［《韩诗外传》2.29］

139 东门之池
［《韩诗外传》9.23］

桧风

149 匪风
［《韩诗外传》2.30］

曹风

151 候人
《左传・釐公》24.3
《国语・晋语》4.8

152 鸤鸠
《缁衣》3
《缁衣》18
《五行》7

《荀子》1.6
《荀子》10.14
《荀子》15.2
《荀子》24.5
《孝经》9
《吕氏春秋》3/3.2
《管子》59
[《大学》注 § 9]
[《韩诗外传》2.31]
[《韩诗外传》2.32]
[《韩诗外传》9.27]

豳风

154 七月
《左传·昭公》4.2
《孟子·滕文公上》3
《荀子》27.91
[《韩诗外传》8.24]

155 鸱鸮
《孟子·公孙丑上》4

156 东山
[《韩诗外传》2.33]

158 伐柯
《国语·越语下》7
《中庸》13
[《韩诗外传》2.34]

160 狼跋
《左传·昭公》20.8，亦见于《晏子春秋》7.5
《晏子春秋》7.5，亦见于《左传·昭公》20.8

小雅

鹿鸣之什

161 鹿鸣
《左传·襄公》4.3
《左传·昭公》7.12
《左传·昭公》10.3
《缁衣》20

162 四牡
《左传·襄公》4.3
《左传·襄公》8.7
《左传·襄公》29.5
[《韩诗外传》7.1]
[《韩诗外传》8.35[1]，亦见于《毛诗》167]

[1] 译者按："不遑启处"，见许维遹：《韩诗外传集释卷八·第三十四章》，北京：中华书局，1980年，第304页。

163 皇皇者华

《左传·襄公》4.3

《国语·晋语》4.2

《墨子》12

[《韩诗外传》7.2]

164 常棣

《左传·釐公》24.2,亦见于《国语·周语中》1

《左传·襄公》20.6

《左传·昭公》1.4

《左传·昭公》7.11

《国语·周语中》1,亦见于《左传·釐公》24.2

《中庸》15

[《韩诗外传》8.24]

165 伐木

[《韩诗外传》9.25]

166 天保

[《韩诗外传》6.16]

167 采薇

《左传·文公》13.5

[《韩诗外传》8.35[1],亦见于《毛诗》162]

168 出车

《左传·闵公》1.2

《荀子》27.4

[《韩诗外传》7.3]

170 鱼丽

《左传·襄公》20.6

《荀子》3.1

《荀子》27.11

南有嘉鱼之什

172 南山有台

《左传·襄公》20.6

《左传·襄公》24.2

《左传·昭公》13.3

[《大学》注 § 10]

173 蓼萧

《左传·襄公》26.7

《左传·昭公》12.3

[《大学》注 § 9]

174 湛露

《左传·文公》4.7

[1] 译者按:“不遑启处”,见许维遹:《韩诗外传集释卷八·第三十四章》,北京:中华书局,1980 年,第 304 页。

175 彤弓
《左传·文公》4.7
《左传·襄公》8.8

176 菁菁者莪
《左传·文公》3.7
《左传·昭公》17.1

177 六月
《左传·僖公》23.6
《左传·宣公》12.2
《左传·襄公》19.3
《左传·昭公》13.3
《国语·晋语》4.10

179 车攻
《缁衣》17
《孟子·滕文公下》1

180 吉日
《左传·昭公》3.12

鸿雁之什

181 鸿雁
《左传·文公》13.5
《左传·襄公》16.5

183 沔水
《左传·僖公》23.6
《国语·晋语》4.10
[《韩诗外传》7.5]

184 鹤鸣
《荀子》8.6
[《韩诗外传》7.6]

185 祈父
《左传·襄公》16.5
[《韩诗外传》7.7]

188 我行其野
《论语·颜渊》10

节南山之什

191 节南山
《左传·成公》7.1
《左传·襄公》7.6
《左传·襄公》13.5
《左传·昭公》2.1
《国语·楚语》A.8
《缁衣》5
《缁衣》8
《荀子》10.9
《荀子》28.3
《孝经》7
《韩非子》32.5(附注)

[《大学》注 § 10]
[《韩诗外传》3.22]

192 正月
《左传·鳌公》22.6
《左传·襄公》29.8
《左传·昭公》1.3
《左传·昭公》10.4。亦见于《毛诗》264
《缁衣》10
《孟子·梁惠王下》5
《中庸》33
[《韩诗外传》7.9]

193 十月之交
《左传·鳌公》15.4
《左传·昭公》7.4
《左传·昭公》32.4
《荀子》18.6
《荀子》24.4
[《韩诗外传》5.4]
[《韩诗外传》7.10]
[《韩诗外传》7.11]

194 雨无正
《左传·文公》15.11
《左传·昭公》8.1
《左传·昭公》16.2

195 小旻
《论语·述而》11
《论语·泰伯》3
《左传·鳌公》22.7
《左传·宣公》16.1
《左传·襄公》8.7
《左传·昭公》1.1
《缁衣》23
《荀子》2.1
《荀子》13.7
《孝经》3
《吕氏春秋》10/3.4
《吕氏春秋》15/1.1
[《韩诗外传》6.27]

196 小宛
《左传·昭公》1.3
《国语·晋语》4.10
《孝经》5
[《韩诗外传》7.12]
[《韩诗外传》7.13]
[《韩诗外传》8.22]

197 小弁
《左传·襄公》25.15
《孟子·告子下》3
[《韩诗外传》5.33]

[《韩诗外传》7.14]

198 巧言
《左传·桓公》12.2
《左传·文公》2.1
《左传·宣公》17.2
《左传·襄公》14.4
《左传·襄公》29.17
《左传·昭公》3.3，亦见于《晏子春秋》6.21
《缁衣》4
《晏子春秋》6.21，亦见于《左传·昭公》3.3
《孟子·梁惠王上》7
《荀子》27.80
[《韩诗外传》4.1]
[《韩诗外传》4.2]
[《韩诗外传》4.3]
[《韩诗外传》4.4]
[《韩诗外传》4.5]
[《韩诗外传》7.15]
[《韩诗外传》7.16]

199 何人斯
《荀子》8.4
《荀子》22.4b

200 巷伯
《缁衣》1
[《韩诗外传》3.37]

谷风之什

201 谷风
[《韩诗外传》7.17]

202 蓼莪
《左传·昭公》24.6
[《韩诗外传》7.27]

203 大东
《墨子》16
《孟子·万章下》7
《荀子》28.3
[《韩诗外传》3.22]
[《韩诗外传》4.6]
[《韩诗外传》4.7]
[《韩诗外传》7.18]

204 四月
《左传·文公》13.5
《左传·宣公》12.3
[《韩诗外传》7.19]

205 北山
《左传·襄公》13.3
《左传·昭公》7.2

《左传 · 昭公》7.14
《孟子 · 万章上》4
《荀子》24.1
《吕氏春秋》14/6.2
《韩非子》22，亦见于《战国策 · 周策》42
《韩非子》51
《战国策 · 周策》42，亦见于《韩非子》22
［《韩诗外传》1.27］

206 无将大车
《荀子》27.98
［《韩诗外传》7.20］

207 小明
《左传 · 鲞公》24.3
《左传 · 襄公》7.6
《墨子》27
《缁衣》2
《荀子》1.2
［《韩诗外传》4.8］
［《韩诗外传》4.9］
［《韩诗外传》8.27］
［《韩诗外传》8.28］

209 楚茨
《荀子》2.2
《荀子》19.3
［《韩诗外传》3.11–12］
［《韩诗外传》4.10］
［《韩诗外传》4.11］
［《韩诗外传》4.12］
［《韩诗外传》7.22］

210 信南山
《左传 · 成公》2.3
［《韩诗外传》4.13］

甫田之什

212 大田
《孟子 · 滕文公上》3
《吕氏春秋》13/6.1
［《韩诗外传》4.14］
［《韩诗外传》8.21］

214 裳裳者华
《左传 · 襄公》3.4
《左传 · 昭公》10.4
《荀子》3.5
［《韩诗外传》7.4］

215 桑扈
《左传 · 成公》14.1
《左传 · 襄公》27.5

217 頍弁
[《韩诗外传》4.15]

218 车舝
《左传·昭公》25.1
《左传·昭公》26.11,亦见于《晏子春秋》7.10,《韩非子》34
《晏子春秋》4.6
《晏子春秋》7.10,亦见于《左传·昭公》26.11
《韩非子》34.1(注),亦见于《左传·昭公》26.11
[《韩诗外传》7.23]

219 青蝇
《左传·襄公》14.1
《荀子》25.12

220 宾之初筵
《晏子春秋》5.15

鱼藻之什
222 采菽
《左传·襄公》11.5
《左传·昭公》17.1
《国语·晋语》4.10
《晏子春秋》1.9
《荀子》1.12
《荀子》8.6
[《韩诗外传》4.16]
[《韩诗外传》4.17]
[《韩诗外传》8.26]

223 角弓
《左传·宣公》2.1
《左传·襄公》8.8
《左传·昭公》2.1
《左传·昭公》6.7
《荀子》5.3
《荀子》8.6
[《韩诗外传》4.18]
[《韩诗外传》4.19]
[《韩诗外传》4.20]
[《韩诗外传》4.21]
[《韩诗外传》4.22]
[《韩诗外传》4.23]
[《韩诗外传》4.24]
[《韩诗外传》7.25]

224 菀柳
《战国策·楚策》222
[《韩诗外传》4.25]

225 都人士
《左传·襄公》4.11
《缁衣》9

227 黍苗
《左传·襄公》19.3
《左传·襄公》27.5
《国语·晋语》4.10
《荀子》10.5

228 隰桑
《左传·襄公》27.5
《孝经》17
[《韩诗外传》4.26]
[《韩诗外传》4.27]
[《韩诗外传》4.28]

229 白华
[《韩诗外传》4.29]
[《韩诗外传》4.30]
[《韩诗外传》4.31]
[《韩诗外传》4.32]
[《韩诗外传》7.26]

230 绵蛮
《荀子》27.52
[《大学》注 § 3]
[《韩诗外传》4.33]

231 瓠叶
《左传·昭公》1.4

大雅

文王之什

235 文王
《左传·桓公》6.4
《左传·庄公》6.1
《左传·文公》2.1
《左传·宣公》15.6
《左传·成公》2.8
《左传·襄公》4.3
《左传·襄公》13.3
《左传·襄公》30.12
《左传·昭公》6.3
《左传·昭公》10.2
《左传·昭公》23.9
《左传·昭公》28.3
《国语·周语上》4
《墨子》31
《缁衣》1
《缁衣》16
《五行》18
《孟子·公孙丑上》4
《孟子·离娄上》3
《孟子·离娄上》7
《荀子》12.10
《孝经》1
《吕氏春秋》5/5.12
《吕氏春秋》15/4.2

《管子》2
《中庸》33
[《大学》注 § 2]
[《大学》注 § 3]
[《大学》注 § 10]
[《韩诗外传》5.5]
[《韩诗外传》5.6]
[《韩诗外传》8.20]
[《韩诗外传》10.1]
[《韩诗外传》10.2]
[《韩诗外传》10.3]

236 大明
《左传·襄公》4.3
《左传·襄公》24.2
《左传·昭公》1.3
《左传·昭公》26.10，亦见于《晏子春秋》7.6
《国语·晋语》4.2
《晏子春秋》7.6，亦见于《左传·昭公》26.10
《五行》17
《五行》26
《荀子》18.1
《荀子》21.10
《吕氏春秋》13/6.3
《吕氏春秋》20/6.3
《管子》59
[《韩诗外传》3.13]
[《韩诗外传》5.8]
[《韩诗外传》10.4]

237 绵
《左传·襄公》4.3
《左传·昭公》2.1
《左传·哀公》2.3
《孟子·梁惠王下》5
《孟子·尽心下》19

238 棫朴
《晏子春秋》4.13
《荀子》10.4
[《韩诗外传》5.9]

239 旱麓
《左传·鳌公》12.4
《左传·成公》8.2
《国语·周语中》10
《国语·周语下》5
《晏子春秋》5.3，亦见于《吕氏春秋》20/3.4
《吕氏春秋》20/3.4，亦见于《晏子春秋》5.3、《新序》8.10、《韩诗外传》2.13
《中庸》12

240 思齐
《左传・鳌公》19.5
《国语・晋语》4.24
《孟子・梁惠王上》7
《荀子》27.91

241 皇矣
《左传・鳌公》9.6
《左传・文公》2.1
《左传・文公》4.6
《左传・襄公》31.31
《左传・昭公》28.3
《墨子》27
《墨子》28
《孟子・梁惠王下》3
《荀子》2.11
《中庸》33
[《韩诗外传》5.10]
[《韩诗外传》10.5]

242 灵台
《左传・昭公》9.7
《国语・楚语上》5
《孟子・梁惠王上》2

243 下武
《缁衣》7
《孟子・万章上》4
《荀子》7.2
[《韩诗外传》5.11]
[《韩诗外传》5.12]

244 文王有声
《左传・文公》3.4
《晏子春秋》2.19
《孟子・公孙丑上》3
《荀子》8.2
《荀子》11.6
《荀子》15.1
《孝经》16
[《韩诗外传》4.10]
[《韩诗外传》4.15]
[《韩诗外传》5.2]

生民之什

246 行苇
《左传・隐公》3.3

247 既醉
《左传・隐公》1.4
《左传・成公》2.3
《左传・襄公》27.8
《左传・襄公》31.31
《国语・周语下》4
《缁衣》22
《孟子・告子上》17

《荀子》27.91（两次）
《荀子》29.2
［《韩诗外传》8.24］

249 假乐
《左传・文公》3.7
《左传・成公》2.8
《左传・襄公》26.7
《左传・昭公》21.2
《左传・哀公》5.4
《孟子・离娄上》1
《中庸》17
［《韩诗外传》5.27］
［《韩诗外传》6.15］

250 公刘
《孟子・梁惠王下》5
《孟子・滕文公上》3

251 泂酌
《左传・隐公》3.3
《荀子》19.10
《孝经》13
《吕氏春秋》18/6.4
《管子》83.10
［《韩诗外传》6.22］
［《韩诗外传》8.10］
［《韩诗外传》8.11］

252 卷阿
《荀子》22.4a
［《韩诗外传》6.21］
［《韩诗外传》8.7］
［《韩诗外传》8.8］
［《韩诗外传》8.9］

253 民劳
《左传・釐公》28.6
《左传・文公》10.5
《左传・昭公》2.3
《左传・昭公》20.9
《荀子》14.2

254 板
《左传・釐公》5.2
《左传・文公》7.4
《左传・宣公》9.6
《左传・成公》8.1
《左传・襄公》31.6
《左传・昭公》6.5
《左传・昭公》28.2
《左传・昭公》32.3
《缁衣》4
《孟子・离娄上》1
《荀子》12.5
《荀子》16.4

《荀子》27.54
[《韩诗外传》3.9]
[《韩诗外传》3.18]
[《韩诗外传》5.13]
[《韩诗外传》5.14]
[《韩诗外传》5.15]
[《韩诗外传》5.16]
[《韩诗外传》10.6]
[《韩诗外传》10.7]
[《韩诗外传》10.8]
[《韩诗外传》10.9]
[《韩诗外传》10.10]

荡之什

255 荡
《左传·宣公》2.3
《左传·襄公》31.13
《国语·周语下》3
《晏子春秋》1.16
《孟子·离娄上》2
《荀子》6.10
《战国策·秦策》75
《战国策·秦策》90
[《韩诗外传》5.17]
[《韩诗外传》5.18]
[《韩诗外传》5.19]
[《韩诗外传》5.20]
[《韩诗外传》8.23]
[《韩诗外传》8.36]
[《韩诗外传》10.13]
[《韩诗外传》10.14]
[《韩诗外传》10.15]

256 抑
《论语·先进》6
《左传·釐公》9.4
《左传·釐公》9.6
《左传·襄公》2.3
《左传·襄公》21.5
《左传·襄公》22.4
《左传·襄公》30.12
《左传·襄公》31.13
《左传·昭公》1.1
《左传·昭公》5.1
《国语·楚语上》7
《墨子》16
《缁衣》6
《缁衣》14
《缁衣》15
《缁衣》17
《荀子》3.4
《荀子》6.12
《荀子》10.6
《荀子》12.7
《荀子》13.7
《荀子》14.8

《孝经》8
《吕氏春秋》22/5.5
《中庸》16
《中庸》33
[《韩诗外传》5.21]
[《韩诗外传》5.22]
[《韩诗外传》6.1]
[《韩诗外传》6.2]
[《韩诗外传》6.3]
[《韩诗外传》6.4]
[《韩诗外传》6.5]
[《韩诗外传》6.6]
[《韩诗外传》6.7]
[《韩诗外传》6.8]
[《韩诗外传》10.16]
[《韩诗外传》10.17]

257 桑柔
《左传・文公》1.9
《左传・襄公》31.10
《左传・昭公》24.9
《国语・周语》C.3
《晏子春秋》4.18
《墨子》9
《孟子・离娄上》7
《孟子・离娄上》9
《荀子》8.11
[《韩诗外传》4.13]
[《韩诗外传》5.23]
[《韩诗外传》5.25]
[《韩诗外传》5.26]
[《韩诗外传》6.9]
[《韩诗外传》6.10]
[《韩诗外传》6.11]
[《韩诗外传》6.12]
[《韩诗外传》8.18]
[《韩诗外传》10.22]
[《韩诗外传》10.23]
[《韩诗外传》10.24]
[《韩诗外传》10.25]

258 云汉
《孟子・万章上》4

259 崧高
[《韩诗外传》5.24]
[《韩诗外传》8.3]

260 烝民
《左传・文公》3.4
《左传・文公》10.5
《左传・宣公》2.3
《左传・成公》9.5
《左传・襄公》25.15
《左传・昭公》1.13
《左传・定公》4.3

《晏子春秋》4.27
《孟子·告子上》6
《荀子》16.7
《孝经》4
《管子》59
《中庸》27
《中庸》33
[《韩诗外传》5.28]
[《韩诗外传》6.16]
[《韩诗外传》6.17]
[《韩诗外传》6.18]
[《韩诗外传》6.19]
[《韩诗外传》6.20]
[《韩诗外传》8.2]
[《韩诗外传》8.3]
[《韩诗外传》8.4]
[《韩诗外传》8.5]
[《韩诗外传》8.6]
[《韩诗外传》8.24]

262 江汉
[《韩诗外传》5.24]
[《韩诗外传》8.14]

263 常武
《荀子》5.7
《荀子》12.2
《荀子》15.5
[《韩诗外传》6.23]
[《韩诗外传》6.24]
[《韩诗外传》6.25]
[《韩诗外传》8.15]

264 瞻卬
《左传·文公》6.3
《左传·襄公》26.10
《左传·昭公》25.2
《晏子春秋》1.9
[《韩诗外传》6.13]
[《韩诗外传》6.14,亦见于《毛诗》192]

265 召旻
[《韩诗外传》5.29]
[《韩诗外传》6.26]
[《韩诗外传》8.16]

周颂

清庙之什

266 清庙
《荀子》19.2b

267 维天之命
《左传·襄公》27.6
《中庸》26

269 烈文
《左传·襄公》21.5
《左传·昭公》1.11
《左传·哀公》27.3
《中庸》33
[《大学》注 § 3]

270 天作
《国语·晋语》4.7
《荀子》9.14
《荀子》17.4
[《韩诗外传》3.1]

271 昊天有成命
《国语·周语下》4

272 我将
《左传·文公》4.4
《左传·文公》15.11
《左传·昭公》6.3
《左传·昭公》16.3
《孟子·梁惠王下》3
[《韩诗外传》3.2]
[《韩诗外传》3.3]
[《韩诗外传》8.18]

273 时迈
《左传·宣公》12.2
《左传·襄公》4.3
《国语·周语上》1
《荀子》19.6
[《韩诗外传》3.4]
[《韩诗外传》3.5]
[《韩诗外传》3.6]
[《韩诗外传》8.19]
[《韩诗外传》8.20]

274 执竞
《左传·襄公》4.3
《荀子》10.9
[《韩诗外传》3.7]
[《韩诗外传》5.30]

275 思文
《左传·成公》16.5
《左传·襄公》4.3
《国语·周语上》4

臣工之什
276 臣工
[《韩诗外传》3.8]

278 振鹭
《中庸》29

279 丰年

《左传·襄公》2.3
[《韩诗外传》5.23,并引《毛诗》290]

280 有瞽
[《韩诗外传》3.10]

281 潜
[《韩诗外传》3.11－12,亦见于《毛诗》212、239]

282 雝
《论语·八佾》2
《荀子》18.5c

283 载见
《墨子》12

285 武
《左传·宣公》12.2
《左传·宣公》12.2
《荀子》8.8
《荀子》18.5c
《荀子》19.11
《荀子》20.3
《荀子》27.42
[《韩诗外传》3.13]

闵予小子之什
288 敬之
《左传·釐公》22.7
《左传·成公》4.3
[《韩诗外传》3.14]
[《韩诗外传》3.15]
[《韩诗外传》3.16]
[《韩诗外传》3.17]
[《韩诗外传》3.22]
[《韩诗外传》8.24]
[《韩诗外传》8.25]

290 载芟
[《韩诗外传》5.23,并引《毛诗》279]

292 丝衣
[《韩诗外传》3.18]

293 酌
《左传·宣公》12.2
[《韩诗外传》3.19]
[《韩诗外传》3.20]
[《韩诗外传》5.23]

294 桓
《左传·宣公》12.2,744-745

295 赉
《左传·宣公》11.4
《左传·宣公》12.2

鲁颂
297 駉
《论语·为政》2
[《韩诗外传》3.21]

299 泮水
[《韩诗外传》3.22]
[《韩诗外传》3.23]
[《韩诗外传》3.24]
[《韩诗外传》3.25]
[《韩诗外传》8.26]
[《韩诗外传》8.30]

300 閟宫
《左传·文公》2.5
《孟子·滕文公上》4
《孟子·滕文公下》9
《管子》41
[《韩诗外传》3.26]

商颂
301 那
《国语·鲁语下》20
《荀子》27.91
《管子》59
[《韩诗外传》8.29]

302 烈祖
《左传·昭公》20.8，亦见于《晏子春秋》7.5
《晏子春秋》7.5，亦见于《左传·昭公》20.8
《中庸》33

303 玄鸟
《左传·隐公》3.5
[《大学》注 § 3]

304 长发
《左传·成公》2.3
《左传·昭公》20.9
《国语·晋语》4.6
《五行》20
《荀子》4.12
《荀子》13.9
[《韩诗外传》3.27]
[《韩诗外传》3.28]
[《韩诗外传》3.29]
[《韩诗外传》3.30]
[《韩诗外传》3.31]
[《韩诗外传》3.32]
[《韩诗外传》3.33]

[《韩诗外传》3.34]
[《韩诗外传》3.35]
[《韩诗外传》3.36]
[《韩诗外传》5.31]
[《韩诗外传》5.32]
[《韩诗外传》8.31]
[《韩诗外传》8.32]
[《韩诗外传》8.33]
[《韩诗外传》8.34]

305 殷武
《左传·襄公》26.10
《左传·哀公》5.4,1631

佚《诗》
《论语·子罕》30
《左传·庄公》22.1
《左传·成公》9.10
《左传·襄公》5.7
《左传·襄公》8.7
《左传·襄公》21.5
《左传·襄公》26.7
《左传·襄公》28.9
《左传·昭公》4.6
《左传·昭公》12.10
《左传·昭公》12.11
《左传·昭公》25.1
《左传·昭公》26.10
《国语·周语下》9
《晏子春秋》7.6,亦见于《左传·昭公》26.10
《缁衣》12
《荀子》11.3
《荀子》13.3
《荀子》17.5
《荀子》21.2
《荀子》21.10
《荀子》22.4
《荀子》30.2
《吕氏春秋》8/5.2
《吕氏春秋》20/6.4
《吕氏春秋》23/6.1
《管子》51.12
《战国策·秦策》95、96
《战国策·赵策》240

参考书目

本书正文及注释引用中未列出版本信息的以及参照的中文古代典籍相关著作列入“中文古代典籍”部分。唐代以后的文献以及考古发掘的出土文献均列入下文“其他著作”部分。

中文古代典籍

1.魏徵. 群书治要. 国学基本丛书. 1958.

2.陈直. 史记新证. 天津:天津人民出版社,1979.

3.赵帆声. 诗经异读. 开封:河南大学出版社,2002.

4.汪继培. 二十二子. 上海:上海古籍出版社,1985.

5.顾观光. 文子校勘记. 四部备要. 上海:中华书局.

6.王利器. 新语校注. 新编诸子集成. 北京:中华书局,1986.

7.梁启雄. 荀子柬释. 台北:台湾商务印书馆,1965.

8.周易注疏. 十三经注疏. 北京:中华书局,1980.

9.丁寿昌. 读易会通. 国学基本丛书. 1958.

10.仪礼注疏. 十三经注疏. 北京:中华书局,1980.

11.缪文远. 战国策新校注. 成都:巴蜀书社,1987.

其他著作

1.Aristotle (384-322 B.C.). *Politics*. Trans. H. Rackham. Loeb Classical Library 264. Cambridge, Mass.: Harvard University Press, 1944.

2.白光华、白素贞(Susan Blader). 中国自然与社会观念:卜德先生纪念文集

(*Chinese Ideas about Nature and Society*: *Studies in Honour of Derk Bodde*). 香港:香港大学出版社,1987.

3.Brooks, E. Bruce. "The Present State and Future Prospects of Pre-Hán Text Studies." *Sino-Platonic Papers* 46 (1994).

4.Buxbaum, David C., and Frederick W. Mote, eds. *Transition and Permanence*: *Chinese History and Culture*. Hong Kong: Cathay, 1972.

5.陈福滨. 本世纪出土思想文献与中国古典哲学研究论文集:全 2 卷. 台北:辅仁大学出版社,1999.

6.陈光宇. 商王盘庚庙号新解. 中国语言学报 29.2 (2001):340—349.

7.陈新雄、于大成. 淮南子论文集. 国学论文汇编. 台北:西南书局,1976.

8.崔仁义.试论荆门竹简《老子》的年代.荆门大学学报(哲学社会科学版)1997(2):38—42.

9.Collingwood, R. G. *The Idea of History*. Ed. Jan van der Dussen. Revised edition. Oxford and New York: Oxford University Press, 1994.

10.Dull, Jack L. "Marriage and Divorce in Han China: A Glimpse at Pre-Confucian' Society." In *Chinese Family Law and Socia Change in Historical and Comparative Perspective*, ed. David C. Buxbaum, 23-74. Asian Law Series 3. Seattle: University of Washington, 1978.

11.*Fukui hakushi shōju kinen Tōyō bunka ronshū* 福井博士頌壽紀念東洋文化論集. Tokyo: Waseda University Press, 1969.

12.Geertz, Clifford. "The Visit." *New York Review of Books* 48.16 (2001): 27-30.

13.Giele, Enno. "Early Chinese Manuscripts: Including Addenda and Corrigenda to *New Sources of Early Chinese History*: *An Introduction to the Reading of Inscriptions and Manuscripts*." *Early China* 23-24 (1998-1999): 247-337.

14.Giles, Herbert A. *A History of Chinese Literature*. New York: Grove, 1923.

15.Goldin, Paul Rakita. Review of John Knoblock and Jeffrey Riegel, trans., *The Annals of Lü Buwei*: *A Comp ete Trans ation and Study*. *Early Medieva China* 7

(2001): 109-139.

16.顾颉刚. 古史辨:全 7 卷. 上海:上海古籍出版社,1982.

17.郭梨华. 简、帛《五行》的礼乐考述. 本世纪出土思想文献与中国古典哲学研究论文集 2:511—547.

18.郭店楚简国际学术研讨会论文集. 人文论丛. 武汉:湖北人民出版社,2000.

19.*Haneda hakushi shōju kinen tōyōshi ronsō* 羽田博士頌壽紀念東洋史論叢. Kyoto: Tōyōshi Kenkyūkai, 1950.

20.何中华. "中国有无哲学"问题笔谈. 山东社会科学 2002(4):60—71.

21.Holoch, Donald. Melancholy Phoenix: "Self Ascending from the Ashes of History(From Shiji to Ru in Waishi)." In *Symbols of Anguish: In Search of Melancholy in China*, ed. Wolfgang Kubin, 169 - 212. Schweizer asiatische Studien: Monographien 38. Bern: Peter Lang, 2001.

22.Hulsewé, A. F. P. "The Legalists and the Laws of Ch'in." In *Leyden Studies in Sinology*, ed. W. L. Idema, 1 - 22. Sinica Leidensia 15. Leiden: E. J. Brill, 1981.

23.Hulsewé, A. F. P. "Qin and Han Legal Manuscripts." In *Shaughnessy*, 193-221.

24.Jager, F. "Die Biographie des Wu Tzu-hsu." Oriens Extremus 7 (1960): 1-16.

25.Jiang, Yimin. "*Groβe Musik is tonlos*": *Eine historische Darstellung der fruhen philoso-phisch-daoistischen Musikasthetik*. Europaische Hochschulschriften 36. 135.Frankfurt: Peter Lang, 1995.

26.Johnson, David. "The Wu Tzu-hsu *pien-wen* and Its Sources." Harvard Journal of Asiatic Studies 40.1 (1980): 93-156; 40.2 (1980): 465-505.

27.Johnson, David. "Epic and History in Early China: The Matter of Wu Tzu-hsu." *Journal of Asian Studies* 40.2 (1981): 255-271.

28.Kamenarović, Ivan P. *Wang Fu: Propos d'un ermite*. Patrimoines: Confucianisme. Paris: du Cerf, 1992.

29. Kant, Immanuel (1724 - 1804). *Gesammelte Schriften*. Ed. PreuBische Akademie der Wissenschaften, Deutsche Akademie der Wissenschaften zu Berlin, Akademie der Wissenschaften zu Gottingen. 29 vols. projected. Berlin: Georg Reimer, Walter de Gruyter, 1902- .

30. Kant, Immanuel. *Politica Writings*. Trans. H. B. Nisbet. Ed. Hans Reiss. 2 nd edition. Cambridge Texts in the History of Political Thought. Cambridge: Cambridge University Press, 1991.

31. Karlgoen, Bernhard. "Lo characters in Pre-Han Texts II" *Bulletin of the Museum of Far Eastern Antiquities* 18 (1946): 199-365.

32. Knorringa, H. *Emporos: Data on Trade and Trader in Greek Literature from Homer to Aristotle. Amsterdam*, 1926; rpt., Chicago: Ares, 1987.

33. Kohn, Livia, and Michael LaFargue, eds. *Lao-tzu and the Tao-te-ching*. SUNY Series in Chinese Philosophy and Culture. Albany, 1998.

34. Kraus, Christina Shuttleworth, ed. *The Limits of Historiography: Genre and Narrative in Ancient Historica Texts*. Mnemosyne Supplement 191. Leiden: Brill, 1999.

35. 李家树. 传统以外的诗经学. 香港:香港大学出版社,1994.

36. Li, Wai-yee. "The Idea of Authority in the *Shi ji* (*Records of the Historian*)." In *Harvard Journal of Asiatic Studies* 54.2 (1994): 345-405.

37. Li, Wai-yee. "Knowledge and Skepticism in Ancient Chinese Historiography." In Kraus, 27-54.

38. Li Yu. *Jou Pu Tuan: The Prayer Mat of Flesh*. Trans. Richard Martin from the German version by Franz Kuhn. New York: Grove, 1967.

39. Li Yu. *The Carna Prayer Mat* [i.e., *Rou putuan* 肉蒲团]. Trans. Patrick Hanan. London: Arrow, 1990.

40. Liu, Zuxin. "An Overview of Tomb Number One at Jingmen Guodian." In Allan and Williams, 23-32.

41. Makeham, John. "Between Chen and Cai: *Zhuangzi* and the *Analects*." In

Wandering at Ease in the Zhuangzi, ed. Roger T. Ames, 75–100. SUNY Series in Chinese Philosophy and Culture. Albany, 1998.

42.Martin, François. "La parole poétique." In Alleton, *Paroles à dire*, 51–81.

43.McLeod, Katrina C. D., and Robin D. S. Yates. "Forms of Ch'in Law: An Annotated Translation of the *Feng-chen shih*." *Harvard Journal of Asiatic Studies* 41.1 (1981): 111–163.

44.Needham, Joseph, et al., eds. *Science and Civilisation in China*. 7 vols. projected. Cambridge: Cambridge University Press, 1954– .

45.Northrop, F. S. C., *The Meeting of East and West*. New York: Macmillan, 1946.

46.Quintilian (b. ca. A.D. 35). *The Institutio Oratoria of Quintilian*. Trans. H. E. Butler. 4 vols. Loeb Classical Library. Cambridge, Mass.: Harvard University Press, 1920.

47.Richards, I. A. *Mencius on the Mind: Experiments in Multiple Definition*. London: Routledge and Kegan Paul, 1932.

48.Rolston, Holmes, III. "Can the East Help the West to Value Nature?" *Philosophy East and West* 37.2 (1987): 172–190.

49.Rosemont, Henry, Jr. ed. *Chinese Texts and Philosophical Contexts: Essays Dedicated to Angus C. Graham*. Critics and Their Critics 1. La Salle, Ill.: Open Court, 1991.

50.Rosemont, Henry, Jr., and Benjamin I. Schwartz, eds. *Studies in Classica Chinese Thought*. *Journal of the American Academy of Religion* 47.3, Thematic Issue S(1979).

51.芮效卫(David T. Roy)、钱存训. 古代中国:早期文明研究(*Ancient China: Studies in Early Civilization*). 香港:香港中文大学出版社,1978.

52.阮廷焯. 先秦诸子考佚. 台北:鼎文书局,1980.

53.Seneca the Elder (54 B.C.–A.D. 39?). *The Elder Seneca Declamations*. Trans. M. Winterbottom. 2 vols. Loeb Classical Library 463–464. Cambridge, Mass.: Harvard University Press, 1974.

54. Shankman, Steven, and Stephen W. Durrant, eds. *Early China/Ancient Greece: Thinking through Comparisons*. SUNY Series in Chinese Philosophy and Culture. Albany, 2002.
55.司马光(1019—1086). 资治通鉴:全10卷. 北京:古籍出版社,1957.
56.Tu, Wei-ming. "The 'Thought of Huang-Lao': A Refection on the Lao Tzu and Huang Ti Texts in the Silk Manuscripts of Ma-wang-tui." *Journal of Asian Studies* 39 (1979-1980): 95-110.
57.王范之.《穆天子传》与所记古代地名和部族.文史哲 1963(6):61—67,78.
58.Wagner, Donald B. *Iron and Steel in Ancient China*. Handbuch der Orientalistik 4.9. Leiden: E. J. Brill, 1993.
59.Weber, Max (1864-1920). *Roscher and knies: The Logica Problems of Historical Economics*. Trans. Guy Oakes. New York: Macmillan, Free Press, 1975.
60.Weber, Max. *Gesammelte Aufsätze zur Wissenschaftslehre*. Ed. Johannes Winckelmann. 5th edition. Tubingen: J. C. B. Mohr, 1982.
61.Weber, Max. *Basic Concepts in Sociology*. Trans. H. P. Secher. New York: Citadel, 1993.
62.Wong, S. K., and K. S. Lee. "Ideology with a Vengeance: The *Gushibian* Interpretation of the *Shijing*." *Journal of Orienta Studies* 31.1 (1993): 28-37.
63.肖黎. 司马迁评传. 中国历史人物丛书. 长春:吉林文史出版社,1986.
64.Yates, Robin D. S. "Some Notes on Ch'in Law." *Early China* 11-12 (1985-1987):243-275.
65.Yates, Robin D. S. "Social Status in the Ch'in: Evidence from the Yün-meng Legal Documents. Part One: Commoners." *Harvard Journal of Asiatic Studies* 47.1 (1987): 211-248.
66.Yates, Robin D. S. "State Control of Bureaucrats under the Qin: Techniques and Procedures." *Early China* 20 (1995): 331-365.
67.Yates, Robin D. S. trans. *Five Lost Classics: Tao, Huang-Lao, and Yin-Yang in Ancient China*. Classics of Ancient China. New York: Ballantine, 1997.

68.张大可. 史记研究. 北京:华文出版社,2002.
69.张光裕. 郭店楚简研究. 台北:艺文印书馆,1999.
70.朱东润. 史记考索(外二种). 二十世纪国学丛书. 上海:华东师范大学出版社,1996.
71.朱渊清、廖名春. 上博馆藏战国楚竹书研究. 上海:上海书店出版社,2002.

索　引

译者后记

这是我翻译的第一本书。我能够有机会将这样一本观点深邃的学术精品作为自己翻译实践的处女之作,万分荣幸。但是实际上,在完成本译著的大部分时间里,我的内心充满了惶恐和不安。由于我个人的一些原因,翻译工作进展缓慢,以至于大大超出了出版计划的时限,心中十分愧疚。但无论如何,这本书最终得以面世,深感庆幸。我曾以为自己会辜负了这次在新的学术领域中开拓进取的机会。

翻译本不是我的本行,但这次翻译实践,可以说既是机缘巧合又是我的必经之路。在此过程中,年近不惑的我又一次体会到了成长的感觉。我本科和硕士阶段都在中文系学习,主要以传统语言文字学(文字、音韵、训诂)为学术基础。2005 年至厦门大学,师从刘钊教授,攻读历史文献学专业博士学位,对古文字学、出土文献资料和先秦史有所研习,并培养起了以历史的眼光看待学术问题的习惯。毕业工作以后我出版了一部相关专著。这是我学术兴趣的一次转变,当时我曾戏称自己是“由经入史”。

2012 年,我通过电子邮件与美国宾夕法尼亚大学东亚系的汉学家金鹏程教授结识,后受其邀请于 2014 年赴宾夕法尼亚大学访问学习。金教授在北美中国思想史学界是举足轻重的著名学者,素以学术观点深刻、独到、犀利而著称。故我初见金教授时,曾战战兢兢,执礼甚恭。后来熟识了,才了解到原来他也非常幽默。相似的脾气秉性和交往中时常涌现的心灵默契使得我们甚感投缘。

早在 2015 年,鉴于金教授所出版的几本专著均未有中文译本,我便萌生了翻译一本金教授著作的想法。我在访学期间曾旁听了金教授的两门课程,回国之后,每逢他来中国(北京等地)讲学,我亦必到场聆听,还曾做过翻译、小组讨论(panellist)等工作。因此我对金教授的学术思想体系和特点还算比较了解。读金教授的文章,听他用英语讲中国早期哲学文献,大大拓宽了我的学术视野,也促使我的学术兴趣发生了第二次转变。比如,我近些年用英文撰写了几篇关于“西王母”和《论衡》《论语》《左传》等问题的论文稿(待刊)。这一次我又戏称自己是“由史入子”。

我在近些年的学校教学工作中,为研究生开设了“文化人类学”英文讨论课(Seminar);在宾夕法尼亚大学的学习经历又激发了我对考古学的浓厚兴趣(我的博士导师刘钊教授即是考古学出身,亦对我有重要影响),希望我将来能有机会深入学习;而近两年参加了中国人民大学的一系列“古典学”工作坊,又让我对敦煌学、《圣经》学、古希腊-罗马文明,甚至埃及学有所涉猎。从这个角度来讲,其实我是正在以金教授为榜样,围绕“早期中国”(Early China),“全面发展”自己。而能够站在这样一个宏观的角度,回望、审视自己过去的学术经历,不能不说是一种进步。

至于本书的翻译,要感谢陈致教授、朱渊清教授的热情介绍,并得到了大象出版社张前进副总编的认可和帮助,与本书原版权单位夏威夷大学出版社签订了授权合同,使本译著纳入“大象学术译丛”系列。尤其是编辑徐清琪女士,她为本译著的修改、出版付出了诸多辛苦,她深厚的专业知识和认真的工作态度为保证本译著的质量起到了重要作用,在此致以我深深的谢意。当然,我还要感谢夏威夷大学出版社的艾莉森·克莱科维斯基(Alison Kleczewski)女士,她的宽容令我充满自责地完成了翻译工作。另外,我的学生周亚琳、程胜鑫、樊璧珠、胡钰琬、刘鑫慧、元滢洁为本书翻译做了很多辅助工作,我亦深表感谢。

我是一个比较追求完美的人。译出初稿后,我又对全书进行了多次修改,很多地方对照原文反复推敲、斟酌,努力在保证准确表达作者原意的基础上做到行文流畅、言简意赅,符合中文学术风格,方便读者理解。尽管如此,由于我的外语和专业水平有限,译文中也一定有不少疏漏、错误之处,敬请读者不吝指正。

陈家宁

2018年9月9日于天津大学寓所